梅花香自苦寒來

——《新大众哲学》编写资料集

孙伟平　主编

中国社会科学出版社

图书在版编目（CIP）数据

梅花香自苦寒来：《新大众哲学》编写资料集／孙伟平主编．—北京：中国社会科学出版社，2014.9

ISBN 978－7－5161－4762－7

Ⅰ.①梅…　Ⅱ.①孙…　Ⅲ.①马克思主义哲学—文集　Ⅳ.①B0－0

中国版本图书馆CIP数据核字(2014)第206323号

出 版 人　赵剑英
责任编辑　朱华彬
责任校对　李　莉
责任印制　王　超

出　　版　中国社会科学出版社
社　　址　北京鼓楼西大街甲158号（邮编100720）
网　　址　http://www.csspw.cn
　　　　　中文域名:中国社科网　　010－64070619
发 行 部　010－84083685
门 市 部　010－84029450
经　　销　新华书店及其他书店

印刷装订　北京君升印刷有限公司
版　　次　2014年9月第1版
印　　次　2014年9月第1次印刷

开　　本　880×1230　1/32
印　　张　14.625
插　　页　2
字　　数　281千字
定　　价　48.00元

目　　录

一 《新大众哲学》编写工作会议纪要

二　《新大众哲学》访谈录

三 《新大众哲学》专家审稿意见

四　编辑审读意见及答复

前　言

配合《新大众哲学》（7卷本）出版，编撰这本《梅花香自苦寒来——〈新大众哲学〉编写资料集》，既是为了客观地记录、如实地反映项目研究和编撰的历史进程，也是希望通过这一具体、生动、鲜活的学术案例，昭示这种兼具学术性和大众化的集体项目的研究和编撰之大不易。

《新大众哲学》系2010年度国家社会科学基金特别委托项目（批准号10&ZH012），项目承担单位为中国社会科学院，首席专家为王伟光教授。编撰《新大众哲学》，旨在秉承著名哲学家艾思奇的《大众哲学》的思想风格，紧扣时代的脉搏和实践的发展，将中国化马克思主义哲学的最新成果以大众喜闻乐见的方式表达出来。它不拘泥于传统哲学的框架结构，不追求哲学体系的严整精密，而一以贯之地坚持以问题为中心，从总论、唯物论、辩证法、认识论、历史观、价值观、人生观等方面展开讨论，深入浅出地分析问题，努力地让马克思主义哲学“说汉语”，解决当代中国人民的思想困惑，与广大读者一道探索前进的方向。据艾思奇的夫人王丹一回忆，写作适应时代的“新大众哲学”，也是艾思奇生前的夙愿。

自2010年7月成立依托中国辩证唯物主义研究会、以中国社会科学院与中共中央党校的专家学者为主的编写组，正式启动项目，至2014年6月定稿交出版社付梓，《新大众哲学》的编撰整整经历了四个寒暑、四个春秋。在长达四年时间里，以王伟光教授为主持人的课题组夙兴夜寐，风雨兼程，开展了可以用“海量”来形容的工作。回忆编撰期间的点点滴滴，参加项目的各位学者无不百感交集，其中的辛劳和甘苦，实在难以向外人道也。

这些工作的主体部分，可以透过本书的第一部分——81次工作会议的会议纪要——大致体现出来。不过，读者诸君千万不要以为，仅仅只是开了81次工作会议而已。实际上，81次会议只是海面上的冰山一角。因为，每一次工作会议，既是任务布置会，也是成果汇报会，还是学术交流会。每一次会议都颇不“单纯”，它实际上暗含着相当多的具体工作。在每两次会议之间，课题组成员都需要承担具体的研究和写作任务，完成自己分内的职责，并在会上向大家详细汇报，接受大家的当面质询和“批判”。从扼要的会议纪要中，读者诸君可以看到，每一部分都曾经充分酝酿，数易其稿，有些更是历经了十多次修改。甚至还有一些部分，因为始终达不到预定的目标，或者编撰过程中改变了初衷，而不得不忍痛舍弃了……

毋庸置疑，《新大众哲学》项目汇集了许多学者的心血，更凝聚着许多业内资深专家学者的热诚关怀和殷切期望。项目启动之初，课题组成员就曾广泛征求专家学者的意见。韩树英、邢贲思、杨春贵、汝信、赵凤岐、黄楠森、袁贵仁、陶德麟、侯树栋、许志功、陈先达、陈晏清、张绪文、宋惠昌、沈冲、卢俊忠、卢国英、王丹一、赵光武、赵家祥等充分肯定了编写《新大众哲学》的重要意义，并提出了大量具体而有价值的建议。2013 年 11 月，成果经课题组内部定稿后，每个分卷单独打印成册，又分别请了两位资深专家进行审核。韩树英、邢贲思、杨春贵、赵凤岐、陶德麟、侯树栋、许志功、陈先达、陈晏清、张绪文、宋惠昌、赵家祥、郭湛、丰子义等认真审读了书稿，提出了许多中肯、有益的修改意见。从本书第二、第三部分，读者可以清楚地发现这些专家学者对项目的关爱、期许，以及所作出的具体贡献。

如同许多大型的集体研究项目一样，主持人的角色和作用至关重要。《新大众哲学》项目的主持人王伟光教授，为了该项目殚精竭虑，倾注了最大的热情，付出了难以想象的努力。他既是项目的主心骨和核心力量，也是承担写作任务最多的课题组成员。长达四年的时间里，81 次工作会议，项目组所有成员都曾经缺席过其中的若干次，但王伟光教授却克服各种困难，几乎没有漏掉过。至于具体的研究和写作，王伟光教授更是身先士卒，率先垂范，揽的活儿也最多。他身居要职，日常工作最为繁忙，于是常常凌晨四点起床，挑灯夜战，奋笔疾书；汽车上、飞机上，更是他思考和审稿的大好时机。课题组内部定稿时，王伟光教授不仅审阅、修改了全部稿件，而且完全改写了不少的篇目。专家审稿意见返回之后，除课题组成员分头修改过一次之外，王伟光教授几乎承担了全部的修改和定稿工作。这期间，他抓住一切可能的时机进行修改和完善，八易其稿，最后留有修改笔迹的稿件几乎堆成了小山……略感遗憾的是，限于篇幅，我们无法如实、全面地记录和反映如此量级的修改过程。

在某些人眼里，《新大众哲学》（7 卷本）或许只是一次马克思主义哲学中国化、时代化、大众化的创新尝试，或许，细心的读者还会在书中发现不少的疏漏、错误和不足，不过，本资料集却力图凭借这些客观的史料，告诉那些真诚而睿智的读者，课题组是如何立足时代、实践和哲学发展的成果，“四年磨一剑”，用心铸造这些“滴血之作”的。我们也真诚地希望，这次充满智慧和汗水的哲学之旅，确实是一个内涵丰富、值得总结的学术案例，能够给人启迪，催人奋进。

一

《新大众哲学》编写工作会议纪要

会议纪要之一

2010 年 7 月 4 日

2010 年 7 月 4 日，中国社会科学院常务副院长王伟光教授主持召开《新大众哲学》编写工作第 1 次会议，参加会议的有中共中央党校庞元正教授、毛卫平教授、杨信礼教授和博士生王磊。王伟光教授传达了中共中央宣传部关于编写《新大众哲学》课题立项的决定，大家认真讨论了编写《新大众哲学》的具体问题，形成了初步意见。

编写《新大众哲学》，将党和国家事业发展过程中的若干重大问题上升到世界观方法论的高度来研究和阐释，用马克思主义世界观方法论引导我国经济社会发展，对于推进马克思主义哲学中国化、时代化、大众化，推进中国特色社会主义事业，具有重要意义。

《新大众哲学》以中国社会科学院与中国辩证唯物主义研究会为依托，组织全国有关专家学者共同编写。成立编写小组，承担《新大众哲学》编写组织工作。王伟光任组长，成员为庞元正、李景源、孙伟平、毛卫平、侯才、郝永平、冯鹏志、杨信礼、辛鸣、周业兵、王磊。每隔周周六召开会议，研究《新大众哲学》编写过程中的问题，由王磊负责会议记录与纪要整理。

《新大众哲学》编写工作从两方面入手。一是立足新的历史发展阶段，将党和国家事业发展过程中的一系列重大理论问题和实践问题归纳、概括出来，探究其哲学意蕴，将其提升到世界观方法论的高度来分析解决。对于问题的归纳与整理，要在2010年底前完成。二是走访哲学界在京著名资深专家学者，听取他们对于《新大众哲学》编写的意见和建议。对于京外著名资深专家学者，采取函询方式征求其意见建议。初步确定走访或函询的专家学者如下：韩树英、邢贲思、杨春贵、袁贵仁、汝信、赵凤岐、黄楠森、陶德麟、侯树栋、许志功、陈先达、陈晏清、张绪文、宋惠昌、沈冲、卢俊忠、卢国英、王丹一、赵光武、赵家祥（共20人）。此项工作要在7 月中旬到8 月中旬完成。

《新大众哲学》的编写，以研究解决问题为主，从世界观方法论层面将问题说清讲透；重在体现马克思主义哲学精髓，不追求体系的完整性；要将理论性、知识性、趣味性融为一体，拿出最好的研究成果，并以最生动的语言表达出来。

7 月中旬召开编写小组第 2 次会议，参会者提交若干问题，并对这些问题进行讨论。2010 年底将确定的重大问题中的哲学观点提炼出来，2011 年底完成初稿，2012 年修改，2013 年定稿。

会议纪要之二

2010 年 7 月 10 日

2010 年 7 月 10 日，中国社会科学院常务副院长王伟光教授主持召开《新大众哲学》编写工作第 2 次会议，参加会议的有庞元正教授、李景源研究员、李晓兵教授、孙伟平研究员、郝永平教授、冯鹏志教授、杨信礼教授、辛鸣教授、周业兵秘书以及博士生王磊。大家就编写《新大众哲学》进行了深入讨论。

与会同志充分肯定了《大众哲学》和《通俗哲学》的重要地位和深远影响，认为艾思奇在 30 年代编写的《大众哲学》影响了一代青年，许多青年学生就是通过读这本书走上革命道路的。韩树英主编《通俗哲学》时，我国正处于历史转折时期，对于思想理论战线的拨乱反正，发挥了显著作用。

这两本书为广大人民提供了精神武器，使人们思想如拨云雾而见青天。《大众哲学》与《通俗哲学》是马克思主义哲学大众化的两个标志性成果。

改革开放30多年来，我们取得了巨大成就，在发展过程中也出现了一些全新的问题。编写《新大众哲学》，对于引导人们特别是青年人运用马克思主义的观点和方法认识这些问题，具有重要意义。《新大众哲学》要具有自己的特点：第一，要体现时代特点。要深刻认识和准确把握时代，弄清现时代有哪些实质性的变化，现时代基本的特征是什么，现时代的精髓和精华是什么。要把握时代，解决时代提出的理论需求，引领人们正确思考。虽然本书采取人们喜闻乐见、通俗易懂的形式，但是讲出来的道理要契合时代，满足时代需求并引领时代。第二，要把握国际共产主义运动与国内情况的变化。需要结合国际共产主义运动和国内的发展来解决问题。建设中国特色社会主义，有很大的理论需求。新大众哲学要对中国社会下一步的发展提出新的理念。第三，要明确服务对象和社会发展的主体力量。马克思主义哲学服务的对象，在马克思所处的时代是非常明确的，就是无产阶级。但现在无产阶级发生了变化，譬如，中国的无产阶级，和当年不一样，那时候一无所有，革命对于他们来说只是失去了锁链，现在已发生变化，不再是一无所有，已经掌握了国家政权，上升为统治阶级。

编写《新大众哲学》，首先，要以问题为主，宏观和微观结合，微观方面比如如何看待个人的利益追求和心态变化，要上升到世界观方法论的高度加以分析、阐释。宏观问题比如苏东剧变，要从历史观的高度、从历史规律与趋势的高度来加以分析解决。其次，理论一定要彻底。问题要讲透，道理要说清。考虑问题要从根本制度上而不是从具体技术上进行。比如要不要坚持以公有制为主体的所有制，要不要坚持按劳分配。邓小平同志说过，如果改革开放最后导致两极分化，那么就不能说改革开放是成功的。现在贫富差距越来越大，原因是分配问题，分配问题的背后则是所有制的制度问题。社会主义分配的主要原则是什么，按劳分配还是按要素分配，这个问题要说清楚。如果贫富差距越来越大，社会最终就要走向崩溃。中国共产党是代表工人阶级和广大人民利益的政党，现在的问题是工人阶级和人民大众是什么，现在和原来的差别是什么，这些重大问题需要明确，如果在这些问题上存在混乱就要出问题。中国向何处去、党向何处去、政权性质向何处去，要从世界观和方法论的角度来分析。人生观的本质是对人的价值怎么看。公开宣传向钱看，搞拜金主义，是不符合社会主义价值观要求的。我们这本书要站在马克思主义基本立场观点上回答问题，体现一种方向、价值、信念趋势和规律，讲一些真话真道理。再次，要有哲学韵味。抓住了这一点，就和其他理论读物区别开来。读者要能读得懂、看得懂。要争取使每篇文章都是优秀作品。要强调初稿写作的重要性。初稿要认真写，真正体现马克思主义哲学的立场观点方法。

《新大众哲学》与《大众哲学》和《通俗哲学》有所不同：一是所处时代不同。我们今天处在和平与发展为主题的时代历史阶段，处在全球化、信息化、多极化、多元化时代，处在政治经济文化思想的重大变革中。二是面对的问题不同。《大众哲学》所面对的问题，在政治上，是要打倒日本帝国主义，推翻国民党反动派的黑暗统治；在思想上，是要用马克思主义哲学代替国民党统治集团的官方哲学；三是理论需求不同。新的时代要求有新的理论。《新大众哲学》不同于一般理论读物，要站在世界观方法论的高度、哲学的高度；要关注大的、宏观方面的问题；要着眼于长远、着眼于发展；要抓住事物、现象的本质。如贫富差距的实质是什么，实质就是分配问题背后的所有制，而所有制实质是对生产资料的占有，这是历史唯物主义最基本的观点。

会议布置了最近一段时期的工作。一是每位同志归纳 30 个问题，供下次会议讨论。二是分头拜访老专家，征求意见建议。庞元正同志负责拜访韩树英教授、杨春贵教授；李景源、孙伟平同志负责拜访汝信研究员、赵凤岐研究员、陈先达教授；毛卫平同志负责拜访卢国英教授、王丹一先生；郝永平、冯鹏志同志负责拜访陈晏清教授、侯树栋教授、许志功教授；李晓兵同志负责拜访邢贲思教授、卢俊忠教授、沈冲教授；杨信礼、王磊同志负责拜访宋惠昌教授、张绪文教授；辛鸣同志负责拜访陶德麟教授、赵光武教授、赵家祥教授。每组至少提供一篇访谈稿件，在《马克思主义哲学论丛》刊登。

会议纪要之三

2010 年 7 月 31 日

2010 年 7 月 31 日，中国社会科学院常务副院长王伟光教授主持召开《新大众哲学》编写工作第 3 次会议，参加会议的有中国社会科学院李景源研究员、孙伟平研究员、周业兵秘书，中共中央党校庞元正教授、毛卫平教授、李晓兵教授、杨信礼教授、辛鸣教授和博士生王磊。会上，大家讨论了对著名专家的访谈情况，并交流了各自归纳的问题。

大家首先交流了对韩树英、邢贲思、杨春贵、汝信、赵凤岐、陶德麟、侯树栋、许志功、陈先达、陈晏清、张绪文、宋惠昌、卢俊忠、卢国英、赵家祥的访谈情况。各位专家一致肯定了编写《新大众哲学》的意义，因为马克思主义哲学就其本性来讲，就应该是大众的，而且马克思主义哲学是科学的世界观方法论，应当说哲学的抽象程度是最高的，与此相应也应该有最大的普遍适应性。各行各业没有一个领域是在它的视野之外的。

各位专家认为，当前我国正处在改革发展的关键阶段，在取得巨大成就的同时也出现了一些新的问题，如何运用马克思主义世界观方法论对其加以分析研究，做出有说服力的回答，成为广大青年在思想理论上急需解决的问题。要将哲学创新理论与大众化表达形式结合起来、将哲理科学性与知识趣味性结合起来，切实解决目前在一些人中存在的虚无主义的理想观、拜金主义的价值观和实用主义的世界观等问题。

受访专家普遍认为，在写作手法上，应以马克思主义哲学为指导，以哲学发展史为主要线索。通过以哲学发展史为线索的阐述，阐明马克思主义哲学产生的重大意义和自身价值。使读者深切感受到马克思主义哲学作为人类哲学思维发展的必然产物，第一次明确揭示了人类社会发展的奥秘，阐明了人类社会发展的起源、结构、动力、规律和最高价值追求等等。文章结构上，要正确处理体系和问题的关系，不要拘泥于体系。从问题入手，以问题带出哲学基本原理。可以借鉴《通俗哲学》中两层标题的体例方法。在内容选择上，应当增加历史唯物主义的分量。在写作方法上，要真正做到深入浅出。在写作时要把道理讲高、讲深、讲透，不能把通俗化写成庸俗化，不能剑走偏锋。

专家提出，《新大众哲学》的“新”，应当能够表达新的时代精神，能够把握住新时期哲学的主题，能够充分阐述马克思主义哲学中国化的最新成果，能够结合社会主义市场经济条件下和全球化背景下经济社会和科技文化发展过程中提出的新问题。要把通过实践检验、经过历史考验的创新成果从学院推向社会。专家还强调在写价值论等篇章时，应当注重联系群众的现实利益问题。因为马克思主义哲学理论只有最大程度地反映、表达人民群众的现实利益，才能使群众感受到理论的现实价值和意义；只有体现、维护和实现最广大人民群众的根本利益，才是马克思主义哲学根本价值的体现。

专家还认为，《新大众哲学》的对象应该定位在“80 后”青年人，特别是“90 后”的青年。因为这些年轻人基本上将要在工作岗位上工作到 21 世纪中叶，就是实现我国基本实现现代化和大体达到中等发达国家水平目标的时候，他们在社会主义现代化建设中将要发挥重要作用。而且年轻人的世界观、人生观正在形成中，在未来 30 年中，无论是个人的发展还是社会的发展都是很关键的，他们的思想对社会的发展和民族的未来都是非常重要的。同时本书应该有中国的民族性、有中华民族的民族意识、体现中国特色社会主义的哲学意识。

之后，大家分别提出了各自归纳的 30 个问题，并进行了广泛交流。

最后，王伟光教授对会议作了总结，并安排了下一步要做的工作。王伟光教授肯定了大家的工作，希望编写成熟的访谈录能放在《马克思主义哲学论丛》中发表，形式采用访谈和笔谈的形式，字数在3000至4000字。初步确定将对韩树英、邢贲思、杨春贵、赵凤岐、陶德麟、侯树栋、许志功、陈晏清、张绪文、宋惠昌、卢国英等专家的访谈录分期在《马克思主义哲学论丛》上发表。下次会议讨论的主要内容就是这次会议上大家提出的问题。由庞元正、杨信礼、王磊负责将问题进行归类，以便下次会议讨论。

会议纪要之四

2010 年 8 月 14 日

2010 年 8 月 14 日，中国社会科学院常务副院长王伟光教授主持召开《新大众哲学》编写工作第 4 次会议，参加会议的有中国社会科学院李景源研究员、孙伟平研究员、周业兵秘书，中共中央党校庞元正教授、毛卫平教授、杨信礼教授、辛鸣教授和博士生王磊。会上，大家对汇总的问题作了进一步归纳、概括、梳理，分为总论、唯物论、辩证法、历史观、认识论、利益论、价值论、人生观八个部分。

总　论

总论部分集中回答什么是哲学、为什么要学习哲学、怎样学习哲学，马克思主义哲学为什么是放之四海而皆准的普遍真理、为什么没有过时、为什么还具有强大生命力，马克思主义哲学为什么要中国化、怎样中国化等问题。

一、什么是哲学？为什么要学哲学？怎样学哲学？

1. 哲学是否是一种科学？哲学思维与科学思维有什么不同？科学与哲学是对立的还是兼容的？哲学思维训练在实际生活中的方法论指导意义是什么？

二、马克思主义哲学为什么是放之四海而皆准的普遍真理、为什么没有过时、为什么还具有强大生命力？

1. 我们究竟处在一个什么样的时代？时代的总特征到底发生了什么实质性的变化？

2. 马克思主义哲学与现时代的关系是什么？哲学的主要任务在现代社会有何变化？

3. 马克思主义是否过时了？

4. 马克思为什么能在欧洲被评为千年伟人？

5. 如何加强马克思主义哲学的亲和力，更好地弘扬马克思主义哲学？

6. “实践哲学”同当下的哲学危机的内在关联。

7. 能不能说“革命靠马克思，和谐靠孔夫子”？

8. 科学哲学的新范式——语境时代论。

三、为什么要把马克思主义哲学中国化？怎样中国化？为什么要不断推进马克思主义哲学中国化？

1. 马克思主义哲学中国化、时代化、大众化的理论基础和现实意义。

2. 马克思主义为什么能进入中国？马克思主义哲学中国化的必然性、可能性和具体路径。

3. 马克思主义哲学与中国传统文化是什么关系？中国传统哲学思想的当代价值是什么？

4. 中国特色社会主义的创造性发展，如“初级阶段的社会主义”、“社会主义市场经济”、“一国两制”的哲学基础是什么？

5. “坚持老祖宗”与“又要说新话”是什么关系？如何处理好坚持与发展的关系？

6. 什么是马克思主义？怎样才算是真正高举马克思主义的伟大旗帜？

7. 艾思奇的《大众哲学》当时为什么影响那样大？

8. “新大众哲学”之“哲学”新在哪里？大众“新”在哪里？

唯物论

本部分围绕什么是哲学基本问题、什么是哲学上的两条路线、为什么要坚持唯物主义哲学路线等问题，从本体论、物质论、意识论、自然观、时空观、信息论几个方面展开论述。

一、本体论。什么是本体？什么是本体论？什么是唯物主义本体论？要坚持什么样的本体论？

1. 神秘主义存在的依据与证明。

2. 上帝存在的证明。

二、物质论。什么是物质？物质的特性，信息、气、场是不是物质？什么是辩证唯物主义的物质观？

1. 马克思主义哲学的自然科学基础发生了哪些变化？可能有何哲学后果？

2. 量子力学、分子生物学证明了事物没有规律性吗？（规律及其客观性、必然性和多样性）

三、时空观。什么是时间和空间？物质与时间和空间的关系，要坚持什么样的时空观？

1. 什么是时间？什么是空间？正确的时空论是什么？

2. 电子时空、虚拟时空对时空观的影响。

四、信息论。什么是信息？信息的本质是什么？怎样看待信息？

1. 什么是信息？什么是信息时代？什么是信息化？有了信息以后是不是物质就消失了？信息是不是物质？

2. 信息的特点是什么？信息与物质有何区别？如何理解

信息时代唯物论、唯物史观之“物”？

3. 信息时代、知识经济时代，信息成为最重要的经济和社会资源。信息、知识在生产力中的地位如何？信息社会中先进生产力应与哪些因素相联系？

4. 如何看待信息技术的发展对人际交往的影响？

5. 信息技术、互联网、数字化生存为什么改变了我们的生活和时代？（科学技术的作用）

五、自然观。什么是自然，辩证唯物主义的自然科学图景，人与自然的关系。

什么是自然？什么是人对自然的改造？人对自然的改造是不是一种自然的行为？

六、意识论。什么是意识？意识的本质与功能，人工智能与人脑的机能。

辩证法

本部分主要回答什么是辩证法、什么是唯物辩证法、唯物辩证法的基本内涵，以及如何运用唯物辩证法研究解决问题、指导现实实践等问题。

一、联系观

客观世界是普遍联系的，联系的多样性。

二、发展观

客观世界的运动、变化、发展。

（一）对立统一规律

（二）质量互变规律

（三）否定之否定规律

1. 事物变化是量变还是质变？如果是量变，量变如何能改变事物的性质？如果是质变，质变的“质”如何来判定？中国改革之“变”是一种什么样的变化？

2. “唯GDP论”错在哪里？（发展是量变与质变的统一）

3. 经济发展的质量、结构、速度、效益的关系及其辩证法意蕴是什么？

4. 发展是否是齐步走？不平衡发展能否持续？如何处理协调与均衡的关系？

5. 协调发展的内涵与辩证法基础是什么？

三、矛盾观

1. 怎样理解“一分为二”？怎样理解“合二为一”？什么叫作和谐？什么叫作矛盾？和谐社会还有没有矛盾？

2. 构建和谐社会还要不要斗争？（矛盾的同一性与斗争性）

3. 系统论否定了“一分为二”吗？（对立统一规律是世界的普遍规律）

4. 什么是“斗争哲学”？如何看待斗争哲学？

5. 和谐是一种什么样的状态，和谐是不是就不要斗争，如何在化解社会矛盾中构建和谐社会？

6. 讲和谐就不能坚持原则吗？

四、精髓观

1. 什么是事物的共性？什么是事物的个性？怎样理解共性与个性的关系问题？

2. 中国特色社会主义“特”在哪里？（矛盾普遍性与特殊性）

3. 提出“中国特色”是要搞特殊主义吗？怎样理解“中国特色”的本质内涵？

五、系统论

六、规律论（范畴论）

原因与结果、可能与现实、必然与偶然、现象与本质、形式与内容等。

1. 如何理解可能与不可能，实践的不可能与逻辑的不可能有什么样的差别？

2. 原因与结果是一种时间上的先后关系还是逻辑上的先后关系，是一种一一对应的关系还是多重映射关系，是可逆关系还是不可逆关系？

3. 确定性和自由的关系问题。

4. 怎样看待机遇在人生和社会发展中的作用？（机遇与偶然性的作用）

5. 以经济建设为中心是否就是搞唯 GDP 论？（重点与非重点、生产力的决定作用和反作用）

历史观

本部分主要阐释唯物史观基本观点，并运用唯物史观基本理论分析解决当今中国与世界一些重大现实问题。

一、社会结构论

全面发展究竟是“几位一体”？（唯物史观的社会结构论）

二、社会形态论

1. 如何看待技术社会形态？信息社会与农业社会、工业社会是什么关系？

2. “信息社会”、“网络社会”与现实社会是什么关系？如何看待“信息社会”、“网络社会”的地位与性质？如何处理它与现实社会的关系？

3. 网络时代社会形态的新变化、新特点是什么？

4. 网络时代人们的交往方式与生活方式发生了什么新变化？

三、社会实践论

1. 当代人类实践有什么新形式、新特点和新功能？

2. 技术创新、制度创新和知识创新为什么成为了社会发

展的强大动力？（实践的类型与作用）

3. 如何看待“虚拟实践”、虚拟交往？

4. “虚拟实践”、虚拟交往可能导致马克思主义的实践基础发生什么变化？

5. 什么是虚拟实践？现实实践与虚拟实践的关系是什么？

四、社会动力论（或科学技术论）

1. 科技高速发展的积极作用与负面效应的悖论问题。

2. 科学技术在社会发展中的作用是什么？

3. 科学技术的发展有没有伦理道德界限？

4. 如何以合理的价值目标引导科学技术的发展？

5. 如何增强社会变革进程中的理性与文化含量？

6. 知识经济的哲学意蕴何在？

7. 如何增强自主创新能力？

五、基本矛盾论

1. “白猫黑猫抓住老鼠就是好猫”体现的是什么哲理？（生产关系一定要与生产力发展相适应）

2. 什么叫作市场经济？什么是社会主义市场经济？什么是资本主义市场经济？社会主义市场经济和资本主义市场经济有什么区别？社会主义制度和市场能不能结合在一起？

3. 中国特色社会主义，以公有制为主体、按劳分配为主要分配方式，要体现在数量上，还是质量和数量两方面均体现？按要素分配是什么性质的分配方式？

4. 非公有制比重越来越大，符合社会主义的要求吗?(所有制与社会制度)

5. 什么叫作改革？什么又叫作革命？为什么说改革是中国的第二次革命？改革开放为什么引起中国巨变？（社会基本矛盾理论）

6. 什么是制度？什么是体制？什么是机制？三者之间的关系是什么？社会主义改革是在社会主义条件下的体制改革，制度要不要改?

7. 发展与改革的系统性以及经济社会发展与体制改革的关系是什么?

8. 社会矛盾存在的客观必然性是什么？社会和谐的实现途径是什么?

六、阶级、阶层（群众、领袖）论

1. 历史上的无产阶级是什么？今天的无产阶级又是什么？今天我国的无产阶级是不是就没有财产了？还要不要以工人阶级来领导?

2. 马克思主义哲学是无产阶级的思想武器。今天无产阶级的状况如何？如何认识“知识型无产阶级”、“白领工人阶级”、“占人口少数的无产者”、“小康型无产阶级”？如果无产阶级有了财产，可能产生何种相应的主体意识（如关于“剥削”、“异化”、“革命性”、“斗争性”、“人类解放”等方面的意识)？它可能要求反映无产阶级根本利益和需要的马克思主义哲学发生怎样的变化或转型?

3. 怎样认识当今时期社会的阶级、阶层?有哪些新的阶级、阶层形成?今天还要不要坚持人民民主专政?还有没有专政?为什么中国特色社会主义要坚持党的领导、马克思列宁主义思想的指导?

4. 目前中国社会的阶级、阶层分析。

5. 在今天中国还有没有阶级存在?还有没有阶级矛盾?还有没有阶级斗争?今天的社会还是不是阶级社会?阶级斗争观点和阶级分析方法还灵不灵?

6. 当前我国社会结构发生了什么新变化,阶级分析方法是否仍然是科学的分析方法?

7. 如何运用阶级分析方法来考察当前中国社会的阶级阶层结构?

8. 工人阶级是国家的主人吗?

9. 如何看待工人阶级地位的新变化?

10. 如何看待知识分子?如何对占有和创造知识的主体——知识分子进行定位?

11. 信息的占有和创造者是否是“生产资料的所有者”?拥有信息的富裕的被雇佣者、“白领”工人在生产中的地位如何?他们是否仍然属于“无产阶级”的阵营?

12. 如何看待新形势下“人民”概念的新变化?

13. 今天进行社会主义建设,谁是依靠的对象?谁又是团结的对象？谁是敌人？什么样的阶级和阶层代表中国未来的社会发展？

14. 什么是群众史观？群众史观在唯物史观中处于何种地位？怎样用群众史观分析和总结中国革命和建设的基本经验？

15. 中国共产党要形成什么样的政党？应该向何处去？中国发展向何处去？

16. 为什么党群关系、干群关系越来越紧张，如何建立和谐的党群关系、干群关系？

17. 怎样把“人是目的”的原则落实到社会发展进程中？

18. 以人为本与西方人本主义有什么区别？（人民在历史上的作用）

19. 以人为本与中国古代的民本思想有什么异同？（唯物史观与唯心史观）

七、民主论

1. 如何发挥政治文明建设在社会发展中的重要作用？

2. 什么是民主？什么是社会主义？

3. 什么是民主和民生，二者的关系是什么？

4. 什么是民主与法治，如何建构当今时代和当代中国的民主与法治新形态？

八、社会意识论（文化观）

主要回答什么是文化，文化发展与人的发展的关系，文化发展规律，如何提高人的文化素质等问题。

1. 怎样回答“钱学森之问”？（教育的功能）

2. 什么是文化？为什么说文化直接关系人的存在？怎样理解文化是民族精神固有之血脉？如何弘扬传统文化，建设民族精神家园？

3. 如何构建中华民族共有的精神家园？

4. 什么是人的精神家园？精神家园的功能是什么？怎样建设民族共有精神家园？

5. 文化发展与提高国民素质和增强综合国力的关系是什么，如何繁荣社会主义文化？

6. 人文与经济发展的矛盾。

7. 和谐文化与和谐哲学是什么关系？

8. 怎么看信教群众越来越多？（宗教作为意识形态的作用）

9. 如何看待民众信仰的迷茫状态？

10. 如何调适民众对社会变革的心理预期与承受力？

11. 如何在意识形态建设中避免与克服极端化思维方式？

12. 后现代主义是否反映了时代发展的要求？（意识形态）

13. 儒家思想的传播与孔子学院的发展前景。

14. 孔子怎么又“香”了？

15. 孔子学说能够成为中国的精神支柱吗？（意识形态的属性）

16. 如何看“儒家社会主义”?

17. 老子的“道”与海德格尔哲学的关系。

18. 道家的“道”对西方思想的影响。

19. 如何看待世界各民族的文化差异，文化融合是好是坏?

九、历史进步标准论

1. 什么是价值观? 什么是历史观? 历史观是与价值观无关的科学吗?

2. 如何理解“真理和价值的统一是唯物史观的重要原则”?

3. 如何认识现代化进程中的进步与代价?

4. 历史上一个国家先进变落后、落后变先进的根本原因是什么? 如何把握中国的崛起与价值观念变革的本质联系? 怎样从文化角度理解生产力标准与人民利益标准的一致性?

十、历史规律论

1. 社会主义、共产主义是不是只是一种信仰? 还是历史发展的必然趋势?

2. 社会发展的大趋势与社会发展过程中的曲折性是一种什么样的关系，如何看待社会主义在人类社会发展进程中的曲折过程?

3. 如何理解社会理想与社会现实的关系，社会主义前途与人类命运如何?

4. 什么是历史周期律？它在何种意义上是一种规律？如何避免历史的报应？如何避免“吃大亏”、“自作孽”的问题？

5. 怎样看待苏东剧变？怎样看待社会主义发展的低潮？社会主义还能不能实现高潮？

6. 苏东剧变是否表明历史没有规律？（历史决定论是辩证决定论）

7. 什么叫作金融危机？当前的世界性的金融危机和资本主义发展的未来走向是什么关系？

十一、全球化与民族国家论

1. 全球化时代的特征是什么？

2. 如何理解全球化？它与马克思的“世界历史理论”是什么样的关系？

3. 马克思主义应当如何看待全球化？

4. 在数字化、虚拟化、全球化的电子时空中，是否存在国家、地区疆界？

5. 全球化的多义性与多重性是什么，如何处理全球化与民族国家、民族利益与人类利益的关系？

6. 如何在“一球两制”历史条件下正确处理社会主义与资本主义的关系？

7. 怎样理解社会主义与资本主义的“趋同”？

8. 国际主义和中国共产党坚持本国利益之间的关系？

9. 在全球化条件下如何维护国家安全与主权独立？

10. 什么是和谐社会与和谐世界，二者的关系是什么？

11. 如何立足于人类共同利益来看待和谐世界建设的重大意义？

十二、可持续发展论

1. 怎样看待中国人口数量对中国发展的影响？（人口因素在社会发展中的作用）

2. 如何认识与把握生态文明建设？

3. 低碳经济说明了什么？（资源环境在社会发展中的作用）

4. 气候变化对世界和中国有什么影响？（自然环境在社会发展中的作用）

5. 如何从制度安排上来保障中国的科学发展？

6. 改革开放30多年来中国发展成就巨大同时问题严峻。（时空压缩）

7. 怎样把握中国社会的未来走向与风险控制？

认识论

本部分主要回答世界是否可知，两条认识路线，认识的来源、动力、目的、标准，认识的辩证发展过程等问题。

一、反映论

1. 人类的认识是否可能，影响认识的因素除了思维，是否还有利益？

2. 什么是认识关系？什么是价值关系？这两种关系是如何在实践中产生的？

3. 反映与建构问题。

4. 感性、知性、理性问题。

二、实践论

1. 什么是实践？实践的类型，实践在认识中的作用。

2. 实践是检验真理的唯一标准还是最高标准？

3. 理论和实践有无高低之分，是相互分离的还是统一的？

三、真理论

1. 什么是真理？怎样检查真理？怎样发展真理？在真理面前是不是人人平等？

2. 真理是否值得追寻，真理的光芒是否会被遮蔽？

四、过程论

1. 如何理解真理是一个过程？

2. 什么是真理的绝对性和相对性、认识的至上性与非至上性？

五、思想路线论

1. 什么是解放思想？什么是实事求是？为什么说“解放思想就是实事求是”？

利益论

本部分主要回答什么是利益以及当代中国发展中的利益关系问题。

1. 如何看待改革开放中的特殊利益集团？

2. 中国有没有既得利益集团？如何看待既得利益集团？

3. 为什么既得利益集团是改革的最大阻力？

4. 怎样正确处理个体利益和集体利益的关系。

5. 为什么社会需要公平？为什么有些时候追求效率会导致公平的丧失？公平与效率是否是对立的？

6. 如何把握公平与效率的关系？

7. 什么是公正？怎么做到公正。

8. 公平和发展，哪个更重要？

9. 为什么中国发展起来问题还比较多？

10. 劳动是价值的源泉，为什么在现实经济运行中劳动的价值不能得到真正的体现？为什么会出现资本侵蚀劳动的现象？

11. 今天有没有劳资矛盾？怎样看待劳资矛盾？怎样处理劳资矛盾？

12. 如何使劳动者工作更体面、生活更有尊严？

13. 今天还有没有剥削？有没有剥削阶级？有没有剩余价

值？未来应该怎么办？

14. 如何看待剥削？

15. 中国有没有剥削，有没有剥削阶级？

16. 共产党该不该容忍剥削？

17. 能不能说共产党是穷人的党？

18. 共产党为什么要为富人说话？

19. 中国的贫富差距为何这么大？

20. 现在有没有两极分化的问题？贫富差距为什么越来越大？怎样解决这些问题？

21. 贫富差距拉大反映了什么问题？

22. 怎样看待群体性事件？（关于人民内部矛盾及其当前的发展）

23. 什么是个人利益与公共利益，当前中国利益关系紧张的根源是什么？

24. 如何正确认识与妥善处理个人利益与集体利益、当前利益与长远利益的关系？

25. 为什么经济越发展就业却越来越难？

26. 上学难、看病难、住房难凸显了什么问题？（历史唯物主义的民生观）

价值论

本部分主要回答什么是哲学意义上的价值、价值的本质、价值评价的标准、个人价值与社会价值的关系以及应当坚持什么样的价值观、追求和实现什么样的价值等问题。

一、价值论

1. 什么是价值？价值的特点？价值的主体性是否意味着“公说公有理，婆说婆有理，天下无公理”？

2. 价值与事实的关系？

3. 价值与真理的关系？

4. 价值的类型？真、善、美？

5. 自我价值、社会价值及其关系？

6. 价值是主观的还是客观的？一元的还是多元的？相对的还是绝对的？

二、价值评价论

1. 什么是评价？评价与认知的关系？

2. 评价的标准是什么？评价标准与价值标准的关系？

3. 如何理解评价的合理性？

4. 为什么说实践是检验评价合理性的标准？

5. 什么是美？什么是丑？美与丑是主观的还是客观的？是绝对的还是相对的？

6. 什么是道德，如何评价道德，功利与道德是一种什么样的关系？

7. 没有了当下就没有了存在，没有了长远就没有了发展可能，如何把握当下与长远的关系？如何来评估当下与长远的权重？

8. 如何认识历史评价与价值评价、道德评价之间的冲突？

三、价值观念论

1. 什么是价值观？价值观的结构、功能？

2. 价值观与世界观、人生观的关系？

3. 价值观的客观基础？如何理解价值观的稳定性？

4. 共产主义价值观的主要内容是什么？它还有没有生命力？

5. 封建主义、资本主义和共产主义价值观的本质区别是什么？

6. 社会主义与资本主义正在趋同吗？

7. 社会主义核心价值体系建设的必然性？如何建设？

8. 什么是核心价值体系？核心价值体系与民族发展道路是什么关系？怎样理解中国特色社会主义是民族发展道路的核心观念？

9. 怎样认识发展中不可避免的代价和可以避免的代价？

10. 社会价值观是一个社会行动的深层依据，如何塑造社会的核心价值观？不同价值观能否相容？是否存在普适价值？

11. 社会最大多数人的利益与个体独一无二的价值孰轻孰重，一与多的关系如何处理？民主与独裁是否具有共同的哲学基础？

12. 怎样认识价值观念一元引领与多元并存的矛盾？

13. 如何认识市场经济发展进程中的功利化现象？

14. 什么是普遍主义？什么是特殊主义？如何避免普遍主义与特殊主义二元对立的陷阱？

15. 当代社会价值冲突的表现和特点？如何看待“价值观外交”？价值观冲突与文明冲突之间的关系？

16. 如何理解和看待当前“价值观混乱”？

17. 如何理解传统？如何看待传统的作用？

18. “不自由，毋宁死”是不是普世价值？

人生观

本部分主要回答什么是人生观、什么是正确的人生观以及如何树立正确人生观、创造有价值、有意义的美好人生等问题。

一、人性论

1. 我们是谁？从哪里来？到哪里去？未来的人是怎么回事？人是什么？人的本质、本性是什么？怎样形成的？

2. 我为什么是我？

3. 我是谁？今日之我与昨日之我是同是异？“我”与“你”差别何在？

4. 人性是善还是恶、还是善恶兼有？人性的丑恶是否是我们否定这个世界的理由？人性的光辉又是否是我们维护这个世界的理由？

5. 科技与人性是一种什么样的关系，科技能实现人性还是泯灭人性？科技克隆人在人性上将会面临什么样的风险？

6. 技术发展和人性的关系。

7. 人性是变的还是不变的，应当分为自然属性和社会属性吗？二者是什么关系？

二、意义（价值）论

1. 人在这个世界上的最终需求是什么？

2. 身心是对立的还是统一的？

3. 生命的意义是什么，如果人生可重新读取进度，可以永生不死对人类来说是福音还是灾难？

4. 个人价值与社会价值的关系是什么，如何在实现社会价值的过程中实现个人自我价值？

5. 物质价值与精神价值的关系是什么，如何追求处理二者关系，追求一种美好生活？

6. 依据个人活动的社会制约性来选择个人价值的实现途径。

7. 人与社会环境的关系，是应保持个性还是圆融入世？

8. 人的思想行动和言论是受什么支配的？怎么样来判断一个人的思想行动和言论正确与否？

9. 在现实社会中经常会出现目的与手段混淆的现象，如何避免出现把手段当作目的的问题？

10. 保尔·柯察金与比尔·盖茨谁可以成为青年的典范？（人生观、价值观、时代观）

三、自由观

1. 人的自我觉悟是自由意志的体现还是对客观规律的无意识遵循？自觉与强制的边界在哪里？

2. 怎样看待人的解放？怎样看人的自由？我们需要什么样的人的解放和自由？

3. 人是否有彻底的自由？人是否必须遵循客观规律？自由与必然是什么样的关系？

四、平等观

1. 有没有绝对的平等？什么是理论的平等？什么又是现实的平等？平等是不是就没有差别？

五、权利观

六、理想观

1. 理想是基于人的本性吗？理想和理性是什么关系？如何理解“合理的就是现实的，现实的就是合理的”命题的含义？

2. 什么是理想信念？人应该树立怎样的理想信念？什么是共产主义的理想信念？为什么共产主义的理想信念是科学的？

3. 青年人如何认识与处理好“仰望星空”与脚踏实地的关系？

4. 什么是观念？观念与知识、理想、理论是什么关系？怎样理解“理论是行动的指南”？

5. 人为什么需要信仰，没有信仰的社会将会怎样？

6. 理性和信仰是什么样的关系。

7. 什么是宗教信仰？为什么会有宗教？共产党人对宗教信仰该怎样看待？

8. 什么是信仰？什么是宗教？有信仰和信宗教是一回事吗？人为什么要过一种有信仰的生活？

9. 人能否离得开信仰，中国是缺少信仰的民族吗？

10. 如何看待当前的“信仰缺失”问题？

七、道德观

1. 为什么需要道德？天地间有无纯粹的经济？经济与道德之间普遍的、必然的关系究竟是怎样的？

2. 社会道德与社会发展的矛盾及道德进步方向和范围的包容度。

3. 当代社会道德滑坡与信仰迷失现象。

4. 什么是得？什么是失？得到是否是真的得？失去是否

是真的失？在人生境界层面上，奉献与索取是什么样的关系？

八、创业观

九、幸福观

1. 幸福是什么，财富是不是幸福，财富与幸福是一种什么样的关系？

十、爱情、婚姻、家庭观

1. 年轻人应该树立怎样的恋爱观？什么叫作爱情？什么叫作家庭？什么叫作婚姻？应该树立怎样的爱情观、家庭观、婚姻观？

2. 爱对人存在的意义是什么？对社会存在的意义是什么？没有爱的人是否是完整的？没有爱的社会还能否存在？人类之爱与动物之本能有何不同？

会议纪要之五

2010 年 8 月 28 日

2010 年 8 月 28 日，中国社会科学院常务副院长王伟光教授主持召开《新大众哲学》编写工作第 5 次会议，参加会议的有中国社会科学院李景源研究员、孙伟平研究员、周业兵秘书，中共中央党校庞元正教授、毛卫平教授、郝永平教授、李晓兵教授、辛鸣教授和博士生王磊。

会议就第二次汇总的问题的前两个部分进行了讨论。大家认为，编写《新大众哲学》，要正确认识马克思主义哲学的本质及其功能作用，要正确认识马克思主义哲学的阶级基础、实践基础、理论来源、时代条件的新变化，要凸显现实与哲学的重大问题、热点问题、焦点问题、难点问题，从现实问题入手引出哲学观点，用哲学观点解答现实问题。要把问号变成句号，以句号结尾。会议决定对问题做进一步挖掘、概括、梳理。其中总论部分由辛鸣负责，唯物论部分由杨信礼、冯鹏志负责，历史观部分由李景源、郝永平负责，辩证法部分由庞元正负责，认识论部分由毛卫平负责，价值论部分由孙伟平负责，人生观部分由李晓兵负责。9 月 8 日将电子稿发给杨信礼统一整理。

会议纪要之六

2010 年 9 月 21 日

2010 年 9 月 11 日，中国社会科学院常务副院长王伟光教授主持召开《新大众哲学》编写工作第 6 次会议，参加会议的有中国社会科学院孙伟平研究员、周业兵秘书，中共中央党校庞元正教授、毛卫平教授、李晓兵教授、郝永平教授、冯鹏志教授、杨信礼教授、辛鸣教授，博士生王磊、陈界亭。

与会同志认真讨论了问题汇总第三稿，并对问题作了增补和调整。《新大众哲学》要从人们最关心的现实问题入手，引出重大哲学问题，并用哲学理论回答现实问题。当前阶段的任务是把重大哲学问题归纳好，并找出实例，确定研究和论述的切入点。会议委托辛鸣将《总论》部分的问题在 9 月

14 日前整理好作为参照，其他同志将重新整理的问题于 9 月 20 日发给杨信礼汇总并于21 日发给各位，9 月24 日下午5 点开会讨论。

会议纪要之七

2010 年 10 月 6 日

2010 年 9 月 24 日，中国社会科学院常务副院长王伟光教授主持召开《新大众哲学》编写工作第 7 次会议，参加会议的有中国社会科学院李景源研究员、周业兵秘书，中共中央党校庞元正教授、毛卫平教授、李晓兵教授、郝永平教授、冯鹏志教授、杨信礼教授、辛鸣教授，博士生王磊、陈界亭。

与会同志认真讨论了问题汇总第四稿，对其进行了增补和调整。会议商定了下一步的工作：一是确定内容。所选问题要体现马克思主义哲学的基本观点，重要哲学问题不要遗漏。二是统一形式。每部分要有一个总论，然后分为若干问题。三是设计入手处。从生动形象的具体事例入手，引出马克思主义哲学基本理论问题并加以阐述，进而运用马克思主义哲学的立场、观点和方法分析现实问题。下次会议时间为10月9日下午6点。

会议纪要之八

2010 年 10 月 9 日

2010 年 10 月 9 日，中国社会科学院常务副院长王伟光教授主持召开《新大众哲学》编写工作第 8 次会议，参加会议的有中国社会科学院李景源研究员、孙伟平研究员、周业兵秘书，中共中央党校庞元正教授、毛卫平教授、李晓兵教授、郝永平教授、杨信礼教授、辛鸣教授，博士生王磊、陈界亭。

与会同志认真讨论了问题汇总第五稿，并对问题进行调整，对入手处进行探讨。本次会议对稿件提出了两方面的意见：一是对入手处的要求。要力求具有形象性、故事性、趣味性；要富有哲理性，能起到举一反三的作用。二是对问题的要求。要按照逻辑顺序进行整理，力求做到规范化和逻辑化；要继续补充问题，不要遗漏重大哲学问题。下次会议召开的时间为 10 月 23 日中午 11 点。

会议纪要之九

2010 年 11 月 5 日

2010 年 10 月 23 日，中国社会科学院常务副院长王伟光教授主持召开《新大众哲学》编写工作第 9 次会议，参加会议的有中国社会科学院孙伟平研究员、周业兵秘书，中共中央党校庞元正教授、毛卫平教授、郝永平教授、冯鹏志教授、杨信礼教授、辛鸣教授，博士生王磊、陈界亭。与会同志重点对问题入手处进行了认真讨论，听取了总论样章的写作思路。会议决定对问题和入手处作进一步调整和思考，每人选取一个问题理出写作思路。下次会议时间为 11 月 8 日晚 6 点，讨论总论样章初稿以及其他问题的写作思路。

会议纪要之十

2010 年 11 月 20 日

2010 年 11 月 8 日，中国社会科学院常务副院长王伟光教授主持召开《新大众哲学》编写工作第 10 次会议，参加会议的有中国社会科学院李景源研究员、孙伟平研究员、周业兵秘书，中共中央党校庞元正教授、李晓兵教授、毛卫平教授、郝永平教授、冯鹏志教授、杨信礼教授、辛鸣教授，博士生王磊、陈界亭。与会同志交流了各自负责部分的基本思路，讨论了辛鸣教授撰写的《总论》部分初稿。会议要求每人写出一个初稿，在下次会议上交流、讨论。会后，王伟光教授对《新大众哲学》写作提纲作了全面修改，修改后的写作提纲如下。

总论

总论部分集中回答什么是哲学、为什么要学习哲学、怎样学习哲学；为什么说马克思主义哲学是放之四海而皆准的普遍真理、马克思主义哲学为什么没有过时、为什么还具有强大生命力；什么是马克思主义哲学的中国化、马克思主义哲学为什么要中国化、马克思主义哲学怎样实现中国化三大问题。

一、什么是哲学、为什么要学习哲学、怎样学习哲学？

1. 什么是世界观？什么是方法论？世界观与方法论是什么关系？世界观与方法论有无正确与错误之分？立场观点方法是如何影响人与社会行为的？怎样用正确的立场观点方法指导人与社会的行为？

2. 哲学要解决什么问题？世界观是不是涵盖了哲学的全部任务？哲学又是如何去解决世界观问题的？

3. 如果说哲学是关于世界观的科学，它与各具体学科是一种什么样的关系？如何把握哲学独特的认知方式与思维方式？如何理解哲学是一切自然科学和社会科学的总和？

4. 哲学与科学是一种什么样的关系？哲学思维与科学思维有什么不同？科学与哲学是对立的还是兼容的？

5. 哲学能否等于信仰？哲学与宗教是一种什么样的关系？

把宗教理解为是鸦片是否意味着宗教一无是处？宗教信仰背后的精神力量与民众认同以及宗教越来越深入的世俗扩张对哲学有什么样的启示与警示？

6. 哲学是否有用？哲学之“用”与具体的科学、技术之“用”有什么关系？同样的世界、同样的人生为什么在不同的哲学引领下会呈现出不同的意义、不同的价值、甚至不同的结果？

7. 怎样学习哲学？记忆哲学结论、了解哲学历史是否就能学好哲学？学哲学是学“知识”还是学“智慧”，丰富的知识是否就是高水平的哲学？

入手处： 1972 年毛泽东与尼克松会面，“我们只谈哲学，哲学谈好了，其他问题就解决了”，结果谈哲学谈出了“改变世界的一周”；

在 20 世纪中期，科学界一度认为原子就是最基本的粒子，不再可分了。但毛泽东在 1955 年就讲从哲学的观点来说，基本粒子也是可分的，果真随后的科学发现了比原子更小的“夸克”粒子。于是在 1977 年，美国夏威夷召开的世界第七届粒子物理学讨论会上，美国著名微粒子物理学家、诺贝尔物理奖获得者格拉肖提议以毛泽东名字命名为“毛粒子”。

二、马克思主义哲学为什么是放之四海而皆准的普遍真理，马克思主义哲学为什么没有过时、为什么还具有强大生命力？

1. 什么是马克思主义哲学的时代背景、阶级基础、历史使命？什么是马克思主义哲学的理论基础、科学支持与逻辑力量？

2. 什么是马克思主义哲学的精神实质、根本特点？

3. 什么是马克思主义哲学的革命意义？为什么说马克思主义哲学是伟大的革命性变革？有没有超越马克思主义哲学的哲学体系？

4. 什么是马克思主义哲学超越时代、永不过时、永葆生机活力的精髓所在？奥妙所在？

5. 我们究竟处在一个什么样的时代？时代的总特征到底发生了什么实质性的变化？时代新特征对哲学提出了什么样的新要求？

6. 马克思主义哲学与现时代的关系是什么？在现代社会马克思主义哲学的主要任务有何变化？

7. 在科学技术发生根本性进步的背景下，在科学理论范式发生革命性变革的背景下，马克思主义哲学是否过时了？

8. 如何加强马克思主义哲学的亲和力，更好地弘扬马克思主义哲学？

9. 如何看待“实践哲学”同当下哲学危机的内在关联？

如何理解“语境时代论”这一科学哲学的新范式？

入手处：马克思为什么能在欧洲被评为千年伟人？为什么全球金融危机后读马克思《资本论》的人越来越多？为什么现代西方一些政党对马克思的评价越来越高，在某些方面甚至超过马克思主义执政党对马克思的评价？

三、为什么要把马克思主义哲学中国化？马克思主义哲学怎样中国化？为什么要不断推进马克思主义哲学中国化？

1. 马克思主义哲学为什么能进入中国？马克思主义哲学为什么能成为中国社会的主导哲学思想，马克思主义哲学起了怎样的指导作用？马克思主义哲学契合了中国社会什么样的环境，满足了中国社会什么样的需要？

2. 如何理解马克思主义哲学中国化的必然性与可能性？如何理解马克思主义哲学中国化的理论基础与现实意义？

3. 为什么要实现马克思主义哲学中国化？马克思主义哲学中国化的一些具体要求，比如民族化、时代化、大众化、现实化之间的关系是什么？

4. 马克思主义哲学中国化究竟要“化”什么？马克思主义哲学中国化的具体路径应该是什么？达到什么样的状况才可以说实现了马克思主义哲学的中国化？

5. 马克思主义哲学与中国传统文化、传统哲学是什么关系？在马克思主义哲学中国化过程中，中国传统哲学思想的当代价值是什么？

6. 中国特色社会主义理论的一些重要创新，如“社会主义的初级阶段”、“社会主义市场经济”、“一国两制”等论断的马克思主义哲学基础与哲学依据是什么？

7. 在马克思主义哲学上“坚持老祖宗”与“又要说新话”是什么关系？遵循基本原理与结合中国实际之间又是什么关系？马克思主义哲学中国化如何处理好坚持与发展的关系？

入手处：艾思奇的《大众哲学》在当时为什么能有那么大的影响？它对于今日中国社会进行哲学通俗化、大众化有什么样的启示？

“新大众哲学”新在哪里？“哲学”新在哪里？“大众”新在哪里？任务和使命新在哪里？形式和风格又新在哪里？

唯物论

唯物论部分集中回答什么是唯物论、什么是辩证唯物论以及怎样坚持辩证唯物论等问题。

一、唯物论总论

1. 什么是唯物论？什么是唯心论？二者的本质区别是什么？

2. 什么是旧唯物论？什么是辩证唯物论？二者的本质区别是什么？

3. 什么是可知论？什么是不可知论与怀疑论？什么是唯物主义可知论，什么是唯心主义可知论，它们的本质区别是什么？

4. 辩证唯物论的普遍意义是什么，在新的历史条件下怎样坚持辩证唯物论？

入手处：（1）从法轮功的唯心主义实质说起。法轮功自称“佛家上乘，修炼大法”，是按照宇宙演化原理而修炼的大法大道。它认为存在着常人世界、常人空间与另外世界、另外空间以及常人与天人，而所有的世界、空间和人都是由神创造主宰的；法轮大法是世界上一切学说中最玄奥、最超常的科学，只有它才能完全揭开宇宙、时空、人体之谜。它通过限制人的欲望排斥现实生活，厌恶人生、仇恨社会，醉心于超现实的梦境；它竭力地贬低和诋毁科学，用神秘的方式来虚构一个不可理喻的、神秘的超验世界。它是一种唯心主义神秘论，容不得人们半点怀疑和批评。它混杂和歪曲利用佛教、道教一些观点，并与各种迷信、巫术、邪说甚至会道门拼凑糅合，是反唯物论、反科学、反社会、反现实、反历史的歪理邪说。（2）从心外无物、心外无理、致良知的主观唯心主义，以及决策失误造成严重后果说起。

二、哲学基本问题论

1. 什么是哲学基本问题？为什么说思维与存在的关系问题是全部哲学的重大的基本问题？怎样理解和把握思维和存

在的多重关系？

2. 什么是哲学上的两条路线？划分唯物主义和唯心主义的根本标准是什么？唯物主义和唯心主义各有什么理论形态？

3. 为什么要坚持辩证唯物主义哲学路线？怎样坚持这条路线？

入手处：从萨特的人生经历和思想讲起。存在主义认为世界虚无、荒谬，人生痛苦、忧惧，而痛苦、忧惧则使人通向存在；存在先于本质，只有存在，才有自由选择。存在主义强调自由选择、自我担当、自我完善，激励主观奋斗向上精神，并成为20世纪60年代法国青年的精神向导。由此提出问题，萨特的存在主义为什么在20世纪60年代的法国风云一时，在20世纪80年代的中国反响巨大？存在主义的“存在”与马克思主义哲学的存在有什么区别？

三、本体论

1. 什么是本体？什么是本体论？什么是唯物主义本体论？什么是唯心主义本体论？

2. 世界的本体是精神还是物质？本体和存在、本体和物质是什么关系？

3. 从马克思主义的观点来看，上帝、佛、菩萨、鬼神是否存在？为什么很多人信这些？宗教信仰是什么？宗教信仰为什么能够主导很多人的思想？邪教是怎么回事？

4. 为什么很多人还相信命运？算命、占卜、方术为什么会有市场？人死之后有没有灵魂存在？

5. 新的时代对辩证唯物主义本体论提出了什么新问题？怎样坚持辩证唯物主义的本体论？

入手处：（1）从对世界起源的各种解释说起。物质本体、精神（主观精神、客观精神）本体、上帝、真主、中国古代神话传说中的盘古与女娲。（2）1961 年，人民文学出版社出版由中国科学院文学研究所编选的《不怕鬼的故事》，毛泽东主席亲自修改审定何其芳撰写的序言。该书从中国古代史传、笔记小说及其他书籍中选出若干篇故事传说，说明世界上并没有鬼，表现了中国古代人民不怕鬼、不信神、不惧邪的思想，对于破除迷信、解放思想，相信科学、尊重科学，反对怯懦、勇敢斗争，树立唯物主义世界观，具有重要的意义。

四、物质观

1. 什么是物质？什么是物质观？什么是辩证唯物主义物质观？

2. 辩证唯物主义物质观的自然科学基础发生了哪些变化？现代科学是对物质客观实在性的证明还是证伪？如何吸收概括现代自然科学成果以丰富物质范畴的内涵？

3. 坚持辩证唯物主义物质观意义何在？怎样坚持辩证唯物主义物质观？

4. 怎样理解世界的物质统一性？坚持世界物质统一性原理意义何在？

入手处：（1）现代物理学在拓展宏观世界研究（相对论、大爆炸理论）、探讨宇宙各个层次之间联系的同时，深入研究微观世界，探索物质的内部结构（分子、原子、原子核、核子［质子与中子］、夸克），宏观世界的天体、微观世界的分子、原子、原子核、核子、夸克，都是物质的不同存在形式。（2）物理学唯心主义与辩证唯物主义。19 世纪末 20 世纪初，物理学发现了某些元素会转化为另一种元素，原子中有电子等更小颗粒，电子的质量可以随着其速度变化而变化，从而推翻了原子的不变性、不可分性以及质量不变等观点。对此，一些物理学家却得出了“原子非物质化”的结论；唯心主义者歪曲科学新发现的真正意义，大叫“物质消失了”，一切客观对象、规律都只是人的主观经验、感觉，是对主观经验、感觉的整理。为了捍卫辩证唯物主义，回击唯心主义的进攻，列宁写了《唯物主义和经验批判主义》的哲学论著，对物质范畴进行了科学的规定。

五、时空观

1. 什么是时空观？什么是辩证唯物主义时空观？

2. 什么是时间和空间？时间和空间的特性是什么？时间和空间与物质及其运动的关系是什么？

3. 如何理解时间和空间的有限性与无限性的辩证统一关系？

4. 宇宙大爆炸理论和膨胀宇宙论与马克思主义时空观的

关系是什么？这种宇宙起源学说是不是证明马克思主义的时空观站不住脚了？

5. 什么是自然时空？什么是社会时空？如何理解当今时代时空压缩和社会的跨越发展？

6. 什么是电子时空、虚拟时空？信息与网络时代是否拓展了人类生存发展的时间和空间？

7. 辩证唯物主义时空观在当代有什么新发展？怎样坚持辩证唯物主义时空观？

入手处：（1）从牛郎织女的故事讲起。（2）牛顿的“绝对时间”与“绝对空间”；爱因斯坦的相对论带来了时空观的革命，时间旅行，钟慢尺短，天上一日，地上一年。

六、自然观

1. 什么是自然？什么是自然观？什么是辩证唯物主义自然观？

2. 什么是自在自然？什么是人化自然？什么是人工自然？

3. 怎样认识人与自然的关系？现时代人与自然的关系出现了什么问题？如何解决这些问题？

4. 怎样坚持辩证唯物主义的自然观？

入手处：19 世纪是科学的“英雄世纪”。由于能量守恒与转化定律、进化论、细胞学说的创立与自然科学其他学科的巨大进步，使自然界的主要过程得到了说明。人们“不仅能够指出自然界中各个领域内的过程之间的联系，而且总的说来也能指出各个领域之间的联系”，“能够依靠经验自然科学本身所提供的事实，以近乎系统的形式描绘一幅自然界联系的清晰图画”。恩格斯从19世纪50年代起至80年代末，以顽强的“脱毛”精神，致力于自然科学的学习与研究，逐步掌握了力学、电磁学、热学、化学、天文学、地质学、生物学、生理学、数学和其他学科的丰富知识及其发展历史与学科前沿，并进行了创造性的研究与总结概括。

七、意识论

1. 什么是意识？意识是怎样产生的？

2. 意识的本质、内涵、类型和功能是什么？

3. 意识与物质的关系是什么？

4. 人工智能与人脑的机能是什么关系？电脑能否代替人脑？

入手处：从仿人脑智能机器人研究说起。（1）1997年，IBM公司制造的机器人“深蓝”战胜国际棋王卡斯帕罗夫。（2）英特尔公司首席技术官贾斯汀认为，2020年科技将发生巨大跨越，到2050年，机器人智能将超过人类。

八、信息观

1. 什么是信息？信息的本质和特点是什么？信息产生、存储和传播的载体是什么？有了信息以后是不是物质就消失了？在信息时代如何理解“物质”？

2. 什么是信息论？信息论有哪些基本理论内涵和方法论

启示?

3. 什么是信息化? 什么是信息时代? 在信息时代人们的生产方式、生活方式、交往方式、思维方式有什么变化?

4. 在信息时代如何坚持马克思主义哲学的辩证唯物主义立场?

入手处:(1)从虚拟世界说起。(2)从新一代信息技术产业(新一代通信网络、物联网、三网融合、新型平板显示、高性能集成电路和高端软件)说起。(3)从第一代模拟制式手机到第二代的数字手机,再到第三代手机,手机已经成为集语音通信和多媒体通信于一体,并包括图像、音乐、网页浏览、电话会议、电子商务等多种信息服务的新一代移动通信系统。我国已进入了3G时代。

辩证法

本部分主要回答什么是辩证法、什么是唯物辩证法、唯物辩证法的基本范畴和基本规律,以及如何运用唯物辩证法研究解决问题、指导现实实践等问题。

一、辩证法总论

1. 什么是辩证法? 什么是形而上学? 它们的根本区别是什么?

2. 什么是唯物辩证法? 什么是唯心辩证法? 二者的区别

何在?

3. 唯物辩证法在马克思主义哲学中有什么重要地位?

4. 在当代应如何发展唯物辩证法?

入手处: 从邓小平提倡“照辩证法办事”谈起。

二、唯物辩证法的联系观

1. 为什么说事物是普遍联系的?

2. 什么是联系的客观性?

3. 联系的多样性有哪些表现?

4. 系统论怎样证明了世界的普遍联系?

5. 为什么说辩证法是关于普遍联系的科学?

入手处: 从世外桃源和全球化说起。

三、唯物辩证法的发展观

1. 什么是运动?什么是变化?什么是发展?

2. 为什么说运动是绝对的,静止是相对的?

3. 运动、变化与发展的关系是怎样的?

入手处: 刻舟求剑与万物皆流。

4. 什么是辩证法所说的平衡与不平衡?

5. 为什么说平衡是相对的,不平衡是绝对的?

6. 应当怎样辩证看待平衡与不平衡的关系?

7. 为什么协调发展是平衡与不平衡的辩证统一?

入手处: 毛泽东谈平衡与不平衡。

8. 什么是量?什么是质?什么是度?

9. 什么是量变？什么是质变？

10. 量变与质变是什么关系？

入手处：黑格尔的“秃顶理论”。

11. 什么是否定之否定？什么是辩证的否定？什么是扬弃？

12. 什么是结构？什么是功能？结构与功能的辩证关系如何？

13. 结构决定功能有什么方法论意义？

14. 创新的本质是什么？

入手处：田忌赛马、金刚石与石墨。

15. 唯物辩证法的发展观与形而上学的发展观的根本区别是什么？

16. 在社会历史领域认为“发展就是 GDP 的增长”为什么是一种片面发展观？

四、辩证法的矛盾观

1. 什么是矛盾？什么是对立统一规律？

2. 为什么说对立统一规律是自然界、人类社会和人类思维的根本规律？

3. 什么是矛盾的斗争性？什么是矛盾的同一性？

4. 如何看待矛盾的基本属性？

5. 什么是“一分为二”与“合二为一”？毛泽东与杨献珍有什么异同？

6. 为什么说辩证思维的实质是“在同一中把握对立，在对立中把握同一”？

7. 和谐与矛盾是什么关系？

8. 构建和谐社会应当怎样处理矛盾同一性与斗争性的关系？

入手处：毛泽东与杨献珍关于“一分为二”与“合二而一”的争论。

9. 什么是主要矛盾、什么是非主要矛盾？

10. 什么是矛盾的主要方面、什么是矛盾的非主要方面？

11. 应当怎样坚持两点论与重点论的统一？

12. 全面发展与坚持以经济建设为中心是什么关系？

入手处：布利丹的驴子、叶剑英“吕端大事不糊涂”。

五、唯物辩证法的精髓观

1. 什么是矛盾的普遍性？什么是矛盾的特殊性？

2. 什么是矛盾问题的精髓原理？

3. 为什么说矛盾精髓原理是中国模式的基本哲学依据？

4. 中国特色社会主义“特”在哪里？

入手处：从白马非马、毛泽东“以农村包围城市”道路说起。

六、唯物辩证法与系统论

1. 怎样看待系统论是“一分为二”还是“一分为多”？

2. 怎样看待系统论与主要矛盾原理？

3. 为什么说事物都是矛盾系统？

4. 系统论否定了对立统一规律吗？

5. 系统论从哪些方面丰富和发展了矛盾论？

入手处： 从阿波罗登月说起。

七、唯物辩证法的范畴论

1. 什么是现象？什么是本质？应怎样看待现象与本质的辩证关系？

2. 为什么要透过现象看本质？

入手处： 曹操煮酒论英雄、五十步笑百步。

3. 什么是原因？什么是结果？什么是因果性？

4. 辩证法与形而上学在对因果性的认识上有什么区别？

5. 现代科学对事物的因果关系有哪些新认识？

入手处： 蝴蝶效应、从吸烟与致癌有无因果关系说起。

6. 什么是内容？什么是形式？内容与形式的辩证关系是怎样的？

7. 为什么要反对形式主义？

入手处： 从文山会海说起。

8. 什么是必然性？什么是偶然性？

9. 怎样看待爱因斯坦说的“上帝绝不掷骰子”？

10. 为什么有人买彩票一夜暴富，而多数人却赔本赚吆喝？

11. 辩证法与形而上学在对必然性与偶然性的认识上有什

么原则区别？

入手处：袁隆平谈偶然。从掷骰子的哲学谈起。

12. 什么是可能性？什么是现实性？

13. 怎样看待可能性与现实性的辩证关系？

入手处：从青年人如何把理想变为现实谈起。

八、唯物辩证法的规律观

1. 什么是规律？为什么要按照客观规律办事？

2. 辩证法与形而上学对规律的认识有什么原则区别？

3. 什么是机遇？机遇在事物发展中有什么作用？

4. 怎样把握机遇？为什么说“机遇总是偏爱有准备的头脑”？

5. 什么是决定论？什么是非决定论？什么是机械决定论？

6. 为什么说唯物辩证法是一种辩证决定论？

7. 坚持辩证决定论对认识世界改造世界有什么重要意义？

入手处：制造永动机为什么不会成功？征服自然为什么受到自然的惩罚？

历史观

历史观部分集中回答什么是历史观、什么是唯物史观、唯物史观有哪些基本原理，以及如何运用唯物史观来分析现实问题并指导现实实践等。

一、唯物史观总论

1. 什么是历史观？什么是历史观上的基本问题？什么是唯物主义历史观？什么是唯心主义历史观？历史观上的两种根本分歧是什么？

2. 马克思主义在历史观上实现了什么样的伟大变革？为什么说唯物史观的创立才使人们对社会历史的认识成为科学？

3. 在新的历史条件下唯物史观受到了哪些挑战？为什么要坚持和发展唯物史观？如何运用唯物史观来说明社会历史发展中的一些新情况与新问题？

入手处：从费尔巴哈的人本主义谈起。费尔巴哈的人本主义貌似唯物主义，他讲的是感性的、活生生的人，但却是抽象的人，不是社会的人、实践的人，结果陷入唯心史观的泥坑。

二、社会实践论

1. 什么是社会实践？社会实践的本质规定性是什么？如何理解实践范畴是马克思主义哲学中的基本范畴？怎样理解社会生活在本质上是实践的？为什么说有了实践才有了历史唯物主义、才有了马克思主义？怎样理解科学实践观引发了历史观的革命？为什么说实践论是马克思主义的辩证的历史决定论的理论前提？

2. 怎样理解生产斗争、阶级斗争、科学实验是人类的三大实践活动形式？这三大实践活动的相互关系是怎样的？

3. 信息网络的发展对社会实践观提出了什么新挑战？虚拟实践与现实实践是什么关系？虚拟实践可能导致马克思主义的实践基础发生怎样的变化？

入手处：从梁启超的体相论谈起。梁认为，历史就是人的活动，要把握历史的法则，就要分析人的活动的体和相，即能活动者为体，所活动者为相。所谓“能活动者”即指人的知、情、意。据此，在历史观上他提出“心力说”。改革开放初期，关于目的是否是实践的要素的争论也与历史观问题有关。

三、社会动力论

1. 究竟什么是社会发展的动力？推动社会发展的精神动力和物质动力是什么关系？怎样理解思想动机并不是推动社会发展的最终原因？为什么说追溯精神动力后面的动力是历史观的基本问题？

2. 怎样理解推动社会发展的能动因素是一个复杂的动力系统？怎样理解社会基本矛盾、阶级斗争、人民群众这三大动力的相互关系？

3. 什么是生产力，什么是生产关系？怎样理解生产力与生产关系构成人类社会的基本矛盾，是推动社会发展的基本动力？为什么说生产力的发展是社会结构变迁的终极动因？

4. 什么是阶级？阶级的实质是什么？怎样理解阶级斗争是阶级社会发展的直接动力？

5. 什么是社会革命？什么是社会改革？怎样理解革命和改革是推动社会运动的两种基本形式？

6. 什么是科学？它具有怎样的本质？在当前，怎样理解科学推动社会发展的特殊作用？为什么说科学技术是第一生产力？怎样理解科技创新是民族发展的不竭动力？

入手处：从邓小平同马天水的谈话说起，邓提出两大动力论，并因此被再次罢免。

四、社会结构论

1. 什么是社会结构？社会结构是如何形成的？它如何体现着社会生活的实践本质？为什么说生产力和生产关系、经济基础和上层建筑是社会的基本结构？

2. 什么是社会的经济结构？社会存在与社会的经济结构的关系如何？怎样理解广义的经济结构是生产力结构和生产关系结构的总和？

3. 什么是社会的政治结构？为什么说国家政权是社会政治结构的核心？如何理解社会主义国家的国体和政体是人民利益的本质体现？

4. 什么是社会的意识结构？精神生产和社会意识结构的关系如何？为什么说社会意识和社会存在的关系是历史观的根本问题？怎样理解社会意识与精神文明建设的关系？

入手处：从“科学与人生观”的论战说起，冯友兰从“活动原动力是欲”出发，反对陈独秀的“思想文化等皆经济的儿子”的观点，提出“经济及知识思想言论教育等皆人之欲之儿子”的观点，批评唯物史观，直到1932年转变立场，服膺唯物史观。

五、社会形态论

1. 什么是社会形态？什么是社会经济形态？社会形态和社会经济形态的关系如何？为什么说社会形态的发展是自然历史过程？

2. 马克思的“五形态论”与“三形态论”有何区别？如何把握社会形态发展的统一性和多样性的关系？如何理解中国社会主义初级阶段的历史方位与中国特色发展道路的本质联系？

3. 如何理解全球化是资本的全球化？是资本内在矛盾（生产的社会性和生产资料的私人占有的矛盾以及由这一矛盾所派生的无产阶级与资产阶级、社会主义与资本主义的矛盾）向全球的扩展？如何理解马克思所提出的“资本主义必然灭亡、社会主义必然胜利”这一重大命题？

入手处：从胡绳的“上下篇”思想谈起，胡认为正确处理资本主义与社会主义的关系是中国自近代以来面临的头号问题。

六、社会矛盾论

1. 什么是人类的基本矛盾？怎样理解生产力和生产关系的矛盾、经济基础和上层建筑的矛盾是人类社会的基本矛盾？

社会主义社会基本矛盾运动有何新的特点?

2. 什么是社会的主要矛盾?为什么说社会的主要矛盾是社会基本矛盾的集中表现?社会主义社会的主要矛盾与社会主义基本经济规律是什么关系?

3. 什么是社会主义社会的两类矛盾?为什么说正确处理人民内部矛盾是新形势下国家政治生活的主题?当前人民内部矛盾呈现出什么样的新情况与新特点?

入手处: 从邓小平同胡乔木的谈话讲起,邓说:"要写一写关于上层建筑和经济基础、生产关系和生产力的文章。'四人帮'是不讲生产力的,他们甚至连生产关系也不多讲,只强调上层建筑。"

七、社会利益论

1. 什么是需要?什么是利益?需要和利益的关系如何?如何把握需要和利益在人类历史发展中的地位和作用?

2. 什么是利益矛盾?当前我国利益关系紧张的根源何在?如何统筹兼顾各方面的利益关系?如何把握公平与效率的关系?

3. 如何理解群众利益无小事?为什么说贫富差别过大蕴涵着巨大的政治风险?我们党怎样把代表人民利益的宗旨落到实处?

入手处: 从抗战胜利后流行的一首民谣《老天爷》说起:"老天爷你年纪大,耳又聋来眼又花。你看不见人来听不见话，杀人放火的享尽荣华，吃素看经的活活饿杀。老天爷你不会做天，你塌了罢!”反映出民意大于天的历史事实。

八、阶级阶层论

1. 什么是阶级？什么是阶层？两者的关系如何？什么是马克思主义的阶级观点和阶级分析方法？

2. 在今天的中国还有没有阶级存在？有没有阶级矛盾和阶级斗争？阶级斗争的观点是不是过时了？构建社会主义和谐社会，是否意味着放弃斗争？

3. 如何运用阶级分析方法来考察当前中国社会的阶层分化状况？怎样认识社会主义现代化建设的依靠力量？为什么说民营企业家是中国特色社会主义事业的建设者？

入手处：从毛泽东批评彭德怀和罗瑞卿把统一战线和阶级路线对立起来谈起。

九、人的本质论

1. 什么是人的本质？如何理解“人的本质在其现实性上是一切社会关系的总和”？人的本质的对象化是什么？人的本质与人性是什么关系？

2. 马克思主义人性论的基本观点是什么？它与资产阶级人性论的根本区别是什么？

3. 人性是善的还是恶的？人性的善与恶会对社会发展分别产生什么样的影响？为什么说“恶是历史发展的动力借以表现出来的形式”？

4. 人性是具体的还是抽象的？人性是特殊的还是普遍的？人性是变化的还是凝固的？

5. 如何理解“人的本性即人的需要”？人的自然属性与社会属性有何区别与联系？环境对人的社会属性有什么影响？

6. 如何运用马克思主义人性论来批判西方“经济人假设”的理论？市场经济中的利益驱动会对人性产生什么样的影响？如何评价雷锋精神与道德模范？

7. 什么是人权？怎样看待当代中国的人权状况？马克思主义人权理论与资产阶级“天赋人权观”的根本对立何在？如何回击美国对中国人权状况的攻击？如何随着经济社会的发展来逐步改善我国的人权状况？

入手处：（1）人之初性本善；（2）道德模范感动中国。

十、民主政治论

1. 什么是政治？什么是政治上层建筑？政治上层建筑与经济基础是什么关系？政治上层建筑与观念上层建筑是什么关系？

2. 什么是政治文明？政治文明包括哪些构成要素？怎样发挥政治文明在社会发展中的重要作用？

3. 如何看待制度安排在政治文明建设中的地位？政治文明与物质文明、精神文明分别是什么关系？

4. 什么是民主？民主由哪些要素构成？马克思主义民主观与资产阶级民主观的根本对立何在？

5. 什么是社会主义民主？发展社会主义民主需要什么样的社会条件？社会主义民主与资本主义民主有什么区别？为什么说多党制与三权分立不适合中国的国情？

6. 什么是人民民主？民主与专政是什么关系？为什么必须坚持人民民主专政？怎样坚持人民民主专政？

7. 什么是党内民主？什么是基层民主？如何以党内民主带动人民民主？

8. 如何看待民主与民生的关系？发展民主与改善民生是同步推进的还是有先后次序的？

9. 怎样认识民主与法制的关系？如何实现社会主义民主政治制度化、规范化与程序化？

入手处：（1）中亚的“颜色革命”；（2）“民主是个好东西”；（3）孙中山先生的“三民主义”。

十一、社会意识论

1. 什么是社会意识？社会意识有哪些表现形式？科学、逻辑与语言等是什么样的社会意识形式？社会意识具有什么样的社会功能？

2. 什么是意识形态？意识形态具有什么样的功能？如何批判“意识形态终结论”？

3. 什么是社会主义意识形态？怎样加强社会主义意识形态建设？在整个社会主义初级阶段为什么“要警惕右但主要是防止‘左’”？如何把握解放思想与统一思想的关系？如何

巩固马克思主义在意识形态领域中的指导地位？如何以社会主义核心价值体系来引领多样化的社会思潮？

4. 什么是道德？什么是道德观念？如何发挥道德的自律作用？道德律令的先进性与广泛性是什么关系？如何认识社会主义市场经济条件下的道德变革状况？当代中国的道德状况究竟是“爬坡”还是“滑坡”？怎样坚守社会的道德底线？怎样理解“八荣八耻”的现实意义？如何看待科学技术发展的伦理道德界线？

5. 什么是宗教？什么是信仰？如何看待宗教在维护社会秩序方面的积极作用？怎样理解“宗教是人民的精神鸦片”论断？如何坚持与发展马克思主义宗教观？如何看待民众在信仰问题上的迷茫与无序状态？怎样引导宗教与社会主义相适应？

6. 什么是人的精神家园？精神家园具有什么作用？人的精神家园与自然家园是什么关系？为什么要构建中华民族共有的精神家园？如何构建中华民族共有的精神家园？如何评价传统文化在某种程度上的复兴？如何批判地继承中国传统文化中的优秀成果？

7. 经济发展与文化发展是什么关系？文化发展对整个社会发展具有什么样的意义？中国特色社会主义现代化需要什么样的文化支撑？如何增强社会发展中的文化含量？如何看待文化创意产业的兴起？

8. 什么是社会心理？社会意识与社会心理有何区别？在推进改革的过程中如何把握人们的心理预期？如何把发展的速度、改革的力度与社会可承受的程度有机结合起来？怎样调适民众对社会变革的心理承受力？

9. 什么是文化软实力？文化软实力建设在社会发展中具有什么作用？如何增强文化软实力？在对外开放的进程中如何塑造良好的国家形象？在全球化条件下怎样维护国家的文化安全？

10. 怎样看待大众文化与精英文化的矛盾？怎样应对民族文化与外来文化的冲突？如何推进马克思主义的时代化、民族化、大众化、通俗化与现实化？

入手处：（1）新教伦理与资本主义现代化；（2）孔子学院与国学热潮；（3）“三流国家出口产品，二流国家出口规则，一流国家出口思想”。

十二、历史进步论

1. 何谓历史进步？历史进步是否具有向善的趋势？历史进步是否是从过去经现在向美好未来一维演进的？历史进步是合规律的还是合目的的？

2. 历史进步的推动力量是什么？历史进步以什么为表现形式？历史进步是单线演进的还是多线演进的？资本主义工业文明是否是经济文化落后国家实现历史进步的唯一选择？

3. 什么是历史进步观念？历史进步观念与历史退步论、

社会循环论有何区别？在历史进步问题上如何树立革命的、批判的、审慎的乐观主义信念？

4. 历史进步是否带有评价色彩？历史进步的评价标准是什么？如何看待历史评价与价值评价、道德评价的矛盾与冲突？在评价历史进步时如何坚持生产力标准与人民利益标准的一致性？怎样评价改革开放以来中国社会的历史进步状况？

5. 怎样看待历史进步的社会效应？古往今来人们为什么都在不断追求和实现历史进步？历史进步给人们带来了什么样的好处？

6. 如何看待历史进步中的曲折与代价？中国在现代化进程中付出了哪些代价？怎样以较小的代价换取较大的进步？

7. 历史进步的最高目标是什么？人的自由全面发展与历史进步是什么关系？如何实现社会现代化与人的现代化的同步推进？

入手处：（1）怀旧心理与浪漫主义批判；（2）评价不列颠在印度的统治，必须坚持历史尺度优先的原则（马克思）。

十三、历史规律论（历史决定论与主体选择论）

1. 什么是历史决定论？什么是历史非决定论？历史决定论与历史非决定论的根本对立何在？历史决定论是“贫困”的吗？

2. 什么是机械的历史决定论？什么是辩证的历史决定论？二者有何区别？

3. 什么是主体选择？主体选择的实质是什么？主体选择的限度何在？何谓“可能性空间”？

4. 什么是历史必然性？什么是主体自由？历史必然性与主体自由是什么关系？

5. 什么是历史规律的客观性？什么是历史规律的主体性？历史规律的客观性与主体性相统一的基础是什么？如何运用唯物史观来说明中国选择社会主义道路的历史合理性？

6. 历史规律与人的活动是什么关系？历史规律的实现形式是什么？某种曲折性是否是对历史发展大趋势的背离？怎样正确认识社会主义发展中的低潮？国际金融危机是如何形成的？它对资本主义的未来走向会产生什么影响？

7. 共产主义是一种精神信仰，还是历史发展的必然趋势？“共产主义渺茫论”错在哪里？“共产主义必然胜利”的理论过时了吗？如何说明共产主义是合规律性与和目的性的统一？

入手处：（1）中国跨越资本主义“卡夫丁峡谷”，走上社会主义道路；（2）苏东剧变；（3）国际金融危机。

十四、全球化与民族国家论

1. 什么是全球化？全球化时代的特征是什么？全球化的推动力量是什么？全球化与马克思“世界历史”理论是什么关系？如何运用社会基本矛盾的理论来阐明全球化？

2. 什么是经济全球化？如何运用唯物史观来分析经济全球化？经济全球化为经济文化落后国家带来的机遇和挑战分

别是什么？如何应对经济全球化的挑战？

3. 马克思主义国家理论包括哪些内容？全球化的演进对马克思主义国家理论提出了什么样的挑战？在全球化深入发展的条件下，国家疆界和主权是否会被削弱，人类共同利益是否会被放大？如何认识与处理国家利益与人类共同利益的关系？

4. 在全球化时代，如何正确认识与妥善处理社会主义与资本主义的关系？怎样评价“趋同论”？

5. 什么是和谐世界？和谐世界与和谐社会是什么关系？如何认识和谐世界建设的重大意义？怎样建设和谐世界？

6. 什么是全球治理？中国如何在全球治理中发挥重要作用？

入手处：（1）跨国公司的性质；（2）当代全球问题的挑战。

十五、可持续发展论

1. 可持续发展观是怎么提出来的？其哲学基础是什么？实现可持续发展的重大意义何在？怎样实现可持续发展？

2. 唯物史观是如何看待人口在社会发展中的作用的？人类应当怎样处理代际之间的关系？代际公平与可持续发展是什么关系？中国在实现可持续发展的过程中应当采取什么样的人口政策？

3. 唯物史观是如何认识与看待资源在社会发展中的作用

的？自然资源与社会资源是什么关系？如何正确认识与妥善处理现时代资源有限与需求无限的矛盾？

4. 唯物史观是如何认识环境在社会发展中的作用的？马克思主义与地理环境决定论在环境问题上的根本对立何在？什么是“资源节约型、环境友好型”社会？为什么要建设“资源节约型、环境友好型”社会？怎样建设“资源节约型、环境友好型”社会？

5. 什么是生态文明？马克思主义关于生态文明的基本思想是什么？如何运用唯物史观来说明建设生态文明的重要意义？怎样建设生态文明？

6. 什么是低碳经济？低碳经济对可持续发展的意义何在？怎样发展低碳经济？

7. 什么是循环经济？循环经济对可持续发展的意义何在？如何发展循环经济？

8. 全球气候是如何变暖的？气候变暖的严重后果是什么？在应对全球气候变暖的问题上，如何“承担共同但有区别的责任”？

9. 按照可持续发展的要求，怎样控制中国社会未来发展中的风险？

入手处：（1）卡逊出版《寂静的春天》；（2）马尔代夫欲天价购买国土；图瓦卢举国逃离南太平洋。

认识论

认识论部分集中回答什么是辩证唯物主义认识论，怎样坚持和发展辩证唯物主义认识论等问题。

一、认识论总论

1. 什么是认识论？

2. 什么是马克思主义认识论？马克思主义认识论有什么特点？

3. 马克思主义认识论与唯心主义、旧唯物主义认识论有什么区别？

4. 思想路线与马克思主义认识论有什么关系？

5. 新时代对马克思主义认识论提出了哪些新问题？应当如何解决这些问题？

入手处：毛泽东曾经说过：哲学就是认识论。他特别重视认识论。因为“认识世界是为了改造世界”，“不认识世界就不能改造世界”。学哲学就是为了提高认识能力。因此，对认识规律必须有所了解。

二、反映论

1. 世界是否可知？不可知论错在哪里？

2. 什么是反映论？为什么要坚持反映论？

3. 唯物主义反映论与唯心主义的根本区别何在？

4. 马克思主义认识论的反映论与旧唯物主义反映论的区别何在?

5. 社会现象有无客观规律? 能否被认识?

6. 与认识自然现象相比，认识社会现象有什么特点?

7. “测不准定律”是否说明世界不可认识?

8. 选择论是否取代了反映论? 选择与反映是什么关系?

9. 图式论、建构论是否取代了反映论? 它们与反映论是什么关系?

入手处: 从“学习型组织之父”推崇中国古代寓言“疑人偷斧”说起。说明重视人在认识过程中的能动性并不能否定反映论前提。

三、实践论

1. 什么是实践? 实践的基本特征是什么?

2. 实践有哪些类型?

3. 科学活动、艺术活动是不是实践? 为什么从事科学活动、艺术活动还有可能发生脱离实践的问题?

4. 实践在认识中的地位和作用是什么（来源、动力、标准、目的）?

5. 实践是检验真理的唯一标准，还有没有别的标准?

6. 信息是不是认识的来源? 它与实践来源是什么关系?

7. 如何看待伟大人物在认识中的作用?

8. 如何看待人民群众在认识中的作用?

9. 今天我们在现实生活中遇到的难题应当如何解决？

10. 已经在实践中得到证明的认识，为什么还要接受实践的检验？

11. 以实践为检验真理的标准，是否可以不执行上级错误的指示？

12. 实践的意义在信息社会是否降低了？

13. 有没有天才？天才论与实践论是否冲突？

入手处：打开新时期大门的钥匙（从关于真理标准问题的讨论说起）。

四、认识形式论

1. 什么是感性认识，感性认识有什么特点？

2. 什么是理性认识？理性认识有什么特点？

3. 感性认识与理性认识是什么关系？如何从感性认识上升到理性认识？

4. 什么是灵感？灵感是怎样产生的？

5. 什么是直觉？直觉有什么特点和作用？

6. 什么是悟性？马克思主义认识论怎样看待悟性？

7. 创新思维有什么特点？如何提高创新思维能力？

入手处：灵感从何而来？举关于灵感的生动例子，运用基本理论加以说明，说明灵感、创新思维能力等并不神秘。

五、实践理性论

1. 什么是实践理性？实践理性有什么特点？

2. 什么是理论理性？理论理性与实践理性是什么关系？

3. 什么是认识过程的第二个飞跃？实现第二个飞跃需要什么条件？

4. 毛泽东为什么认为第二个飞跃更加重要？

5. 什么是执行力？西方管理学为什么突然重视执行力？

6. 执行力与第二个飞跃是什么关系？执行力问题在马克思主义认识论中处于什么地位？

7. 如何提高执行力？

入手处：从“执行力热”说起。“做事情”与“做学问”二者既有联系，又有区别。做学问固然有学问，做事情也有大学问，马克思主义者应该更自觉地提高执行力。

六、认识总过程论

1. 毛泽东怎样说明认识过程的总规律？其在认识论发展史上的地位如何？

2. 什么是群众路线的工作方法？它如何体现认识过程的规律？

3. 群众路线的认识方法是否已经过时？在新的历史条件下如何体现？

4. 关于认识过程总规律的四个公式是什么关系？

5. 关于知识管理的“知识螺旋”与认识过程的总规律有什么联系和区别？

入手处：知识管理的倡导者为什么推崇毛泽东？管理学

家野中郁次郎关于创新的“知识螺旋”理论受到推崇。“知识螺旋”理论与毛泽东关于认识总过程的理论有密切的联系。野中郁次郎对毛泽东的推崇说明了马克思主义认识论的科学性和生命力。

七、真理论

1. 什么是真理？什么是客观真理？
2. 什么是绝对真理？什么是相对真理？
3. 有没有永恒真理？
4. 为什么说检验真理的实践标准既是绝对的又是相对的？
5. 人到底能不能认识真理？
6. 真理与价值是什么关系？为什么实用主义是错误的？
7. 真理面前是否人人平等？
8. 坚持真理为什么那么难？

入手处：从历来人们对真理的推崇和赞美谈起。柏拉图说：尊重真理胜于尊重一个人。亚里士多德说：吾爱吾师，吾更爱真理。又说：虔敬要求我们对真理的敬重应高于对我们朋友的敬重。苏格拉底则说：你所不能反驳的是真理而不是苏格拉底；我劝你们思考真理而不是老想着苏格拉底。既然如此，什么是真理，应当如何对待真理，就值得我们认真探讨一番。

八、社会认识论

1. 马克思主义认识论为什么要强调认识的社会性？

2. 认识主体是群体还是个体？

3. 在真理面前是否人人平等？

4. 认识的社会性的发展过程是怎样的？它对人的认识能力有怎样的影响？

5. 信息时代人们的认识有什么特点？

6. 为什么要强调与时俱进？与时俱进的时代意义是什么？

7. 全球化对人类认识产生了什么影响？

入手处：“进入新世纪的通行证”（《学习的革命》为什么火暴?）强调认识的社会性是马克思主义认识论的特点，也是它的优势。学习型社会的出现是这一理论逻辑必然的落脚点。

九、思想路线论

1. 什么是思想路线？

2. 思想路线与马克思主义认识论是什么关系？

3. 作为共产党思想路线的“实事求是”与传统文化有什么联系和区别？

4. 毛泽东是《实践论》的作者，为什么还会犯严重的主观主义错误？（好医生也会生病）

5. 我们不断地讲思想路线，为什么还会犯那么多错误？

6. 实事求是为什么难？如何才能自觉地坚持好“实事求是”的思想路线？

7. 学习、研究思想路线有什么意义？

入手处： 自毛泽东在延安提出“实事求是”思想路线以来，这一思想路线在革命和建设中发挥了巨大作用，并深入人心，经久不衰。为什么会出现这样的情况，应当如何更好地坚持实事求是思想路线，是值得我们认真探讨的问题。

价值论

价值论部分集中回答什么是马克思主义价值论，什么是社会主义核心价值观，怎样坚持和发扬光大马克思主义价值论与社会主义核心价值观等问题。

一、价值论总论

1. 什么是哲学意义上的价值？怎样区分唯物主义价值论和唯心主义价值论？

2. 什么是价值评价？为什么说实践是检验评价合理性的标准？

3. 什么是价值选择？人们的价值活动应该遵循什么原则？

4. 什么是马克思主义价值观，为什么要建设社会主义核心价值体系？

二、价值本质论

1. 什么是价值？价值与事实是什么关系？（从何谓“好坏”、“有用”、戏剧理论的“体验派”和“表现派”说起）

2. 价值有哪些基本类型？（从人的需要的层次性说起。

真、善、美、利？物质价值与精神价值）

3. 如何理解人的自我价值、社会价值及其关系？（“人生价值要以‘含金量’来衡量？”）

4. 价值的基本特点是什么？

5. 如何理解价值的主体性？（“趣味无争辩？”）如何理解价值的客观性？（“不知好歹？”）

6. 如何理解价值的绝对性与相对性？（“一切皆空？”“一切都无所谓？”）

7. 如何理解价值的主观性与客观性、多元性与一元性、相对性与绝对性的辩证关系？

8. 什么是唯物主义价值论？什么是唯心主义价值论？怎样区分唯物主义价值论和唯心主义价值论？

入手处：从“好”“坏”、“有用”“没用”、“有价值”“没有价值”等说起。事物的存在、属性、功能与其对人之“好”、“有用”、“有价值”之间不能画等号。

三、价值评价论

1. 什么是价值评价？价值评价与认知之间是什么关系？（何以“情人眼里出西施”？）

2. 价值评价的形式有哪些？（认知评价、道德评价、审美评价、功利评价，以及人的评价等）

3. 价值评价的标准是什么？（“不管白猫黑猫，捉住老鼠就是好猫。”）评价标准与价值标准是什么关系？（“人心是杆秤”；“郑人买履”）

4. 作为评价标准的“应该”、规范的理由或根据是什么？（“一切规范都限制人的自由？”“没有规矩不成方圆。”）

5. 如何理解价值评价的合理性？影响价值评价合理性的因素有哪些？（“公说公有理，婆说婆有理，天下无公理？”）

6. 为什么说社会实践是检验价值评价合理性的标准？（“是骡是马拉出来遛遛。”）

入手处：湖南农民运动到底“好得很”还是“糟得很”？不同阶级的立场不同，利益和需要不同，价值评价的标准也不同，因而评价的结论不同。

四、价值活动论

1. 什么是价值选择？（“世上的路有千万条……”）

2. 价值选择是否应该遵循一定的规律和规范，如何看待价值选择与自由的关系？（“人为什么不能为所欲为？”）

3. 在多元性、多样化社会中，如何进行价值选择？（“选择的痛苦”；“尊重差异，包容多样”）

4. 什么是价值创造？如何理解价值创造与人的自由全面发展的关系？（“我创造，我存在”）

5. 如何理解创价与代价的关系？（“芝麻与西瓜”；“塞翁失马”；哪些代价是我们无法承受的？）

6. 如何理解价值活动的“两个尺度”（“对象、客体的外在尺度”与“主体（人）的内在尺度”）和“两大原则”

（真理原则与价值原则）的统一？如何理解价值与真理的辩证关系？（人的活动的可能性空间与目标、方向）

入手处：（1）从萨特之价值选择的二难困境说起：祖国面临强敌入侵时，独子是应该在家侍候老母，还是应该上前线抗战？（2）站在革命功利主义的立场上，分析年轻的大学生张华见义勇为、舍己救掏粪老农的价值。

五、价值观念论

1. 什么是价值观？价值观的结构、功能是什么？价值观与世界观、人生观、利益观的关系如何？（价值观是“人的主心骨”）价值观与社会意识形态、社会文化体系的关系如何？（“文化的灵魂”）

2. 什么是信念、信仰、理想？它们在价值观中的地位如何？

3. 价值观的客观基础和变化的根据是什么？如何理解价值观的相对稳定性？（文化价值观传统“像梦魇一样纠缠着活人的头脑”）

4. 共产主义价值观的主要内容是什么？它与封建主义、资本主义价值观的本质区别是什么？共产主义是否是一种信仰？它的未来发展趋势如何？它还有没有生命力？（马克思：“在共产主义社会里，任何人都没有特定的活动范围，每个人都可以在任何部门内发展，社会调节着整个生产，因而使我有可能随我自己的心愿今天干这事，明天干那事，上午打猎，下午捕鱼，傍晚从事畜牧，晚饭后从事批判，但并不因此就使我成为一个猎人、渔夫、牧人或批判者。”）

5. 当代世界文化价值观转型、冲突的表现和特点是什么？如何看待当代中国的价值观转型？当代中国价值观变革的总体趋势是什么？（“滑坡与爬坡”）

6. 如何理解个体的多样化价值取向与社会价值导向的统一性的关系？建设社会主义核心价值体系有何必要性或必然性？如何建设社会主义核心价值体系？（建设中华民族共有的“精神家园”）

7. 应该如何处理不同文化价值观的关系？（“9・11 事件”、“文明的冲突”、反恐、“价值观外交”）

8. 是否存在普适价值？价值的共同点与普适价值有何区别？为什么说西方目前宣传的普适价值并不“普适”？（“己所不欲，勿施于人”）

入手处：(1)“中国人有没有信仰？”为什么有人为了信仰、理想，可以抛头颅、洒热血？方志敏：“敌人只能砍下我们的头颅，决不能动摇我们的信仰，因为我们信仰的主义，乃是宇宙的真理。”(2) 从“9・11 事件”谈起。这一事件不仅使恐怖主义和反恐成为当今世界的焦点问题，直接导致美国发动了伊拉克和阿富汗战争，而且激起了关于多元文化价值观如何相处、特别是“文明的冲突”、“文明的战争”的大讨论。

人生观

本部分集中回答什么是人生观、什么是马克思主义人生观、怎样树立正确的人生观等问题。

一、人生观总论

1. 人的一生怎样看才是有意义的？人为什么需要信仰，没有信仰的社会将会怎么样？正确的哲学思维和自我意识为什么说对树立正确的人生观是重要的？

2. 我们是谁？从哪里来？到哪里去？未来的人是怎么回事？人是什么？人的本质、本性是什么？怎样形成的？

3. 人性是善还是恶、还是善恶兼有？人性的丑恶是否是我们否定这个世界的理由？

4. 科技与人性是一种什么样的关系，科技能实现人性还是泯灭人性？科技克隆人在人性上将会面临什么样的风险？技术发展和人性的关系是什么？

5. 人性是变的还是不变的，应当分为自然属性和社会属性吗？二者是什么关系？

6. 在冲突着的各种人生观中，怎样作出正确的选择？

入手处：从80年代萨特的“自由选择”到近年来国学兴起的“随遇而安”的人生态度，看人生观的演变和重要性。

二、马克思主义人生观

1. 什么是马克思主义人生观的主要内涵？马克思主义对树立正确的人生观有什么意义？

2. 人在这个世界上的最终需求是什么？人的理想对人生的重要作用是什么？

3. 生命的意义是什么？身心是对立的还是统一的？处理好精神与肉体的关系对人生有什么重要意义？物质价值与精神价值的关系是什么？如何正确处理二者关系，追求一种美好生活？

4. 个人价值与社会价值的关系是什么？如何在实现社会价值的过程中实现自我价值？在社会中，个人价值的实现途径是什么？人与社会环境的关系，是应保持个性还是圆融入世？

5. 什么是理想信念？人应该树立怎样的理想信念？什么是共产主义的理想信念？为什么共产主义的理想信念是科学的？

入手处：保尔·柯察金的名言："人最宝贵的是生命，生命属于每个人只有一次。人的一生应当这样度过。回首往事，不因虚度年华而悔恨，也不因碌碌无为而羞愧，临终时能说：我的整个生命和全部精力都献给了世界上最壮丽的事业——为人类的解放而斗争"，怎么看这一名言在今天的意义？

三、树立正确人生观

（一）自由观

1. 人的自我觉悟是自由意志的体现还是对客观规律的无意识遵循，自觉与强制的边界在哪里？

2. 怎么看待人的解放？怎样看人的自由？需要什么样的人的解放和自由？

3. 人是否有彻底的自由，人是否必须遵循客观规律，自由与必然是什么样的关系？

（二）平等观、权利观

1. 有没有绝对的平等，什么是理论的平等，什么又是现实的平等，平等是不是就没有差别？

2. 公平、正义、平等的社会怎样看待权利？

（三）幸福观

1. 幸福是什么，财富与幸福是一种什么样的关系？

2. 怎样在不同的幸福观之间做出选择？

（四）爱情、婚姻、家庭观

1. 怎样评价今天的婚姻和恋爱观？年轻人应该树立怎样的恋爱观？什么叫作爱情？什么叫作家庭？什么叫作婚姻？应该树立怎样的爱情观、家庭观、婚姻观？

2. 爱对人存在的意义是什么、对社会存在的意义是什么？

入手处：从“非诚勿扰”节目入手，看当代青年人生观的变迁和缺失。

会议纪要之十一

2010 年 11 月 28 日

2010 年 11 月 22 日，中国社会科学院常务副院长王伟光教授主持召开《新大众哲学》编写工作第 11 次会议，参加会议的有中国社会科学院李景源研究员、孙伟平研究员、周业兵秘书，中共中央党校庞元正教授、李晓兵教授、毛卫平教授、郝永平教授、杨信礼教授、辛鸣教授，博士生王磊、陈界亭。

此次会议主要开展了以下三方面的工作：一是王伟光教授和庞元正教授分别读了各自所写的《学会矛盾分析方法》和《系统思想与唯物辩证法》，大家就稿件进行了深入讨论；二是辛鸣教授介绍了根据上次会议意见对《马克思主义哲学并没有过时》所作的相关修改；三是听取和讨论了其他与会人员关于各自负责部分的写作思路与主要内容介绍。

会议对书稿写作提出了以下四方面的建议：第一，《新大众哲学》的根本目的是引导人们树立正确的世界观、人生观、价值观。第二，《新大众哲学》要注重研究和解决现实的实际问题。第三，《新大众哲学》不能就理论讲理论，而是要通过历史故事、现实事例，将哲学理论用生动活泼的语言表现出来，例子要形象生动、富有哲理，语言要活泼生动、清新简洁。第四，各部分的题目要能明确反映所要解决的问题。

下次会议时间为 2010 年 12 月 4 日中午 11 点。重点讨论庞元正教授和孙伟平教授的稿件。

会议纪要之十二

2010 年 12 月 18 日

2010 年 12 月 4 日，中国社会科学院常务副院长王伟光教授主持召开《新大众哲学》编写工作第 12 次会议，参加会议的有中国社会科学院孙伟平研究员、周业兵秘书，中共中央党校庞元正教授、李晓兵教授、郝永平教授、杨信礼教授、辛鸣教授，博士生王磊、陈界亭。

此次会议重点研究了庞元正教授所写的《用系统的观点看世界》和孙伟平研究员所写的《价值评价及其标准》，听取了其他与会人员所写稿件情况介绍并作了简短讨论。

王伟光教授对于下一步书稿写作提出了以下要求：第一，叙事辩理要有大家风范，高瞻远瞩，势如破竹，简单明了，一针见血，不绕圈子。第二，要注意将梳理的问题在相关章节中作出回答。第三，要运用生动鲜活的现实与历史事例说明问题，让读者一看就明白其中的哲学道理。第四，要锤炼出一些寓意深刻、朗朗上口的经典语言。第五，要立志写出经得起历史检验、实践检验、读者检验的精品力作。第六，要有鼓动性和感染力，发挥动员、激励、鼓舞、鞭策作用。第七，格式要统一：1. 每篇文章有一个哲学大标题，通俗易懂，带格言性。2. 大标题下有一个导语。3. 小标题分两层，正标题是哲学道理，准格言式，副标题是入手处。4. 最后有一个结束语。第八，不要怕重复，力求全面，尽可能覆盖本章所涉及的全部问题，只要想到的就可以先写进去。

下次会议时间为 12 月 20 日下午 6 点，重点讨论杨信礼、辛鸣、孙伟平的稿件，李晓兵、郝永平、毛卫平提供一个成稿，李景源介绍写作思路。

会议纪要之十三

2010 年 12 月 25 日

2010 年 12 月 20 日，中国社会科学院常务副院长王伟光教授主持召开《新大众哲学》编写工作第 13 次会议，参加会议的有中国社会科学院孙伟平研究员、周业兵秘书，中共中央党校庞元正教授、李晓兵教授、郝永平教授、毛卫平教授、杨信礼教授、辛鸣教授，博士生王磊、陈界亭。

会议重点讨论了辛鸣教授所写的《哲学引领我们走向自由王国》和杨信礼教授所写的《历史是追求着自己目的的人的活动》，了解了其他稿件的进展情况，并作了简短讨论。会议对下一步的写作提出如下要求：第一，按照第 12 次会议纪要规定的格式修改各自的文章。文章结构为：大题目（哲学大标题），导语，一、二、三小标题（正标题是哲学道理，带有准格言性，副标题是入手处），结束语。可参考王伟光教授改好的《学会矛盾分析方法》。第二，庞元正教授修改《用系统的观点看世界》，并准备《范畴论》部分的写作。

下次会议时间为2010年1月3日（周一）下午5点，重点讨论杨信礼教授、李晓兵教授和郝永平教授的稿件。在之后的第15次会议上将重点讨论毛卫平教授、孙伟平研究员、辛鸣教授的稿件。

会议纪要之十四

2011 年 1 月 6 日

2011 年 1 月 3 日，中国社会科学院常务副院长王伟光教授主持召开《新大众哲学》编写工作第 14 次会议，参加会议的有中国社会科学院李景源研究员、孙伟平研究员、周业兵秘书，中共中央党校庞元正教授、李晓兵教授、冯鹏志教授、郝永平教授、毛卫平教授、杨信礼教授、辛鸣教授，博士生王磊、陈界亭。

会议重点讨论了郝永平、杨信礼、李晓兵分别写的《做历史进步的促进派》、《唯物史观是决定论与选择论的有机统一》和《让我们荡起幸福人生的双桨——关于人生观问题的思考》三份稿件，指出《新大众哲学》要有知识性，要从知识中阐明哲学道理。

郝永平对《做历史进步的促进派》的主要内容进行阐述。（一）“历史进步是人类社会的波浪式前进与螺旋式上升过程——从毛泽东的两次谈话谈起。”这部分从毛泽东1945年和1957年的两次谈话入手，讨论什么是历史进步、历史进步的趋势，指出历史进步“是总体上向善与上升的社会演变”，总结历史进步的五个特点：一维演进性、主客体统一性、矛盾运动性、主观评价性和纵向比较性。（二）“历史进步的评价尺度是生产力标准与人文标准的统一——邓小平发表南方谈话。”该部分从邓小平的南巡谈话入手，引出历史进步的评价标准——生产力和人的双重解放与发展，论述生产力标准和人文标准的关系，详细阐述“什么是生产力标准？为什么要以生产力标准作为评价历史进步的根本标准？为什么要以人的解放和发展作为评价历史进步的终极标准”等问题。（三）“每一次历史进步都是生产力和人得到解放与发展的过程——小岗村‘大包干’启动了中国社会大变革。”该部分从小岗村“包产到户”入手，论述奴隶社会、封建社会、资本主义社会、共产主义社会较各自之前的社会形态的进步之处，包括在生产力解放和人的解放两方面所取得的进步。（四）“在阶级社会中历史进步往往采取对抗性的实现形式——英国‘羊吃人’的圈地运动。”该部分从英国的“圈地运动”入手，引出资本主义社会如何体现历史进步的对抗性实现形式。马克思认为，历史进步的对抗性形式不仅存在于资本主义社会，而且是阶级社会的普遍现象。（五）“社会主义的本质是发展生产与共同富裕相统一——既要做大蛋糕又要分好蛋糕。”该部分从邓小平批评“四人帮”的“宁要贫穷的共产主义，不要富裕的资本主义”入手，引出社会主义的本质问题。社会主义制度取代资本主义制度在人类历史上是进步的，社会主义的本质是发展生产与共同富裕。我们要通过提高劳动生产率和实现人的自由全面发展，推动历史进步。（六）“善于做历史进步的促进派——西安事变中共产党人铁肩担道义。”该部分从“西安事变”入手，表明中国共产党在西安事变中，顺应了历史进步的潮流，推动了历史进步。此外，该部分从四个方面指出如何做历史进步的促进派：第一，要确立历史进步的正确信念；第二，要追随历史进步潮流；第三，要积极推动生产力发展；第四，要维护人民群众的根本利益。

在听取郝永平的论述后，大家认为文章逻辑关系清楚、内容丰富。会上提出以下改进建议：1. 要避免使用晦涩的语言，力求写出通俗易懂、道理深刻、浅显易懂、深入浅出的文章。2. 要避免二元论，从根本上说，人自身解放和发展程度是受当时社会生产力发展程度与水平制约的。历史进步评价的根本标准是生产力标准，而非人文标准。3. 题目不要太学术化。（1）建议把第一部分的标题“历史进步是人类社会的波浪式前进与螺旋式上升过程——从毛泽东的两次谈话谈起”改为“历史进步的总趋势是任何人也改变不了的——中国人民两种历史命运的大抉择”。（2）把第二部分的标题“历史进步的评价尺度是生产力标准与人文标准的统一——邓小平发表南巡谈话”改为“生产力是历史进步的根本标准——从毛泽东的生产力标准到邓小平的三个有利于”。（3）把第三部分的标题“每一次历史进步都是生产力和人得到解放与发展的过程——小岗村‘大包干’启动了中国社会大变革”改为“历史进步最终是体现在人的解放上”。（4）把第四部分标题“在阶级社会中历史进步往往采取对抗性的实现形式——英国‘羊吃人’的圈地运动”改为“在阶级社会中历史进步往往是阶级性和斗争性的”。（5）把第五部分标题“社会主义的本质是发展生产与共同富裕相统一——既要做大蛋糕又要分好蛋糕”改为“社会主义本质就是发展生产与共同富裕”。（6）把第六部分标题“善于做历史进步的促进派——西安事变中共产党人铁肩担道义”改为“走在历史潮流的前沿”。

杨信礼对《唯物史观是决定论与选择论的有机统一》的主要内容进行阐述。（一）“人类思想史上的一场深刻革命——唯物史观的创立。”（二）“社会发展是一个自然历史过程——社会规律的客观性。”（三）“历史不过是追求自己目的的人的活动而已——社会规律的主体性。”（四）“只有社会主义能够救中国和发展中国——走历史必由之路。”文章强调唯物史观的重要意义，论述唯物史观的产生过程、社会规律的客观性与主体性，指明唯物史观在当今社会主义社会的现实意义。大家主要提出以下建议：1. 转化语言风格。2. 正确处理学术争论问题，不纠缠具体学术争论，讲大道理，解人的思想之扣。3. 建议把题目《唯物史观是决定论与选择论的有机统一》改为《是历史决定论呢？还是历史选择论呢?》；把第一部分标题“人类思想史上的一场深刻革命——唯物史观的创立”改为“人类思想史上的一场深刻革命——黑格尔的‘恶’和费尔巴哈的‘感性的人’”；把第二部分标题“社会发展是一个自然历史过程——社会规律的客观性”改为“社会发展是个历史过程——从周口店人的头盖骨到电脑”；修改第三部分的标题为“历史不过是追求自己目的的人的活动而已——社会规律的主体性”；把第四部分标题“只有社会主义能够救中国和发展中国——走历史必由之路”改为“只有社会主义能够救中国和发展中国——从卡夫丁峡谷谈起”。

李晓兵对《让我们荡起幸福人生的双桨——关于人生观问题的思考》的主要内容进行阐述。文章主要有三个部分：(一)“了解你自己——什么是人生观?”1. 通过描述人生的各种现象，提出人生观的问题，论述两种不同的人生观：积极向上的人生观与消极落后的人生观。2. 引出马克思主义人生观，指明马克思主义人生观是积极的、向上的，阐述马克思主义人生观对人生的意义。（二）“理性和诗意的生活——为什么要提倡马克思主义的人生观。”1. 通过不同的例子来讲马克思本人的伟大魅力，指出“马克思主义的人生观是一种积极的、向上的人生观”。2. 马克思主义的人生观建立在科学的世界观和历史观的基础之上，科学地回答人生的根本问题。3. 其他的人生观并非毫无意义，但与马克思主义人生观相比较，不能够成为主流价值。4. 树立马克思主义正确人生观的意义。5. 实现马克思主义科学的人生观是一个长期的过程。（三）“为人生插上自由的翅膀——提倡多种积极、健康的人生观。”我们强调马克思主义的人生观是科学的，但人生观的表现是多样的。此外，本部分还对自由观、平等观、爱情观、幸福观等进行论述。

在听取李晓兵的论述后，大家认为，这篇稿件文笔优美流畅，语言生动活泼。建议：1. 把总题目改为《人总是要有点精神的》，入手处从马克思的中学论文《青年在选择职业时的考虑》谈起。2. 写“大的人生观”，可以围绕马克思自由全面发展的思想展开。这部分需要解决四个问题：阐释马克思关于人的本质、人的本性、人道主义、人的全面发展的思想；回答“什么是人生观”的问题；人生观包括哪些内容？比如职业观（创业观）、权力观、金钱观、劳动观、婚姻观、幸福观、自由观、生死观等重要的观点；为什么要树立正确的人生观。

下次会议时间为2010年1月15日上午11点，重点讨论毛卫平、孙伟平、辛鸣的稿件，在第16次会议上讨论杨信礼、李晓兵、郝永平修改后的稿件，冯鹏志拿出《自然观》的初稿。

会议纪要之十五

2011 年 2 月 1 日

2011 年 1 月 15 日，中国社会科学院常务副院长王伟光教授主持召开《新大众哲学》编写工作第 15 次会议，参加会议的有中国社会科学院李景源研究员、孙伟平研究员、周业兵秘书，中共中央党校庞元正教授、李晓兵教授、郝永平教授、毛卫平教授、杨信礼教授、辛鸣教授，博士生王磊、陈界亭。

会议重点讨论了辛鸣教授、毛卫平教授、孙伟平研究员分别写的《插上哲学的翅膀，飞向自由的王国》、《人的正确思想是从哪里来的?》和《用正确的价值观规范我们的言行》三份稿件。

辛鸣教授写的《插上哲学的翅膀，飞向自由的王国》分为《从“世界观”到“时代精神的精华”》、《哲学研究什么和怎样研究》、《哲学与它的兄弟姐妹们》、《走向哲学殿堂的四个阶段》四个部分。在听取辛鸣教授的讲述后，大家主要提出以下意见：语言很优美，同时语言要精练；要以马克思主义哲学为基础，站在马克思主义哲学的立场观察世界、分析问题和解决问题；标题要准确；要集中解决什么是哲学、哲学有无用处、哲学有无好坏之分、哲学研究什么和怎样研究哲学等问题；建议把哲学与他的兄弟姐妹们改为“哲学的战略伙伴关系”；建议将“走向哲学殿堂的四个阶段”改为“走向哲学殿堂的必由之路”。

毛卫平教授计划写五篇文章：一是前所未有的新概括——关于“实践——认识——实践”的概括，题目为《从实践到认识，从认识到实践——从“执行力飓风”说起》；二是最基本的工作方法——关于“从群众中来，到群众中去”的群众路线的概括，题目为《从群众中来，到群众中去——走在大师前面的人》；三是辩证思维的精髓——关于“个别——一般——个别”的概括，题目为《从个别到一般，从一般到个别——要会做结合的文章》；四是认识世界与改造世界——关于“物质——精神——物质”的概括，题目为《物质变精神，精神变物质——一个有争议的重要哲学命题》；五是“新世纪的通行证——社会认识观的新突破”，题目为《社会认识论的新天地——进入新世纪的通行证》。第一篇的主要内容有：第二比第一更重要；第二个飞跃的三大功能；是螺旋不是直线。第二篇的主要内容有：以改造世界为着眼点；正确发挥主观能动性；正确对待错误和挫折。

在听取毛卫平教授的讲述后，大家主要提出以下意见：基本观点正确、语言通俗易懂；按标准来改文章，一级标题是观点，副标题是例子，大标题下面应有导言和导语；将文章的结构更改为六部分：第一部分为《物质变精神，精神变物质——中国革命和建设历史上两次伟大的思想解放运动》，第二部分为《从实践到认识，从认识到实践》，第三部分为《从个别到一般，从一般到个别》，第四部分为《从群众中来，到群众中去》，第五部分为《真理论和实事求是的思想路线》；紧扣主题，建议增加认识论的相关概念，把哲学史上关于认识论的观点揉进去；正确处理材料与论据的关系；凸显认识论中的实践问题和当代实践的理论问题和现实问题；建议把“第二比第一更重要”改为“第二次飞跃比第一次飞跃更伟大”。

孙伟平研究员写的《用正确的价值观规范我们的言行》主要有以下内容：价值评价及其基本特征——何以“情人眼里出西施”；评价标准及其根据——“没有规矩不成方圆”；“值”与“不值”自有“公论”——“公说公有理，婆说婆有理”；社会实践是检验评价合理性的最终标准——“白猫黑猫，抓住老鼠就是好猫”。在听取孙伟平教授的讲述后，大家主要提出以下意见：1. 观点正确，语言活泼，学理准确，逻辑性强，举例适当。2. 本部分的现实意义是教导人们树立正确的核心价值观，通过正确的核心价值观来教育人民、团结人民，而不是仅仅讲清楚价值评价、价值标准等问题。3. 本部分重点解决“什么是价值观”和“价值如何评价”两个问题。4. 建议精简例子，并在举例的过程中涉及重大的历史问题和现实问题。

王伟光教授介绍了《照辩证法办事》稿件的主要内容：这篇文章主要讲联系的原则和发展的原则。世界上的一切事物都是普遍联系的，要坚持用全面的观点观察事物。世界上的一切事物都是运动的、变化的、发展的，要用发展的观点看问题。

会议要求各部分的稿件要做到标准化，根据规定的格式进行相应修改。《新大众哲学》不涉及学术上的争论，主要为人们提供一种思维方法和思维方式。下次会议时间为 2011 年 2 月 11 日（周五）下午 5 点，重点讨论李晓兵教授、郝永平教授和杨信礼教授的稿件。

会议纪要之十六

2011 年 2 月 25 日

2011 年 2 月 11 日，中国社会科学院常务副院长王伟光教授主持召开《新大众哲学》编写工作第 16 次会议，参加会议的有中国社会科学院李景源研究员、孙伟平研究员、周业兵秘书，中共中央党校庞元正教授、毛卫平教授、杨信礼教授、辛鸣教授，博士生王磊、陈界亭。

王伟光教授向会议介绍了新撰写的三篇稿件。

一、《照辩证法办事——唯物辩证法的基本原则》。主要是发展原则与联系原则。第一部分是“辩证规律是普遍的，要用辩证思维考察问题，照辩证法办事。——老子与《道德经》”。从老子的《道德经》谈起。“道”的本义是道路，也有客观规律的含义。西方学者对老子的“道”有不同的看法。

雅斯贝尔斯认为老子的“道”带有神秘色彩，“道”是先于天地而自在的东西，因为“道生一，一生二，二生三，三生万物”。中国关于“道”的认识也是仁者见仁、智者见智。表面上看，老子的“道”披着神秘的外衣，实则内含丰富的辩证法。辩证法就是研究规律的。唯物辩证法既是科学的世界观，也是科学的认识论、方法论，要用辩证法认识事物，分析事物，指导实践。同时，我们也不能把辩证法变成僵硬的公式到处套用。否则就会使辩证法走向反面，走向诡辩主义。第二部分是“世界上的一切事物都是普遍的联系的，要用全面的观点观察事物——鲁宾逊与星期五的故事”。第三部分是“世界上的一切事物都是运动的、变化的、发展的，要用发展的观点看问题”。指出事物发展是波浪式前进、螺旋式上升的。第四部分是“一切事物都是作为过程而存在的，要用历史的观点来观察问题——从《龟虽寿》说起”。学习辩证法既要学会用辩证思维认识事物，又要学会从万事万物、复杂多变的现象中，从纷繁复杂的联系中找到其固有的规律，认识事物的规律性，以作为人类实践的向导，照辩证规律办事，有效地改造世界。

二、《把握适度原则——质量互变规律》，质量互变规律最核心的问题是告诉人们要掌握好度。第一，既要了解事物的规律，又要了解事物的联系，既要了解事物的质和量，更要了解事物的度。第二，认识质量互变规律，促进事物质的发展。第三，清醒认识总的量变中的部分质变。

三、《否定之否定规律》。第一部分是坚持辩证的否定观。第二部分是否定之否定的规律是客观的。毛泽东以飞机起飞、降落莫斯科为例谈否定之否定规律。第三部分是事物发展是前进性与曲折性的统一。新生事物终将代替旧事物，这是历史发展的客观规律。第四部分是要研究否定之否定规律的特殊性和多样性，防止千篇一律和一刀切。

会议讨论了杨信礼教授写的《开启认识社会历史规律之门的金钥匙》。文章包括四个部分：（一）“人类思想史上的一场深刻革命——唯物史观的创立”。（二）“社会发展是一个自然历史过程——社会规律的客观性”。（三）“历史不过是追求自己目的的人的活动而已——社会规律的主体性”。（四）“只有社会主义能够救中国和发展中国——走历史必由之路”。在听取杨信礼教授的讲述后，大家主要提出了以下意见：1. 观点正确，逻辑清楚，文字规范，语言应尽量做到通俗易懂。2. 应以实践或劳动作为一条主线。3. 把本章题目改为《开启社会历史规律奥秘的金钥匙——唯物史观的创立和社会历史发展规律》；第一部分的题目改为“人类思想史上的一场深刻革命——恩格斯在马克思墓前说了些什么”；第二部分题目改为“社会发展是一个自然历史过程——从周口店‘北京猿人’发展到现代人”；第三部分题目改为“历史不过是追求自己目的的人的活动而已——从袁世凯 81 天的复辟谈起”；第四部分题目改为“要走历史必由之路——能避免‘卡夫丁峡谷’的苦难吗”。4. 例子与主题之间的联系不够紧密，建议少用经典，少引用原文。5. 关于跨越“卡夫丁峡谷”的问题值得商榷。6. 对中国未来发展的问题进行讨论。7. 先指出所要论述观点的对立面，然后思考如何以理服人，使人们自然而然地相信这个观点。

会议重申三点要求：1. 在语言上，要力求通俗活泼，引人入胜；2. 在哲学原理上，要阐述明确，但也不用面面俱到；3. 在例证上，要精心挑选，不仅要与道理联系紧密，而且具有知识性、时代性。

下次会议时间定为 2011 年 2 月 26 日（周六）下午 3 点，重点讨论庞元正教授、郝永平教授、冯鹏志教授、李晓兵教授、毛卫平教授、辛鸣教授、孙伟平研究员的稿件。杨信礼教授继续改稿子，并考虑《坚持唯物论，反对唯心论》的写作思路。

会议纪要之十七

2011 年 3 月 2 日

2011 年 2 月 26 日，中国社会科学院常务副院长王伟光教授主持召开《新大众哲学》编写工作第 17 次会议，参加会议的有中国社会科学院孙伟平研究员、周业兵秘书，中共中央党校庞元正教授、李晓兵教授、杨信礼教授、辛鸣教授，博士生王磊、陈界亭。

会议重点讨论了庞元正、孙伟平和李晓兵写的《把握事物联系与发展的基本环节——唯物辩证法的几对重要范畴》、《在生活实践中实现真理和价值的统一（价值选择、创造及其原则）》和《让我们荡起幸福人生的双桨——关于人生观问题的思考》稿件。会议再次明确指出，《新大众哲学》的宗旨是用通俗易懂的语言阐述马克思主义的哲学道理，坚定人们的马克思主义信仰。

庞元正对《把握事物联系与发展的基本环节——唯物辩证法的几对重要范畴》的主要内容作了介绍：内容与形式——从文山会海谈起；现象和本质——怎样练就“火眼金睛”；原因和结果——说说蝴蝶效应与买彩票中大奖；必然性和偶然性——从“杂交水稻之父”袁隆平的成功说开去；可能性和现实性——从“中国向何处去”不断受到热议谈起。大家建议将题目改为“把握事物联系与发展的基本环节——唯物辩证法的重要范畴”；第一部分题目“内容与形式——从文山会海谈起”改为“反对形式主义——从文山会海来看内容与形式”，第二部分题目“现象和本质——怎样练就‘火眼金睛’”改为“要抓住事物的本质——‘火眼金睛’与透过现象看本质”；第三部分题目“原因和结果——说说蝴蝶效应与买彩票中大奖”改为“善于揭示因果的辩证关系——蝴蝶效应与原因结果”；第四部分题目“必然性和偶然性——从‘杂交水稻之父’袁隆平的成功说开去”改为“正确处理偶然与必然的关系——从杂交水稻之父来说必然性与偶然性的关系”；第五部分题目“可能性和现实性——从‘中国向何处去’不断受到热议谈起”改为“要把有利的可能性变为现实”或“要防止不利的可能性变为现实”。

孙伟平介绍了《在生活实践中实现真理和价值的统一》的主要内容，大家建议通过典故或提出问题等方式引入话题；

可以从经济学的价值入手，讨论哲学上的价值；可以选择对社会发展进步有巨大影响的例子。

李晓兵对《让我们荡起幸福人生的双桨——关于人生观问题的思考》的主要内容进行阐述，要解决的问题是：我们应该怎样度过我们的人生？什么样的人生才是幸福和有意义的人生？大家建议对题目进行修改：第一部分题目“了解你自己——什么是人生观?”改为“人总是要有点精神的”；第二部分题目“理性和诗意的生活——为什么要提倡马克思主义的人生观”改为“应该树立正确的人生观”；第三部分题目“为人生插上自由的翅膀——提倡积极、健康的人生观”改为“提倡健康积极的人生观”。

下次会议时间为2011年3月12日上午11点，重点讨论冯鹏志、郝永平、杨信礼、辛鸣、毛卫平的稿件。

会议纪要之十八

2011 年 3 月 19 日

2011 年 3 月 12 日，中国社会科学院常务副院长王伟光教授主持召开《新大众哲学》编写工作第 18 次会议，参加会议的有中国社会科学院孙伟平研究员、周业兵秘书，中共中央党校庞元正教授、冯鹏志教授、李晓兵教授、郝永平教授、辛鸣教授，博士生王磊、陈界亭。

会议重点讨论了辛鸣的《插上哲学的翅膀，飞向自由的王国》和郝永平的《做历史进步的促进派》两篇稿子以及冯鹏志关于自然观的提纲。

辛鸣在哲学总论篇中计划写三篇文章：哲学通论，马克思主义哲学，马克思主义中国化。《插上哲学的翅膀，飞向自由的王国》为第一篇，主要内容有从“世界观”到“时代精神的精华”，哲学研究什么和怎样研究，哲学与他的战略伙伴们，走向哲学殿堂的四个阶段。在听取辛鸣教授的讲述后，大家建议要处理好哲学、马克思主义哲学、马克思主义哲学中国化三者之间的关系，主要解决什么是哲学、为什么学哲学、怎样学哲学三个问题。

郝永平对《做历史进步的促进派》的主要内容作了介绍：历史进步的总趋势是任何人也改变不了的，生产力发展是评价历史进步的根本标准，历史进步最终体现在人的解放与发展上，在阶级社会中历史进步往往采取对抗性的实现形式，社会主义的本质是发展生产与共同富裕相统一，善于做历史进步的促进派。大家建议重新考虑标题，增加关于革命、改革和改良以及规律问题的论述。

冯鹏志对《论自然不是荒野——马克思主义自然观与当代价值》的提纲作了说明。大家认为该部分要理清马克思主义关于人与自然关系的理论，深入思考人与自然的关系以及如何正确处理人与自然的关系等问题。

下次会议时间为2011年3月26日下午4点，重点讨论冯鹏志、毛卫平、杨信礼、李晓兵、孙伟平、周业兵的稿件。

会议纪要之十九

2011 年 3 月 28 日

2011 年 3 月 26 日，中国社会科学院常务副院长王伟光教授主持召开《新大众哲学》编写工作第 19 次会议，参加会议的有中国社会科学院李景源研究员、孙伟平研究员、周业兵秘书，中央党校庞元正教授、李晓兵教授、郝永平教授、杨信礼教授，博士生王磊、陈界亭。

会议分别讨论了杨信礼、孙伟平和周业兵所写的《求解历史之谜的金钥匙——唯物史观的创立与社会发展的规律》、《深刻洞悉价值世界的奥秘——价值及其基本特征》和《用群众利益观来指导实践》三份稿件。

杨信礼对《求解历史之谜的金钥匙——唯物史观的创立与社会发展的规律》的主要内容作了阐述。文章有四个部分：

人类思想史上的一场深刻革命——马克思的第一个伟大发现；社会发展是一个自然历史过程——从北京周口店北京猿人说起；历史不过是追求自己目的的人的活动而已——风云际会的近现代中国；只有社会主义能够救中国和发展中国——跨越资本主义“卡夫丁峡谷”。大家认为这篇文章核心是历史规律论，要解决人类社会发展有没有规律、什么样的规律在发挥作用、人在历史中有没有主观能动性、应该用什么样的规律观来看待当今中国与世界等问题。

孙伟平对《深刻洞悉价值世界的奥秘——价值及其基本特征》的内容进行阐述：价值与事实不同，事实是事物存在的状况和发展规律，是不以人的意志为转移的，而价值却离不开人的实践活动。因而从“实际活动着的人”出发，深入研究人类具体的价值活动过程，才能正确把握价值现象的本质和规律，深刻洞悉价值世界的奥秘。主要有三个部分：什么是价值？——从一则伊索寓言说起，价值世界是丰富多彩的——并非一切都可以测算“含金量”，具体的价值“因人而异”——千面观音随缘自化。大家讨论认为，价值论主要是提倡一种正确的、科学的价值观，要讲清楚什么是价值、人的价值是由什么样的东西决定的、价值观的客观性与主体性以及价值的类型等问题。

周业兵的《用群众利益观来指导实践》主要内容有：无处不在的利益，利益的含义及特征，何为利益矛盾，群众利益大于天。大家建议将题目改为“一切从人民利益出发——利益论”，并从以下五个方面来写：第一，利益起什么样的作用，标题改为“利益牵动每一个人的神经”。第二，什么是利益；第三，要给人民群众看得见的物质利益；第四，要正确认识和解决好利益矛盾。第五，群众利益大于天。

下次会议时间为2011年4月9日下午4点，讨论辛鸣、冯鹏志、李晓兵的稿子以及庞元正、郝永平的提纲。

会议纪要之二十

2011 年 4 月 16 日

2011 年 4 月 9 日，中国社会科学院常务副院长王伟光教授主持召开《新大众哲学》编写工作第 20 次会议，参加会议的有中国社会科学院李景源研究员、周业兵秘书，中共中央党校庞元正教授、郝永平教授、李晓兵教授、毛卫平教授、杨信礼教授，博士生王磊、陈界亭。会议重点讨论了李晓兵的稿件以及庞元正、郝永平的提纲。

李晓兵的《关于人生观问题的思考——让我们荡起幸福人生的双桨》有四个部分：人总是要有点精神的——什么是人生观；树立一个正确的人生观——理性和诗意的生活；提倡多样、积极、健康的人生观——为人生插上自由的翅膀；幸福而尊严的生活——让我们荡起幸福人生的双桨。大家认为文章内容丰富、结构合理、语言优美、文字流畅，建议从正面宣传一种正确的人生观；在论述金钱观、权力观、事业观、家庭观时，从历史唯物主义出发，辩证地看待这些人生观；将总题目《关于人生观问题的思考——让我们荡起幸福人生的双桨》改为《让我们荡起幸福人生的双桨——人生观》；第一部分题目“人总是要有点精神的——什么是人生观”改为“人总要有点精神的——从星星之火可以燎原到革命理想高于天”；第二部分题目“树立一个正确的人生观（倡导马克思主义人生观）——理性和诗意的生活”改为“树立正确的人生观——奥斯特洛夫斯基和《钢铁是怎样炼成的》”；第三部分题目“提倡多样、积极、健康的人生观——为人生插上自由的翅膀”改为“提倡积极、健康、向上的人生观——人人为我，我为人人”。

郝永平介绍了《社会矛盾论》的内容，会议就“社会主义社会的主要矛盾与社会主义基本经济规律是什么关系”进行讨论。大家建议将阶级和阶层的思想写进去。《社会矛盾论》可以从社会基本矛盾、人民内部矛盾、社会主要矛盾和阶级阶层矛盾四个方面来写。

庞元正对《可持续发展论》的提纲作了说明：可持续发展理论的提出——《增长的极限》何以惊世骇俗；唯物史观的可持续发展思想——从恩格斯的名言说起；如何看待人口问题在社会发展中的地位和作用——从马尔萨斯的《人口原

理》到马寅初的《新人口论》；如何看待自然环境在社会发展中的地位和作用——《我们只有一个地球》；如何应对气候变化——“北国风光”何处寻；破解自然资源有限性与人类需求无限性的矛盾——“在最无愧于和最适合人类本性的条件下进行物质交换”；中国可持续发展的前景——从环境库兹涅茨曲线看中国；生态文明是人类文明的高级形态。大家建议把“生态文明是人类文明的高级形态”改为“生态文明是人类文明的新形态”；在可持续发展论中，既要强调人与自然的可持续发展，也应提及其他方面的可持续发展。

下次会议时间为2011 年4 月23 日下午4 点，重点讨论杨信礼、冯鹏志、辛鸣的稿子。

会议纪要之二十一

2011 年 4 月 25 日

2011 年 4 月 23 日，中国社会科学院常务副院长王伟光教授主持召开《新大众哲学》编写工作第 21 次会议，参加会议的有中国社会科学院李景源研究员、孙伟平研究员、周业兵秘书，中共中央党校庞元正教授、郝永平教授、毛卫平教授、杨信礼教授、辛鸣教授，博士生王磊、陈界亭。

会议重点讨论了杨信礼和辛鸣的《社会历史发展的客观规律性和主体选择性——历史规律论》和《超过马克思才是真正的马克思主义者》两份稿件。

杨信礼对《社会历史发展的客观规律性和主体选择性——历史规律论》的主要内容进行阐述，并重点介绍了对文章所作的修改。（一）对各部分的题目进行相应的调整。总的题目从《求解历史之谜的金钥匙——唯物史观的创立与社会发展的规律》修改为《社会历史发展的客观规律性与主体选择性——历史规律论》；第一部分题目从“人类思想史上的一场深刻革命——马克思的第一个伟大发现”改为“拨开社会历史的迷雾——马克思的第一个伟大发现”；第四部分题目从“只有社会主义能够救中国和发展中国——跨越资本主义‘卡夫丁峡谷’”改为“在客观规律与主体选择的统一中开辟前进的道路”。（二）批判费尔巴哈从抽象的人出发，而不是从现实的人出发，最终导致唯心史观，凸显马克思创立唯物史观的重要意义。在论述什么是历史规律、历史规律有何特点时，从劳动入手谈人的生产、社会的建构与发展，在指出经济基础的基础性地位时，也肯定其他要素的重要性。在第三部分“历史不过是追求自己目的的人的活动而已——风云际会的近现代中国”的开头加入一段：“社会发展规律具有客观必然性，同时又具有主体选择性。……人们可以在多种可能性中作出选择，但只有符合客观规律的选择才能成功。”大家认为该部分内容丰富，结构清晰，语言流畅，建议辩证地论述客观规律与主体选择的关系；精简内容，紧扣主题，有针对地进行论述；确定文章的主题，找出要解决的几个“扣”，并将这几个“扣”按一定的逻辑来论述。

辛鸣的《超过马克思才是真正的马克思主义者》包括“要想超越巨人必须站在巨人肩上”、“要想为中国接纳一定要立足中国”、“中国化并不只是一个孤立的行为”、“马克思主义哲学中国化的现实形态” 四个部分。大家认为该部分内容全面，建议进一步融会贯通、系统整理，做到语言形象化、活泼化；建议完善结构，写好三篇文章：一是哲学，二是马克思主义哲学，三是马克思主义哲学中国化。

下次会议时间为2011 年5 月9 日下午6 点，讨论毛卫平教授、杨信礼教授、冯鹏志教授、辛鸣教授的稿子以及郝永平教授的提纲。

会议纪要之二十二

2011 年 5 月 12 日

2011 年 5 月 9 日，中国社会科学院常务副院长王伟光教授主持召开《新大众哲学》编写工作第 22 次会议，参加会议的有中国社会科学院李景源研究员、孙伟平研究员、周业兵秘书，中共中央党校庞元正教授、冯鹏志教授、郝永平教授、李晓兵教授、毛卫平教授、杨信礼教授、辛鸣教授，博士生王磊、陈界亭。

会议重点讨论了冯鹏志的《马克思主义自然观及其当代价值——实践基础上人与自然关系本质的辩证解答》、辛鸣的《要站在中国的大地上超越马克思——马克思主义哲学中国化》、毛卫平的《个别与一般相结合——比孙悟空还要高强的本领》三份稿件以及杨信礼的《坚持唯物论，反对唯心论》

和郝永平的《社会矛盾论》两个提纲。

冯鹏志对《马克思主义自然观及其当代价值——实践基础上人与自然关系本质的辩证解答》的基本内容作了简要介绍。第一，从南极巨型冰架“拉森 B”轰然崩塌的事件入手，论述马克思主义自然观应该如何看待当今自然界所面临的问题。第二，从“离开人的抽象自然是不现实的自然”、“我们所处的自然界是实践基础上的人化自然界”、“只有实现‘人的和解’，才能实现人与自然的和谐”三个部分论述马克思主义自然观及其当代价值。大家认为该部分逻辑结构清晰，语言精练，内容丰富，思想深刻。该部分应解决的问题是马克思主义的自然观应该如何看待自然，如何看待人与自然的关系，因而可从以下几方面进行论述。第一部分讲前马克思主义自然观。第二部分讲马克思主义自然观的独创之处。第三部分讲如何实现人与自然的和谐发展。

辛鸣对《要站在中国的大地上超越马克思——马克思主义哲学中国化》的基本内容进行简要介绍：要想超越巨人必须站在巨人肩上；深深扎根在中国土地上枝繁叶茂；马克思主义哲学中国化的两大飞跃；立足现实，面向时代，走向大众。大家认为该部分条理清晰、语言活泼。建议完善结构，调整顺序，修改题目。

毛卫平的《个别与一般相结合——比孙悟空还要高强的本领》，从人类认识的无限性与有限性入手，论述了“人类认识的本性”、“个别与一般”、“从个别到一般”、“从一般到个别”这四个部分的内容。大家建议对认识论的六个部分进行调整为：一是“物质变精神　精神变物质——唯物论的认识论”；二是“实践、认识、再实践、再认识——实践论的认识论”；三是“从个别到一般　再从一般到个别——辩证法的认识论”；四是“从群众中来，到群众中去——唯物史观的认识论”；五是“实事求是与求真务实”；六是“真理与思想路线——从真理说起”。

杨信礼对《坚持唯物论，反对唯心论》的提纲作了介绍，指出这部分要解决的问题是：什么是哲学基本问题，什么是唯物论和唯心论、可知论和不可知论，什么是辩证唯物论、为什么要坚持辩证唯物论、怎样坚持辩证唯物论等问题。大家建议将结构调整为以下三部分：一是哲学基本问题；二是哲学上的唯物论与唯心论；三是坚持辩证唯物主义、反对唯心主义。建议在“唯物主义”中加入“马克思的新唯物主义”。新唯物主义是从感性实践活动出发来思考问题，既看到主体，也看到客体。“新唯物主义”是彻底的历史唯物主义，是在历史领域中找到解决历史之谜的辩证的、唯物主义的历史观。建议参考杨献珍的相关传记。

郝永平的《社会矛盾论》提纲包括人类社会的基本矛盾、阶级社会的矛盾状况、社会主义社会的矛盾体系以及认识社会矛盾的方法和意义四个部分。大家主要提出以下建议：

（一）社会矛盾论应为当前改革开放提供理论依据。（二）对文章结构进行调整，讲明什么是社会矛盾、社会主义存在哪些社会矛盾、如何解决和怎样化解这些矛盾。（三）把“社会主义社会的矛盾”修改为“社会主义社会初级阶段的矛盾”。（四）删除“阶级社会的矛盾状况”部分，将相关内容放到“人民内部矛盾”中论述。

下次会议时间为 2011 年 5 月 21 日下午 4 点，讨论李晓兵、孙伟平、陈界亭的三份稿件以及杨信礼和毛卫平的两个提纲。

会议纪要之二十三

2011 年 5 月 26 日

2011 年 5 月 21 日，中国社会科学院常务副院长王伟光教授主持召开《新大众哲学》编写工作第 23 次会议，参加会议的有中国社会科学院李景源研究员、孙伟平研究员、周业兵秘书，中共中央党校冯鹏志教授、郝永平教授、毛卫平教授、杨信礼教授、辛鸣教授，博士生王磊、陈界亭。

会议重点讨论了孙伟平的《坚持正确的价值导向》和陈界亭的《用唯物史观看人类社会发展过程——人类社会是不断地从低级向高级的发展过程》两份稿件以及杨信礼的《坚持唯物论，反对唯心论》和郝永平的《社会矛盾论》两个提纲。

孙伟平的《坚持正确的价值导向》，从价值观入手，论述了“价值观的力量——‘砍头不要紧，只要主义真’”、“价值观的历史变迁与共产主义价值观的先进性——‘观念一变天地宽’”、“中国特色社会主义价值观建设——以我为主，重在建设”、“多样化价值观与价值导向——尊重差异，包容多样”、“西方的普适价值并不适合——‘橘生淮南则为橘，生于淮北则为枳’”五部分内容。大家还对普适价值展开了讨论。从哲学的角度来看，价值是共性与个性的统一。共性存在于个性之中。如果脱离个性，共性也就不存在了。同样，在人类社会中也存在普遍的价值，但是普遍的价值是存在于具体价值之中的。关于普遍的价值与具体的价值应该把握以下三方面：1. 没有抽象的普遍，只有具体的普遍。2. 没有绝对的普遍，只有相对的普遍。3. 普遍价值与特殊价值只有在观念的、认识的层面，才能分离；在现实中，则是一般与个别的统一。人类社会存在普遍的价值，但是普遍的价值是在具体事物之中的。在论述普适价值的理论时，应指出美日欧普适价值的虚伪性，揭露其在实际中与普适价值理论不相符的做法。

陈界亭的《用唯物史观看人类社会发展过程——人类社会是不断地从低级向高级的发展过程》，从恩格斯评价马克思一生的“两大发现”入手，论述了“何谓‘社会形态’——‘不积跬步，无以至千里’”、“社会形态的统一性与多样性——‘五形态说’与‘三形态说’矛盾吗?”、“运用社会形态理论把握当今时代和历史定位——如何看待‘资本主义是历史的终结’等理论?”、“清醒认识我国所处的历史定位——社会主义初级阶段”四个部分内容。大家认为应主要解决为什么社会主义会代替资本主义、社会主义为什么要和市场经济结合在一起、能否不经过资本主义的“卡夫丁峡谷”、如何看待全球化等问题。建议将标题修改为“人类社会是一个有机整体，是不断由低级到高级发展的进程”，副标题为“社会形态论”。

杨信礼对《坚持唯物论，反对唯心论》的提纲作了说明，指出这部分要解决的问题是：什么是哲学基本问题，什么是唯物论和唯心论、可知论和不可知论，怎样坚持辩证唯物论、反对唯心论等问题。大家认为该提纲思路清楚，建议用活泼的语言进行写作。

郝永平修改后的《在化解矛盾中维护公平——社会矛盾论》提纲包括四个部分：马克思主义关于社会矛盾的思想；我党在认识和处理社会矛盾过程中的历史教训；社会主义社会初级阶段市场经济条件下的社会矛盾；在化解矛盾中维护公平。大家建议重点讲明社会基本矛盾、阶级矛盾、社会主义初级阶段的主要矛盾、人民内部矛盾四个矛盾。

下次会议时间为2011年6月6日下午4点，讨论冯鹏志、李晓兵、毛卫平的三个稿件以及郝永平的提纲。

会议纪要之二十四

2011 年 6 月 10 日

2011 年 6 月 6 日，中国社会科学院常务副院长王伟光教授主持召开《新大众哲学》编写工作第 24 次会议，参加会议的有中国社会科学院李景源研究员、孙伟平研究员、周业兵秘书，中共中央党校庞元正教授、冯鹏志教授、郝永平教授、李晓兵教授、毛卫平教授、杨信礼教授、辛鸣教授，博士生王磊、陈界亭。

会议重点讨论了冯鹏志、李晓兵、毛卫平分别写的《马克思主义自然观及其当代价值——实践基础上人与自然关系本质的辩证解答》、《关于人生观问题的思考——让我们荡起幸福人生的双桨》、《从群众中来，到群众中去》三份稿件以及郝永平的《社会矛盾论》提纲。

冯鹏志的《马克思主义自然观及其当代价值——实践基础上人与自然关系本质的辩证解答》由五个部分组成：在马克思主义自然观产生之前，人们的自然观要么是只知道自然界，要么就是只知道思想；人是自然的产物，自然界相对于人具有客观性、先在性和前提性；离开了人的自然是不现实的自然，必须从人的实践出发才能把握人与自然关系的本质；马克思主义自然观的内涵是丰富而开放的，它内在包含的生态伦理思想为当代人类实现可持续发展提供着最重要的精神资源和观念拯救；只有实现社会关系和自然关系的调整，才能实现人与自然的和谐。大家认为这个稿子逻辑严密，条理清晰，中心突出，很有创意。建议：1. 将题目修改为《努力实现人与自然的和谐发展——马克思主义自然观》；2. 从三个方面思考和论述：马克思之前的自然观是怎样的；马克思主义的自然观；针对今天的生态危机，我们应该采取何种发展方式？3. 辩证思考构建生态文明与扬弃私有制的关系。

李晓兵的《关于人生观问题的思考——让我们荡起幸福人生的双桨》由四个部分组成，主要解决应该怎样度过自己的人生以及什么样的人生才是幸福的和有意义的等问题：1. 人总是要有点精神的——什么是人生观？2. 树立一个正确的人生观——理性和诗意的生活。3. 提倡多样、积极、健康的人生观——为人生插上自由的翅膀。4. 幸福而尊严的生活——让我们荡起幸福人生的双桨。大家认为该部分语言活泼，结构清晰。建议增加“幸福观”；加入关于人的自由全面发展的内容；辩证地看待金钱观。

毛卫平的《从群众中来，到群众中去》包括“群众是智慧的源泉”、“调查研究是基本功”、“要善于调查研究”和“要回到群众中去”四部分。大家认为这篇文章主要解决认识论问题，建议将结构调整为：1. 群众是智慧的源泉。2. 共产党人要联系群众、深入群众。3. 到群众中去。4. 从群众中来、到群众中去是一个循环往复、不断深化、前进的过程。

郝永平介绍了《社会矛盾论》提纲的内容。该提纲包括社会基本矛盾、阶级矛盾、人民内部矛盾三个部分。大家认为这个提纲逻辑清晰，建议处理好社会基本矛盾、阶级矛盾、社会主义社会的主要矛盾以及人民内部矛盾四个矛盾。

下次会议时间为 2011 年 6 月 21 日下午 5 点 30 分，讨论辛鸣、庞元正的稿件以及郝永平、孙伟平和王磊的提纲。

会议纪要之二十五

2011 年 6 月 25 日

2011 年 6 月 21 日，中国社会科学院常务副院长王伟光教授主持召开《新大众哲学》编写工作第 25 次会议，参加会议的有中国社会科学院李景源研究员、孙伟平研究员，中共中央党校庞元正教授、郝永平教授、李晓兵教授、杨信礼教授、辛鸣教授，博士生王磊、陈界亭。

会议重点讨论了辛鸣、孙伟平写的《新大众哲学总论》和《坚持正确的价值导向》两份稿件以及郝永平的《社会矛盾论》的提纲。

辛鸣介绍了《新大众哲学总论》的修改情况。《总论》分三个部分：哲学、马克思主义哲学和马克思主义哲学中国化。大家建议把《插上哲学的翅膀，飞向自由的王国》第一部分“从‘世界观’到‘时代精神的精华’”改为“哲学是什么”；把第二部分“哲学研究什么和怎样研究”改为“哲学研究什么、怎样研究”。把《站在中国的大地上超过马克思》中第三部分“马克思主义哲学中国化的两大飞跃——毛泽东哲学思想与中国特色社会主义理论的创新”改为“毛泽东思想的精髓就是实事求是”和“解放思想是中国特色社会主义理论体系的一大法宝”。调整“马克思主义大众化”部分的结构：马克思主义哲学大众化首先是为了人民，是为了要解放全人类；其次，大众化要能被人民所接受、所消化吸收；最后，大众化要能够走出书斋，走向实践。对毛泽东哲学思想进行梳理和总结。慎重思考“进行中国创造”中“马克思主义哲学与中国的真正结合”问题，理清何谓马克思主义哲学与中国的真正结合。

孙伟平对《坚持正确的价值导向》的基本内容作了简要介绍。文章从概述价值观的重要性入手，分别论述了“价值观的力量——‘砍头不要紧，只要主义真’”、“价值观是不断变迁和进步的——‘观念一变天地宽’”、“建设中国特色社会主义价值观——共产主义的‘历史图卷’”、“多样化价值观与价值导向——‘样板戏’构不成文艺的春天”、“西方的普世价值并不普适——枪炮声中的‘自由民主人权’”五部分内容。大家认为该文条理清晰、言之有物、言之有理，选用的入手处贴切、合理。建议：（1）突出强调中国特色社会主义核心价值观。（2）论述什么是先进的价值观。（3）从一般与个别、普遍与特殊、共性与个性的角度来考虑普适价值。（4）加入“以宽广的眼光吸收和借鉴人类一切积极文明成果”的观点。

下次会议时间为 2011 年 7 月 2 日下午 4 点，讨论冯鹏志和陈界亭的稿件以及郝永平和王磊的提纲。

会议纪要之二十六

2011 年 7 月 8 日

2011 年 7 月 2 日，中国社会科学院常务副院长王伟光教授主持召开《新大众哲学》编写工作第 26 次会议，参加会议的有中国社会科学院李景源研究员、孙伟平研究员、周亚兵秘书，中共中央党校庞元正教授、郝永平教授、毛卫平教授、辛鸣教授，博士生陈界亭。

会议重点讨论了周业兵的《一切从人民群众的利益出发——利益论》和陈界亭的《人类社会是一个社会有机整体，是不断由低级到高级的发展进程——社会形态论》两个稿件，以及郝永平教授的《社会矛盾论》和李景源研究员的《问苍茫大地，谁主沉浮？——人民群众是历史的创造者》两个提纲。

周业兵介绍了修改后的《一切从人民群众的利益出发——利益论》。文章强调利益的普遍性及重要性，包括“利益牵动每一个人的神经——‘天下熙熙，皆为利来；天下攘攘，皆为利往’”、“利益是人与人之间社会关系的体现——何为‘利益’?”、“要给人以看得见的物质利益——利益矛盾与利益冲突”、“一切从人民群众的利益出发——‘老天爷，你不会做天，你塌了罢!’”、“要正确认识和解决好利益矛盾”五部分内容。大家认为这个稿子语言活泼，例子富有时代感；建议直接讲正确的利益观；对题目进行相应的调整；将第一部分的题目改为“利益牵动每个人的神经——司马迁与中国古人利益观”，将第二部分的题目改为“利益是人与人之间社会关系的体现——青年马克思为森林盗窃法的辩护”，将第三部分的题目改为“要给人民以看得见的物质利益——毛主席在张思德墓前的讲话（或列宁在困难条件下的讲话）”，将第四部分的题目改为“一切服从人民群众的利益观——《老天爷》一首民谣所引起的利益观”，将第五部分的题目改为“社会主义的本质是追求共同富裕”；调整文章结构，理清逻辑关系，突出主要观点。

陈界亭对修改后的《人类社会是一个社会有机整体，是不断由低级到高级的发展进程——社会形态论》作了概述。文章从恩格斯评价马克思一生的“两大发现”入手，论述了“什么是社会形态——大同社会与小康社会”、“社会形态的统一性与多样性——‘五形态说’与‘三形态说’矛盾吗?”、“运用社会形态理论把握当今时代和历史定位——如何看待‘资本主义是历史的终结’等理论?”、“清醒认识我国所处的历史定位——社会主义初级阶段”、“全球化的背景下的中国与世界——全球化是‘幸福的源泉’还是‘悲惨的祸根’?”五部分的内容。大家认为需要进一步理清思路，明确要解决的问题。建议将题目改为《人类社会是不断由低级向高级发展的有机整体》，调整文章的结构，可从以下几方面来论述：1. “人类社会在发展进程中呈现出不同的样态——从中国古人的‘大同社会’到孔德的社会有机体”。2. “人类社会的样态既是多样的，又是一致的——三形态说与五形态说的争论”。3. “人类社会必然走向高级的样态——从福山的《历史终结论》来看‘渺茫论’的破产”。4. 任何一个国家和民族都可以实现社会形态的跨越式发展，但是生产力发展的自然历史过程是不可逾越的。5. 我们正处在社会主义的初级阶段——辛亥革命与毛泽东的新民主主义论。

郝永平教授对《社会矛盾论》的提纲作了说明。该提纲包括社会基本矛盾、阶级矛盾、社会的主要矛盾、人民内部矛盾以及在推进全面改革中构建和谐社会五个部分，既在整体上把握社会矛盾的内在联系，又从总体上提出化解社会矛盾的思路与对策。大家建议将第五部分改为“追求公正和谐是社会主义的本质要求”，强调追求公正和谐的重要性，主要是解决共同富裕的问题。

李景源研究员的《问苍茫大地，谁主沉浮？——人民群众是历史的创造者》的提纲包括“从历史学家黎澍的质疑谈起——民众是推进历史进步的主导力量”、“古民谣《老天爷》在国统区的流行说明了什么——民心是解读历史的重要基础”、“重温孙中山与鲍罗廷的世纪性对话——民生是评价历史的根本尺度”、“勿忘黄炎培对毛泽东的耿耿诤言——民主是打破历史周期的利器”、“民声一曲响九州——站在民众立场上研究历史”五个部分。大家建议将“古民谣《老天爷》在国统区的流行说明了什么——民心是解读历史的重要基础”修改为“古民谣《老天爷》在国统区的流行说明了什么——民心是衡量历史兴亡的晴雨表”。

下次会议时间为2011年7月16日下午4点，讨论庞元正教授的二级提纲以及李晓兵教授、冯鹏志教授、王磊博士的稿件。辛鸣教授的稿件在7月底的会议上讨论。

会议纪要之二十七

2011 年 7 月 18 日

2011 年 7 月 16 日，中国社会科学院常务副院长王伟光教授主持召开《新大众哲学》编写工作第 27 次会议，参加会议的有中国社会科学院李景源研究员、孙伟平研究员、周业兵秘书，中共中央党校庞元正教授、郝永平教授、杨信礼教授、辛鸣教授，博士生王磊、陈界亭。

会议先后讨论了孙伟平研究员的《用正确的价值观规范我们的言行》、庞元正教授的《可持续发展论》、王磊博士的《虚拟世界并不虚拟》、王伟光教授的《人类思想史上的新历史观——历史观总论》四个稿件。

孙伟平研究员的《用正确的价值观规范我们的言行》，分为《深刻洞悉价值世界的奥秘——价值及其基本特征》、《价值评价及其标准——湖南农民运动“好得很”还是“糟得很”》、《合理地进行价值选择和创造——不同的选择、创造成就不同的人生》、《坚持正确的价值导向》四部分。大家认为这个稿子内容丰富，语言优美，逻辑清晰，比较成熟。建议避免过于学术化的用语，深入浅出地把道理讲明白；对每一部分的主标题和副标题作进一步考虑；对价值观理论作出概括；对于人的社会价值与自我价值的关系、人民群众的价值观与中国共产党人价值观的关系、价值的主导性与多样性的关系以及价值评判标准等问题作进一步阐述。

王磊博士的《虚拟世界并不虚拟》，主要包括“全新的数字生活空间”、“平等包容的交流平台”、“现实世界的反映和延续”、“社会发展的新舞台”四个方面。大家建议要明确信息论在《新大众哲学》中的定位以及《虚拟世界并不虚拟》在信息论中的定位，解决好信息的定义及其特点、信息与物质的关系、信息技术与信息化给人类生活带来的便利及挑战、在信息时代如何坚持马克思主义哲学的辩证唯物主义立场等问题。

庞元正教授的《可持续发展论》，包括“可持续发展观念的提出——从《寂静的春天》到《我们共同的未来》”、“唯物史观与可持续发展思想——从恩格斯的名言说起”、“人口与可持续发展——从马寅初的《新人口论》谈起”以及“资源与可持续发展”、“气候与可持续发展”等部分。大家建议将题目改为《物史观的发展观》，主要讲历史唯物主义的发展观以及全面、协调、可持续发展等内容。

王伟光教授的《人类思想史上的新历史观——历史观总论》，包括“旧历史观的根本缺陷——罗素悖论与旧历史观的认识难题”、“实践是解开人类历史奥秘的金钥匙——周口店猿人和劳动使猿变成人”、“生产力是人类社会历史发展的‘最后动力的动力’——强大的古罗马帝国为什么衰亡了?”、“社会历史发展是‘合力’的作用——黑格尔的‘理性的狡计’”、“社会发展具有客观规律性——为什么要反对‘人有多大胆，地有多大产’的口号”、“掌握唯物史观的主要观点”、“研究认识社会历史的指南即方法”、“明确唯物史观的地位和意义”八个部分。大家认为将旧唯物主义在历史观上的不彻底性看作一个认识悖论，很有创意，并建议将罗素悖论与旧唯物主义联系起来加以论述。

下次会议时间为2011 年 8 月 3 日下午 5 点，讨论辛鸣教授的《哲学总论》、李晓兵教授的《关于人生观问题的思考——让我们荡起幸福人生的双桨》以及王磊博士的《信息论》提纲。

会议纪要之二十八

2011 年 8 月 8 日

2011 年 8 月 3 日，中国社会科学院常务副院长王伟光教授主持召开《新大众哲学》编写工作第 28 次会议，参加会议的有中国社会科学院李景源研究员、孙伟平研究员、周业兵秘书，中共中央党校庞元正教授、郝永平教授、李晓兵教授、杨信礼教授、辛鸣教授，王磊博士，博士生陈界亭。

会议讨论了辛鸣教授的《哲学总论》和李晓兵教授的《关于人生观问题的思考——让我们荡起幸福人生的双桨》以及王磊博士的《信息论》提纲。

辛鸣教授对《哲学总论》篇修改的内容作了说明，大家在讨论时建议将《哲学总论》改为《学好哲学　终身受用——哲学总论篇》；将第一部分中的标题“哲学是什么以及哲学有没有用”改为“哲学是什么”，“哲学研究什么和怎样研究”改为“哲学怎么研究”，“走向哲学殿堂的必由之路”改为“走向自由殿堂的必由之路”。将第二部分中的标题“马克思主义哲学以科学赢得尊重”修改为“以科学赢得尊重”，“马克思主义哲学以立场获得力量”修改为“以立场获得力量”，“马克思主义哲学用实践实现革命”修改为“用实践实现革命”，“马克思主义哲学因精神跨越时代”修改为“因创新跨越时代”；将第三部分《站在中国的大地上超过马克思——马克思主义哲学中国化》修改为《站在中国的大地上超过“老祖宗”——马克思主义哲学中国化》，并将“要想超越巨人必须站在巨人肩上”修改为“必须站在巨人肩上”，“深深扎根在中国大地上枝繁叶茂”修改为“深深扎根在中国大地上”，“马克思主义哲学中国化的两大飞跃”修改为“实现中国化的两大哲学飞跃”，“走向大众的马克思主义哲学中国化”修改为“真正变成大众手中的思想武器”；将《走向大众的马克思主义哲学中国化》中的四个标题修改为“启蒙群众，要让群众真学；为了群众，要让群众真信；属于大众，要让群众真懂；走向群众，要让群众真用”。

李晓兵教授主要介绍了对《关于人生观问题的思考——让我们荡起幸福人生的双桨》所作的结构、逻辑、语言等方面的调整。大家认为该部分语言清晰流畅、赏心悦目，具有理论深度。建议将篇名改为《让我们荡起幸福人生的双桨——人生观篇》；建议将“人总是要有点精神的——了解你自己”改为“人总是要有点精神的——什么是人生观”，说明什么是人生观、人生观与世界观的关系；将“树立一个正确的人生观 倡导马克思主义人生观——理性和诗意的生活”改为“做一个高尚的人——树立正确的人生观”；“提倡多样、积极、健康的人生观——为人生插上自由的翅膀”改为“做一个有利于社会的人——倡导积极、健康、向上的人生观”；明确论述人生观与世界观的关系，概括论述马克思主义人生观的主要内容，突出强调马克思主义人生观的重要性。

王磊博士对《信息论》的提纲作了说明。大家主要提出了以下意见：1. 将题目改为《信息化给人类带来了什么——信息论》。2. 信息论作为唯物论的一部分，要运用马克思主义哲学的基本立场、观点和方法来处理物质、精神、能量的关系。3. 主要写四个部分：（1）应对辩证唯物主义的新挑战——信息是什么。论述信息是什么，回答信息与物质、精神、能量的关系，也就是阐述马克思主义的信息观。可从波普尔的世界三入手。信息不是物质本身，也不是精神本身。信息是物质的反映、表现和关系，或者是物质形态与结构的表征。（2）信息改变了什么。信息时代给人类社会带来了新变化，要回答什么是信息化、信息社会、信息时代、虚拟实践等问题。信息虽然改变了社会，但并未动摇马克思主义的唯物史观，反而证明马克思主义唯物史观的正确性。（3）怎样应对信息时代的新变化。虚拟世界并不虚拟，要合理运用信息化应对现实社会出现的问题，综合利用信息化成果建设中国特色社会主义。论述虚拟经济与实体经济的关系，在虚拟实践中论述虚拟交往、虚拟生存的内容，对虚拟思维进行深入思考。

下次会议时间为 2011 年 8 月 20 日下午 4 点 30 分，讨论冯鹏志教授、博士生陈界亭的稿子以及庞元正教授与王磊博士的提纲。辛鸣教授的总论部分装订成册。

会议纪要之二十九

2011 年 8 月 28 日

2011 年 8 月 20 日，中国社会科学院常务副院长王伟光教授主持召开《新大众哲学》编写工作第 29 次会议，参加会议的有中国社会科学院李景源研究员、孙伟平研究员、周业兵秘书，中共中央党校冯鹏志教授、杨信礼教授、辛鸣教授，王磊博士，博士生陈界亭。

会议讨论了冯鹏志的《努力实现人与自然的和谐发展——马克思主义自然观》、辛鸣的《学好哲学　终生受用——哲学总论篇》、陈界亭的《人类社会是不断由低级到高级发展的有机体——社会形态论》三份稿件以及王磊的《信息和信息化给人类带来了什么——信息论》提纲。

辛鸣介绍了《学好哲学　终生受用——哲学总论篇》

的主要修改：对个别题目作了调整；在“实现中国化的两大哲学飞跃”中加入了“实事求是”是精髓和“解放思想”是法宝两方面的内容；增加了“启蒙大众，让群众真学”部分。大家建议将《插上哲学的翅膀，飞向自由的王国——哲学》部分中的题目“是什么”、“怎么办”、“左邻右舍”改为“哲学是什么”、“哲学怎么办”、“哲学的左邻右舍”；将《马克思主义哲学并没有过时——马克思主义哲学》部分中“因创新跨越时代”改为“因创新引领时代”。会议要求本篇内容在9 月中旬成册，并请大家考虑物质论与意识论提纲。

冯鹏志介绍了《努力实现人与自然的和谐发展——马克思主义自然观》的基本内容。文章从英国詹姆斯·希尔顿《消失的地平线》中所提到的“香格里拉”入手，通过“为了这美丽的香格里拉：为什么要讨论自然观的问题?”、“马克思主义诞生以前的自然观：在偏颇中踯躅而行”、“马克思主义的自然观：客观性、实践性与开放性的统一”、“实现人与自然的和谐：马克思主义自然观的历史使命”四个部分论述了如何实现人与自然的和谐发展问题。大家建议将题目改为《实现人与自然的和谐发展——自然观》；对文章结构进行调整；论述自然观与世界观的关系；辩证阐述人是自然的产物，自然界是人类产生和发展的前提，人是自然界长期进化的产物，劳动在人的形成、发展过程中发挥着重要作用；阐述自在自然、人化自然、人工自然的关系；阐述“通过人的和谐达到人与自然关系的和谐”；将“实现人与自然的和谐：马克思主义自然观的历史使命”改为“用马克思主义自然观处理人与自然的关系”；梳理自然观的相关理论，批判非马克思主义的自然观。

陈界亭简要介绍了《人类社会是不断由低级到高级发展的有机体——社会形态论》的基本内容。大家建议将结构调整为：社会有机体——人类社会是一个有机的整体；人类社会发展进程中有不同的样态——“三形态说”与“五形态说”；人类社会不断从低级向高级发展，必然走向共产主义社会；任何社会的发展都是螺旋式上升和波浪式前进的；我们当前正处在社会主义初级阶段。建议阐明社会经济形态、社会技术形态、社会政治形态的关系；通过例证形象说明跨越式发展、曲折性前进；深入思考社会主义初级阶段问题；简要论述“三形态说”和“五形态说”。

王磊对《信息和信息化给人类带来了什么——信息论》的提纲作了说明。大家建议将题目修改为“虚拟世界并不虚拟”；主要讲信息是什么、信息化带来了什么、怎样应对信息化带来的虚拟世界三个问题；在“如何利用信息化”中加入“机器思维与人工智能”的内容；从哲学的角度论述信息的本质，讨论信息与物质、精神、能量的关系；思考虚拟时空与交往的关系。

下次会议时间为2011 年9 月3 日下午4 点30 分，主要讨论孙伟平、周业兵的稿子以及庞元正、王磊的提纲。

会议纪要之三十

2011 年 9 月 10 日

2011 年 9 月 3 日，中国社会科学院常务副院长王伟光教授主持召开《新大众哲学》编写工作第 30 次会议，参加会议的有中国社会科学院李景源研究员、孙伟平研究员、周业兵秘书，中共中央党校庞元正教授、郝永平教授、杨信礼教授、辛鸣教授，博士生陈界亭。

会议讨论了孙伟平研究员的《价值论篇》与周业兵秘书的《一切从人民群众的利益出发——利益论》两份稿件以及庞元正教授的《信息和信息化给人类带来了什么——信息论》提纲。

孙伟平简要介绍了《价值论篇》的修改内容。一是调整了第一篇的结构，将原稿的三个部分改为五部分：“什么是价值？——从一则伊索寓言说起”、“经济学上的价值并不等同于哲学上的价值——‘金钱不是万能的’”、“价值世界是丰富多彩的——并非一切都可以测算‘含金量’”、“具体的价值‘因人而异’——千面观音随缘自化”、“反对主观主义和相对主义——从庄子的‘齐万物’、‘等贵贱’说起”。二是对第二、三、四篇中的个别表述作了修改。

大家认为《价值论篇》理论与实践结合得好，内容全面，思想深刻，文风朴实。建议对个别题目再作推敲，力求更加形象化、生动化；把“经济学上的价值并不等同于哲学上的价值——‘金钱不是万能的’”修改为“哲学上的价值概念与经济学上的价值概念不是一回事”；把“反对主观主义和相对主义——从庄子的‘齐万物’、‘等贵贱’说起”的主标题修改为“对价值观的表述”；把“价值评价及其标准——湖南农民运动‘好得很’还是‘糟得很’”修改为“价值评价和评价标准——湖南农民运动‘好得很’还是‘糟得很’”；把“‘值’与‘不值’自有‘公论’——‘公说公有理，婆说婆有理，天下无公理’？”的主标题修改为更具有哲学味道的标题；把“社会实践是检验评价合理性的最终标准——‘不管白猫黑猫，抓住老鼠就是好猫’”修改为“实践是检验评价合理性的最终标准——‘不管白猫黑猫，抓住老鼠就是好猫’”；把“合理地进行价值选择和创造——不同的选择、创造成就不同的人生”修改为“价值选择、价值创造、价值实现——

不同的选择成就不同的人生”；建议修改“‘好事’与‘坏事’的辩证法——授人以鱼，不如授人以渔”的标题，突出主、副标题的逻辑关系；修改“坚持真理原则与价值原则的统一——粗笨的人类活动为什么也高于动物的‘精巧杰作’”的标题；加入“自我价值的实现与社会价值的实现的统一”这部分；把“建设中国特色社会主义价值观——从挑战道德底线的‘勇士们’说起”的主标题修改为“构建社会主义核心价值观”，副标题最好用积极的语言来表达；把“立足多样化，弘扬主旋律（多样化价值观与价值导向）——‘样板戏’构不成文艺的春天”修改为“立足多样化，弘扬主旋律——‘一花独放不是春，百花齐放春满园’”；建议把“西方的普世价值并不普适——‘为价值观而战’”修改为“价值的共性与个性——贾府的焦大绝不会爱上林妹妹”。

周业兵对《一切从人民群众的利益出发——利益论》的主要修改作了介绍。把第一部分标题修改为“利益牵动每一个人的神经——从中国古代利益观看利益的普遍性”，把第二部分标题修改为“利益是人与人之间社会关系的体现——从青年马克思的利益理论到马克思主义利益观”，把第三部分标题修改为“利益范畴的核心是物质利益——从美国金融危机看物质利益的重要性”，把第四部分标题修改为“社会主义要追求共同富裕——从邓小平的‘一部分人先富起来’到‘共同富裕’”。大家建议修改主、副标题，力求文风朴实，突出人民利益；并根据如下思路安排结构：人类历史上如何看待利益的，什么是利益，最根本的是物质利益，最重要的是人民利益（人民利益高于一切），利益竞争和利益矛盾是人类社会发展的动力，要给人以看得见的利益，社会主义共同富裕。

庞元正对《唯物史观的发展观——探索科学发展的理论源头》写作提纲作了说明。提纲包括五个部分：马克思研究发展的三重视角；解读“发展是第一要义”；以人为本的发展理念；人类社会的全面发展；人类社会的协调发展；人类社会的可持续发展。大家建议将题目修改为《驾驭科学发展的哲学指南——历史唯物主义的发展观》；主要内容有以下三个方面：发展才是硬道理——从“每一个小孩都知道的”道理说起（发展最主要的是发展生产力）；发展为谁、发展靠谁、发展成果有谁来享——“历史活动是群众的事业”；追求社会的全面发展、协调发展、可持续发展。

下次会议时间为 2011 年 9 月 17 日（周六）下午 4 点 30 分，讨论冯鹏志、李晓兵教授的稿子以及庞元正和王磊的提纲。

会议纪要之三十一

2011 年 9 月 20 日

2011 年 9 月 16 日，中国社会科学院常务副院长王伟光教授主持召开《新大众哲学》编写工作第 31 次会议，参加会议的有中国社会科学院李景源研究员、孙伟平研究员、周业兵秘书，中共中央党校庞元正教授、郝永平教授、李晓兵教授，杨信礼教授、辛鸣教授，王磊博士，博士生陈界亭。

会议重点讨论了李晓兵的稿件《人生观篇》以及庞元正的《驾驭科学发展观的理论指南——历史唯物主义的发展观》和王磊的《虚拟世界并不虚拟》提纲。

李晓兵简要介绍了对《人生观篇》的修改。第一部分“人总要有点精神的——什么是人生观”，淡化了“生从何来”、“应做何事”、“死归何处”等一般性标题，加入“劳动在人类起源中的重要作用”的观点。第二部分“树立正确的人生观，做一个高尚的人——倡导马克思主义人生观”，加入了马克思中学毕业论文的内容。第三部分“为人生插上幸福的翅膀——提倡多样、积极、健康的人生观”，主要作了语言文字方面的润饰。大家认为该篇语言优美、富有文采，并建议以倡导科学的、正确的马克思主义人生观为主调，着力回答什么是人生观、什么是马克思主义人生观、如何用马克思主义人生观看待金钱、权力、事业、家庭、幸福等问题，会议建议对标题进行相应调整。

王磊对《信息论》部分的提纲《虚拟世界并不虚拟》作了说明。该提纲主要包括信息是什么、信息化带来了什么、怎样应对信息化带来的问题等内容。大家建议深入思考信息的本质，信息与意识、物质、能量的关系，以及如何应对信息时代的问题。在深入研究马克思主义经典著作和当代有关著作的基础上，形成新的思路和提纲。

庞元正对《驾驭科学发展观的理论指南——历史唯物主义的发展观》提纲作了说明。该提纲主要有什么是发展、为什么要发展、怎样发展、实现什么样的发展四个部分。大家认为提纲观点正确、思路清晰，建议将题目修改为《驾驭科学发展的理论指南——唯物史观的发展观》；该部分主要讲明五个问题：唯物史观的发展观说到底是生产力的发展，唯物史观的发展观是社会由低级向高级不断的发展过程，唯物史观的发展观是物质与精神、经济政治与文化、人与自然等全面的、协调、可持续的发展，唯物史观的发展观的最终目的是追求人的自由全面发展，唯物史观的发展观是为了人民、依靠人民的发展观；对于唯物史观的发展观，可以从“什么是发展、为什么发展、实现什么样的发展、怎样发展”四个方面来论述。

下次会议时间为 2011 年 9 月 29 日下午 6 点，讨论冯鹏志、陈界亭的稿子以及庞元正和辛鸣的提纲。

会议纪要之三十二

2011 年 10 月 10 日

2011 年 9 月 29 日，中国社会科学院常务副院长王伟光教授主持召开《新大众哲学》编写工作第 32 次会议，参加会议的有中国社会科学院周业兵秘书，中共中央党校庞元正教授、郝永平教授、辛鸣教授，王磊博士，博士生陈界亭。

会议讨论了陈界亭所写的稿子《人类社会是不断由低级到高级发展的有机体——社会形态论》以及辛鸣教授的《我们身处的世界是物质的》提纲。

陈界亭对《人类社会是不断由低级到高级发展的有机体——社会形态论》的修改稿作了简要介绍。“经济的社会形态是什么？——从陶渊明的‘桃花源’说起”部分，论述古今中外学者对社会形态的论述，指出何谓“社会形态”、“社会经济形态”以及二者之间的关系。“经济的社会形态是一个‘骨肉相连’的有机体——‘万丈高楼平地起’”部分，论述社会形态的结构、各要素的关系以及对人类历史发展所起的作用。“人类社会必然走向共产主义——巴黎公社与《国际歌》”部分，指出人类社会是一个从低级向高级发展的过程，并最终走向共产主义。“社会形态的跨越式发展与曲折性前进——一本书引发的社会形态更替”部分，指出人类社会发展的跨越性和曲折性。“我们正处在社会主义初级阶段——一则咏雪的故事”部分，指出我国为何还处于社会主义初级阶段，以及如何在社会主义初级阶段进行社会主义现代化建设。大家建议完善各部分的内容，力求做到理论与现实相结合，逻辑清晰，语言活泼；修改第一部分入手处，理清逻辑关系，辩证阐述经济社会形态、技术社会形态、人的发展形态的关系；在第二部分从社会结构论的观点来论述社会有机体的思想；在第三部分中分析资本主义社会的内在矛盾、回答“两个必然”的问题，指出社会主义取代资本主义是一个长期的过程；第四部分加入马克思关于跨越“卡夫丁峡谷”的相关论述。

辛鸣对《我们身处的世界是物质的》提纲作了说明。大家建议把题目修改为“世界是物质的——物质论”。从以下四个方面来论述：世界是物质的（涉及本体论）；物质是在时空中运动的；运动是有规律的；意识是物质的反映。结合狭义相对论、广义相对论、场等现代科学的最新成就，论述物质运动的几种形式。不要把“能量”放在“物质的反映”这部分，能量是物质的表现形式，不能作为物质的反映。思考信息与存在、信息与意识的关系。

下次会议时间为2011年10月14日下午5点30分，讨论李晓兵和孙伟平的成稿、冯鹏志或周业兵的稿子以及庞元正的提纲。

会议纪要之三十三

2011 年 10 月 26 日

2011 年 10 月 23 日，中国社会科学院常务副院长王伟光教授主持召开《新大众哲学》编写工作第 33 次会议，参加会议的有中国社会科学院李景源研究员、孙伟平研究员，中共中央党校庞元正教授、郝永平教授、李晓兵教授、杨信礼教授、辛鸣教授，王磊博士，博士生陈界亭。

会议重点讨论了孙伟平的《社会意识论》和庞元正的《人类解放与人的自由全面发展——马克思主义的社会理想论》的写作提纲。

孙伟平对《社会意识论》写作提纲作了简要介绍。该提纲有社会意识与社会存在、意识形态、社会心理以及文化四个部分。大家认为提纲内容全面，条理清晰。建议如下：

1. 增强针对性，运用马克思主义哲学的立场、观点和方法分析问题，将涉及的主要知识点讲明白，而不必建立一种社会意识体系。2. 主要说明“物质缺乏不是社会主义、精神贫乏也不是社会主义”，要建设社会主义的精神文化，防止出现物欲横流，解决“物质富裕、精神匮乏”的问题。3. 将文章题目《社会意识论》修改为《人是要有点精神的——社会意识论》。4. 该部分主要讲明以下四个问题：（1）什么是社会意识。社会意识的本质，社会意识的特点，社会意识的种类，社会意识的功能。（2）坚持社会主义主流社会意识形态。（3）以德治国，建设共同的精神家园。（4）大力提高国家的文化软实力。5. 将意识形态与社会意识联系起来论述，把社会心理与风俗、习惯等联系起来。6. 在社会意识论中解决一些现实问题，包括如何看待宗教的影响，当前国内外意识形态斗争的复杂性等问题。7. 处理好以下几个关系：社会意识反映社会存在又反作用于社会存在；社会意识反映时代并引领时代；社会意识的历史性与时代性、民族性与世界性；文化与民族精神、时代精神的关系等。

庞元正对《人类解放与人的自由全面发展——马克思主义的社会理想论》的提纲进行简要介绍，主要内容如下：实现人类解放是马克思主义的社会理想；人的自由全面发展是人类解放的最终标志；社会发展是人类不断解放的过程；人的全面发展及其过程；每个人的自由全面发展与一切人的自由发展；共产主义是一切人自由全面发展的社会；促进人的自由全面发展是实现人类社会理想之路。大家建议将题目调整为《自由观》，包含民主、政治、人的解放、人的自由全面发展等内容；把马克思关于人的自由全面发展思想放在马克思主义体系中来理解；主要解决个人发展与社会发展、个人解放与人类解放的关系以及人的自由发展与全面发展的关系；对自由进行界定，自由不是无政府主义，也不是物质欲望的无限扩大，更不是随心所欲、为所欲为，而是在一定社会历史条件下的自由；思考当前人的异化、资本主义消费等现实问题。

下次会议时间为 2011 年 11 月 5 日（周六）下午 4 点 30 分，讨论毛卫平和冯鹏志的稿子、庞元正的提纲，孙伟平、李晓兵、辛鸣教授对成稿的修改情况做出说明。

会议纪要之三十四

2011 年 11 月 11 日

2011 年 11 月 5 日，中国社会科学院常务副院长王伟光教授主持召开《新大众哲学》编写工作第 34 次会议，参加会议的有中国社会科学院孙伟平研究员、周业兵秘书，中共中央党校庞元正教授、李晓兵教授、毛卫平教授、郝永平教授、冯鹏志教授、杨信礼教授、辛鸣教授，王磊博士，博士生陈界亭。

会议指出，《新大众哲学》，并不追求体系的完整性和观点的面面俱到，而是力求在观点上有所突破，并为群众所接受。会议重点讨论了孙伟平和辛鸣的成稿《价值论篇》和《学好哲学　终生受用——哲学总论篇》，冯鹏志和毛卫平的稿件《实现人与自然的和谐发展——马克思主义自然观》和

《真理与思想路线——架起通往真理的桥梁》，以及庞元正教授的《马克思主义的自由观》提纲。

辛鸣对《学好哲学　终生受用——哲学总论篇》主要修改部分进行简要介绍：一是对“哲学与宗教”、“哲学与科学”等内容进行拓展；二是将马克思主义中国化部分的标题“坚定地站在巨人肩上”修改为“自觉站在巨人肩上”；三是重点修改“实现中国化的两大哲学飞跃”这部分，归结出“实事求是”是精髓和“解放思想”是法宝；四是增加“启蒙大众，让群众真学”的内容。

大家认为该部分标题工整，语言活泼。提出以下建议：1. 修改“哲学是什么”的标题，并完善其他标题。2. 完善相关内容：在“哲学与科学”与“哲学与宗教”中间加入“哲学与文化”；在“走向自由之路”部分加入“实践指南”；在“彰显中国风格”部分加入“中国话语”；在“解放思想是法宝”部分加入邓小平“共同富裕”观点；在“发展必须是科学发展”一节前加入“‘三个代表’是马克思主义政党的哲学自觉”。3. 建议调整“解放思想是法宝”和“真正成为大众的思想武器”内容的顺序：一是把“照辩证法办事，和谐共处”，“解放生产力与‘三个有利于’标准”，“发展必须是科学发展”，“改革开放是动力”，调整为“照辩证法办事，和谐共处”，“改革开放是动力”，“解放生产力与‘三个有利于’标准”，“‘三个代表’是马克思主义政党的哲学自觉”，

“发展必须是科学发展”。二是把“启蒙大众，让群众真学”，“为了大众，让群众真信”，“属于大众，让群众真懂”，“走向大众，让群众真用”，调整为“启蒙大众，让群众真学”，“属于大众，让群众真懂”，“为了大众，让群众真信”，“走向大众，让群众真用”。4. 进一步斟酌相关的观点和表述。在“哲学是什么”中吸收最新的观点；思考哲学与信仰的关系；参考马克思主义哲学原理、对比当前最流行的西方哲学学派的观点。

孙伟平对《价值论篇》的修改情况作了介绍：一是对所有标题进行思考及相应调整；二是在第一部分第四目中增加“个人价值与社会价值”的内容；三是将“价值世界是丰富多彩的”入手处改为《红楼梦》价值的评判；四是把“价值选择”和“价值创造”分开论述；五是在构建社会主义核心价值观”中列举出种种突破“道德底线”的事例，强调构建社会主义核心价值观的重要性；六是从“一花独放不是春，百花齐放春满园”的角度论述“立足多样化，弘扬主旋律”；七是把普适价值部分修改为“价值观的共性与个性——‘贾府的焦大绝不会爱上林妹妹’”。

大家认为该部分语言活泼生动，富有学术含量，具有专业哲学味。建议对题目进行相应调整：将篇题目修改为《政党的精神旗帜　人们的思想灵魂》；将第四部分标题“用正确的价值观规范我们的言行”修改为“用正确的价值观规范人们的言行”；对副标题进行修改，少用“从……说起”的句式；加入“把法治与德治结合起来”，论述“德治”与“法治”的关系，没有法治不是社会主义，只有法治没有德治也不是社会主义；吸收十七届六中全会《决定》的相关内容；将“做动机和效果统一论者——好心为什么会办坏事?”和“目的制约手段——目的纯正就可以不择手段吗?”两部分合并。

毛卫平的《理与思想路线——架起通往真理的桥梁》从三个方面来阐述思想路线：一是“实事求是”思想路线的深厚内涵；二是打开新时期之门的钥匙，主要是解放思想；三是坚持实事求是，不断开拓新局面，包括与时俱进、求真务实。

大家主要提出以下建议：1. 《新大众哲学》认识论部分要解决好五个问题：“物质变精神、精神变物质”；“实践—认识—再实践—再认识”；“从个别到一般，从一般到个别”；“从群众中来，到群众中去”；“实事求是”的思想路线。2. 建议思想路线从“以人为本”的角度来讲，因为只有站在人民的立场，从人民利益出发，才能做到实事求是。3. 思考思想路线的深刻内涵：一是思想路线和规律的关系。真理不仅要求追求事物规律，而且应该自觉践行。思想路线是对真理规律和价值的反映，要运用规律，掌握规律，并把规律性认识贯彻到实践中去。二是思想路线是主客观相统一的过程，是观念和现实的统一，是认识世界和改造世界的统一，是认识和通往真理的桥梁。4. 建议加入真理的过程、思想路线与规律、实践的关系等内容。5. 建议调整第二部分“打开新时期之门的钥匙”的顺序结构。6. 建议在第三部分“坚持实事求是，不断开拓新局面”中，加入实事求是在实践中面临的现实问题，包括“实事求是为何在现实社会中说起来容易做起来难”的问题、“如果不坚持实事求是，会在实践中造成何种恶果”和“如何在实践中践行实事求是”等内容。

冯鹏志对《实现人与自然的和谐发展——马克思主义自然观》的主要内容进行简要介绍。一是自然观在马克思主义哲学中的地位与作用；二是当今世界迫切需要解决人对自然的总体看法——从《消失的地平线》和美丽的香格里拉谈起；三是人类的最科学的自然观——从恩格斯的《自然辩证法》谈起；四是努力实现人与自然的和谐发展——从温室效应与哥本哈根谈判说起。

大家认为该部分内容完整，结构合理、思想深刻，标题简洁生动。建议将语言尽量大众化。建议将导言相关内容放到第三部分“马克思主义自然观”中，而把第一部分作为导言；缩减“非马克思主义自然观”的论述；辩证论述马克思主义自然观：一是对自然的改造和认识，二是人与自然的和谐；丰富“人与自然的关系在本质上就是人与人之间的社会关系”的内容；将“马克思主义自然观在认识论维度上是一种‘人化自然观’”修改为“马克思主义自然观在实践论维度上是一种‘人化自然观’”；可以在马克思主义自然观部分解决人们普遍关心的人与自然的问题。

庞元正认为《人类解放与人的自由全面发展——马克思主义的社会理想论》是与第一篇《插上自由的翅膀　飞向自由的王国》（辛鸣负责）相呼应的，并对提纲的修改情况作了简要介绍。该篇包括以下内容：人类对自由的渴望——“万类霜天竞自由”；自由与必然——自由是对必然的认识与对世界的改造；自由与约束——量子力学证明了意志自由吗；自由与选择——从萨特自由观的转变谈起；自由与时间——自由时间与人的充分发展；每个人的自由发展与一切人的自由发展——马克思主义的社会理想。

大家认为自由观的写作意义重大，建议将二级标题具体化；调整以上六个部分的逻辑结构，理清思路；建议对以下问题做进一步思考：1. 什么是自由。如果自由存在三种状态，即在自然界中的自由状态；在社会关系中的自由状态；在精神中的自由状态，那么自由存在的这三种状态背后又是什么？应区分哲学上的自由与政治层面的自由、新自由主义的自由和新左派的自由。2. 如何实现自由。3. 自由与必然的关系。4. 自由与责任问题。5. 约束的内涵：约束不仅包括制度方面的内容，还包含观念本身。6. 如何充分保障并不断扩大人们的自由权利。7. 自由、民主、博爱是人类文明发展的积极成果，并不等同于资产阶级所说的自由、民主、博爱。8. 建议加入“自由是合规律性和合目的性的统一”的内容。

下次会议时间为2011年11月19日（周六）下午4点30分，孙伟平和辛鸣的稿子装订成册，重点讨论李晓兵、周业兵和陈界亭的稿子以及庞元正、孙伟平和王磊博士的提纲。

会议纪要之三十五

2011 年 11 月 22 日

2011 年 11 月 19 日，中国社会科学院常务副院长王伟光教授主持召开《新大众哲学》编写工作第 35 次会议，参加会议的有中国社会科学院孙伟平研究员、周业兵秘书，中共中央党校郝永平教授、杨信礼教授、辛鸣教授，王磊博士，博士生陈界亭。

孙伟平、辛鸣分别介绍了对《政党的精神旗帜，人民的思想灵魂——价值论篇》和《学好哲学　终生受用——哲学总论篇》两篇稿件所作的修改。对《价值论篇》做了如下修改：对部分标题作了调整；在第四部分加入了“坚持法治与德治相结合”一节；调整“构建社会主义核心价值观”的内容；对语言文字作了润饰。《哲学总论篇》的修改之处主要有：在第一部分第四节“走向自由之路”中增加“实践精进”；在“实现中国化的两大哲学飞跃”中加入“共同富裕是马克思主义政党的哲学自觉”。大家认为应加入“三个代表”重要思想的内容。

会议讨论了周业兵的《一切从人民群众的利益出发——利益论》和陈界亭的《人类社会是不断由低级向高级发展的有机体——社会形态论》稿子以及王磊博士的《信息论》提纲。

对于《利益论》部分，大家建议如下：1. 将题目修改为《一切从人民利益出发》。2. 将结构调整为：（1）利益牵动每一个人的神经——从司马迁的“天下熙熙，皆为利来”说起；（2）利益是人与人之间社会关系的体现——“什么是利益”或“利益是什么”；（3）人对物质利益的追求是第一位的——“金苹果”的故事和美国金融危机；（4）利益矛盾是人类社会发展的直接动力——法国大革命是一场利益争夺战；（5）人民利益高于一切——民谣《老天爷》与“必须给人民以看得见的物质福利”；（6）要统筹各方利益——抗日战争统一战线背后的利益协调关系；（7）社会主义共同富裕。3. 在第三部分“人对物质利益的追求是第一位的”中增加物质利益的内容，突出物质利益的重要性；在第五部分“人民利益高于一切——民谣《老天爷》与‘必须给人民以看得见的物质福利’”中与现实问题相联系，具体指出要给人民什么样的看得见的利益；在第六部分“要统筹各方利益——抗日战争统一战线背后的利益协调关系”中讲明建立利益协调机制是协调利益矛盾、处理利益关系的根本所在；在第七部分“社会主义共同富裕”中讨论公平正义的内容。

对于《社会形态论》，大家建议将题目改为《不断由低级到高级发展的有机体——社会形态论》，并力求语言精练、简明扼要；建议将结构调整为：1. 社会形态问题说到底是经济的社会形态——从地质岩的沉积岩分类到马克思的社会形态；2. 经济的社会形态是一个“骨肉相连”的有机体；3. 社会形态发展是一个自然历史过程；4. 经济发展落后的国家能不能实现跨越式发展？——从“卡夫丁峡谷”谈起；5. 历史的暂时倒退并不能否认历史的必然性——福山的《历史终结论》和当今的金融危机；6. 我们正处在社会主义的初级阶段；7. 《共产党宣言》和共产主义的必然性——从两个年轻人说起。在第一部分“社会形态问题说到底是经济的社会形态”中讲明经济社会形态是最根本的社会形态，在第四部分“经济发展落后的国家能不能实行跨越式发展？”中讲明在什么条件下可以跨越，在第五部分“历史的暂时倒退并不能否认历史的必然性”中指出曲折性前进与倒退的一个重要区别是曲折性是有目标的，在第六部分“我们正处在社会主义的初级阶段”中的入手处进行修改并讲明以下问题：一是讲清“两个必然”和“两个绝不会”；二是论述社会主义初级阶段理论形成的过程；三是阐发社会主义初级阶段的本质特点；四是将社会主义初级阶段放在社会形态中考察。

王磊的《信息论》提纲主要有三个部分：信息是什么？信息是越多越好吗？信息社会与互联网。大家认为信息论是一个大题、新题和难题，建议从哲学的视野和层面，从世界观方法论的角度来分析信息，理清信息的一般特征、一般本质、一般规律，丰富和发展马克思主义的物质观、意识观和认识论。建议该部分主要回答四个问题：信息的本质是什么；信息的特点；信息的功能与作用；如何利用信息来应对信息社会。

下次会议时间为 2011 年 12 月 3 日下午 4 点 30 分，重点讨论李晓兵教授、毛卫平教授、冯鹏志教授和周业兵秘书的稿子以及庞元正教授、孙伟平研究员和辛鸣教授的提纲。

会议纪要之三十六

2011 年 12 月 12 日

2011 年 12 月 3 日，中国社会科学院常务副院长王伟光教授主持召开《新大众哲学》编写工作第 36 次会议，参加会议的有中国社会科学院李景源研究员、孙伟平研究员、周业兵秘书，中共中央党校郝永平教授、李晓兵教授、杨信礼教授、辛鸣教授，博士生陈界亭。会议重点讨论李晓兵的成稿与孙伟平、辛鸣的提纲。

李晓兵对《让我们荡起幸福人生的双桨——人生观篇》的修改作了简要介绍。一是将“人生观”与“马克思主义人生观”合并为“马克思主义人生观”。二是将第二部分标题修改为“为人生插上坚强的翅膀——马克思主义多样、积极、健康的人生观”。三是从什么是人生观、“马克思发现了人类历史发展的规律”、人的本质是“社会关系的总和”、“每个人的自由发展是一切人的自由发展的条件”、“无产阶级失去的只是锁链”、“全部社会生活在本质上是实践的”六方面论述“人总要有点精神的——倡导马克思主义人生观”。大家认为该部分理论概括全面，语言优美。建议将结构调整为以下几部分：什么是人生观；人生观的产生与发展历程；马克思主义的人生观是迄今为止最科学、最正确、最积极、最向上的人生观；马克思主义人生观是包容多样的、积极的、健康的、有益的人生观；运用马克思主义的人生观正确看待“金钱观、权力观、事业观、婚恋观、幸福观”。

辛鸣对《我们的世界是物质的》提纲进行简要介绍。大家建议将题目改为《我们的世界统一于物质》；通过逐步“解扣”的方式，逐步解答什么是物质、自然科学上的物质与哲学上的物质是一样的吗、自然物质与社会物质是一样的吗、辩证唯物主义与机械唯物主义的区别何在、马克思的唯物论与旧唯物论的区别何在等问题；加入现代科学的新内容；加入“物质是无限可分的”、“绝对运动与相对静止”、“运动与时间、空间的关系”、“尊重客观规律，发挥主观能动性”、“三大规律（自然规律、社会规律和思维规律）”或“两大规律”（主观规律和客观规律）等观点。

孙伟平的《“人是要有一点精神的”——社会意识论》的提纲有四个部分：什么是社会意识、坚持社会主义主流意识形态、如何塑造成熟发达的民族心理、如何提高国家文化“软实力”。大家认为该提纲内容丰富，包含精神文化、思想文化、社会心理、精神家园等许多热点问题。社会意识不仅在马克思主义中占有重要地位，而且对当今坚持社会主义意识形态、建设社会主义具有重要作用。社会主义文化建设不仅要运用市场经济发展文化产业，更重要的是要用马克思主义的社会意识形态来指导社会主义文化产业，指导社会主义现代化建设。建议将题目“人是要有一点精神的”改为“重视（或发挥）主流意识形态的引导作用”；阐明意识形态与文化的区别：文化的核心是意识形态，但并不等同于意识形态；突出意识形态的内容，加入意识形态的合理性、合法性和必然性问题；辩证看待意识形态，意识形态既有积极的一面，也有消极的一面；揭示社会主义意识形态的地位、功能、合理性与合法性；阐述如何通过社会意识形态来提高文化软实力。

下次会议时间为2011年12月17日下午4点30分，重点讨论冯鹏志、毛卫平、杨信礼和周业兵的稿件以及庞元正的提纲和王磊的《信息论》整理稿。

会议纪要之三十七

2011 年 12 月 20 日

2011 年 12 月 17 日，中国社会科学院常务副院长王伟光教授主持召开《新大众哲学》编写工作第 37 次会议，参加会议的有中国社会科学院孙伟平研究员、周业兵秘书，中共中央党校庞元正教授、李晓兵教授、冯鹏志教授、郝永平教授、毛卫平教授、辛鸣教授，王磊博士和博士生陈界亭。

会议重点讨论毛卫平、周业兵写的《通向真理的桥梁——真理和思想路线》和《一切从人民利益出发——利益论》以及庞元正、王磊分别列的提纲《马克思主义的自由观》和《信息论》。

周业兵修改后的《一切从人民群众的利益出发——利益论》有七个部分：（一）利益牵动每一个人的神经——从

"天下熙熙，皆为利来；天下攘攘，皆为利往"说起；（二）利益是什么——从青年马克思的利益理论到马克思主义利益观；（三）人对物质利益的追求是第一位的——"金苹果"的故事和美国金融危机；（四）利益矛盾是人类社会发展的直接动力——法国大革命是一场利益争夺战；（五）利益协调是拯救人类的"诺亚方舟"——从古希腊、古罗马及古代中国看利益协调的形式；（六）人民利益高于一切——从民谣《老天爷》到"必须给人民以看得见的物质福利"；（七）社会主义要追求共同富裕——从邓小平的"一部分先富起来"到"共同富裕"。大家建议联系实际，简化语言，将题目修改为"利益牵动每一个人的神经——从《史记》作者司马迁的'利益观'说起"；"人与人关系的实质是利益关系——从马克思在《莱茵报》遇到的利益难题谈起（或捡枯树枝是盗窃林木吗?）"；"人对物质利益的追求是第一位的——从'金苹果'的故事到美国金融危机"；"人民利益高于一切——从民谣《老天爷》到'必须给人民以看得见的物质福利'"；"利益的本质就是人与人之间的社会分配关系——法国大革命是一场利益争夺战"；"解决利益矛盾的两种根本方式（利益协调和革命）——中国人民的解放战争说到底是解决利益矛盾的一种重要方式"；"社会主义要追求共同富裕——邓小平的'一部分先富起来'和'共同富裕'"。

毛卫平对《通向真理的桥梁——真理与思想路线》文

章作了介绍：（一）“实事求是”思想路线的深厚内涵；（二）尊重实践，反对教条主义；（三）解放思想，开辟新的道路；（四）与时俱进，适应时代要求；（五）求真务实，实现宏伟目标。大家建议将“认识论”部分的总题目“认识世界与改造世界”修改为“实事求是的思想路线是决定党兴衰成败的生命线”，结构调整为以下四部分：一切从实际出发——从陈云的“只唯实”说起；理论必须与实际相结合——箭和靶的关系；学习的目的在于学以致用；既要反对经验主义，又要反对教条主义。

庞元正对《马克思主义的自由观》的提纲进行介绍：人类对自由的渴望——“万类霜天竞自由”、自由与必然——自由是对必然的认识与对世界的改造、自由与约束——量子力学证明了意志自由吗、自由与选择——从萨特自由观的转变谈起、自由与时间——自由时间与人的充分发展、自由与虚拟世界——自由实现的新形式、每个人的自由发展与一切人的自由发展——马克思主义的社会理想。大家建议结构调整为：人类对自由的渴望；自由是对必然的认识和对必然不断改造的升华；自由是历史的、具体的、相对的；自由是有条件的；自由与纪律是不矛盾的；自由是自由人的联合体。

王磊对《信息论》的提纲进行简要介绍：信息是什么、信息是万能的么？——信息的特点、信息社会，如何认识和利用信息——信息的作用和价值、如何对待信息。大家建议结构调整为：信息是什么、信息的特点、信息的效果、如何看待信息。

下次会议时间为 2011 年 1 月 7 日（周六）下午 4 点 30 分，将重点讨论冯鹏志、杨信礼和陈界亭的稿子以及庞元正的提纲和王磊整理的《信息论》讨论稿。

会议纪要之三十八

2011 年 1 月 10 日

2011 年 1 月 7 日，中国社会科学院常务副院长王伟光教授主持召开《新大众哲学》编写工作的第 38 次会议，参加会议的有中国社会科学院李景源研究员、孙伟平研究员，中共中央党校庞元正教授、李晓兵教授、冯鹏志教授、郝永平教授、毛卫平教授、杨信礼教授、辛鸣教授，博士生陈界亭。

会议强调《新大众哲学》的目的不是全面阐述马克思主义哲学基本原理，而是运用哲学基本原理研究和解决重大的理论问题和现实问题。会议重点讨论了冯鹏志、杨信礼和陈界亭的稿件《努力实现人与自然的和谐发展——马克思主义自然观》、《坚持唯物论，反对唯心论》和《不断地由低级向高级发展的有机体——社会形态论》以及庞元正的《马克思主义的自由观》提纲。

冯鹏志对《努力实现人与自然的和谐发展——马克思主义自然观》新修改稿的主要内容作了介绍：（一）“什么是自然？什么是自然观?”；（二）“重思自然——当今世界迫切需要解决关于自然的总体看法问题”；（三）“人类自然观的历史生产与转折——从‘水是最好的药’谈起”；（四）“马克思主义自然观是人类最科学的自然观——从恩格斯《自然辩证法》谈起”；（五）“努力实现人与自然的和谐发展——从温室效应与‘哥本哈根谈判’谈起”。大家建议总题目修改为《努力实现人与自然的和谐发展——自然观》，并从以下四个方面论述马克思主义自然观：“自然观的重新提起——人们对香格里拉的美好追求”；“人类是在对自然的不断认识中来处理人与自然的关系”；“我们应该树立什么样的自然观——从恩格斯的《自然辩证法》谈起”；“运用马克思主义自然观解决当今的现实问题”。

陈界亭修改后的《不断地从低级向高级的发展过程——社会形态论》包括以下五部分：（一）“社会形态说到底是经济社会形态——从地质岩的沉积岩分类到马克思的社会形态”；（二）“经济的社会形态是一个‘骨肉相连’的有机体——‘万丈高楼平地起’”；（三）“社会形态发展是一个自然历史过程——‘不积跬步，无以至千里’”；（四）“经济发展落后的国家能不能实现跨越式发展？——从‘卡夫丁峡谷’谈起”；

（五）“历史的暂时倒退并不能否认历史的必然性——喀琅施塔得水兵起义和福山的《历史终结论》”；（六）“我们正处在社会主义的初级阶段——《社会主义国家好》”；（七）“《共产党宣言》和共产主义的必然性——从两个年轻人说起”。大家建议要语言简明，表述准确，增强可读性，完善结构和内容，将总题目修改为《从低级到高级不断发展的有机体》。

庞元正对《马克思主义的自由观》的提纲进行简要介绍，主要包括六部分内容：（一）人类对自由的渴望——“万类霜天竞自由”；（二）自由对必然的认识与对世界的改造——自由之谜的破解；（三）自由是历史的、相对的、有条件的；（四）自由与约束；（五）人的自由全面发展；（六）自由人的联合体。大家认为结构基本合理，建议总题目改为《人类的历史，就是一个不断地从必然王国向自由王国发展的历史》。

杨信礼对《坚持唯物论，反对唯心论》的主要内容进行介绍，主要包括“哲学基本问题”、“哲学基本派别”、“坚持唯物论、反对唯心论”三部分，着重介绍了哲学基本问题的生产、演进、意蕴。大家建议语言进一步通俗、简明、活泼生动，坚持问题导向，增强现实针对性。

下次会议时间为2012年2月2日（周四）下午6点，重点讨论郝永平、毛卫平、冯鹏志、周业兵的稿件以及王磊的《信息论》提纲。

会议纪要之三十九

2011 年 2 月 6 日

2011 年 2 月 2 日，中国社会科学院常务副院长王伟光教授主持召开《新大众哲学》编写工作第 39 次会议，参加会议的有中国社会科学院李景源研究员、孙伟平研究员和周业兵秘书，中共中央党校冯鹏志教授、李晓兵教授、郝永平教授、毛卫平教授、杨信礼教授、辛鸣教授，王磊博士和博士生陈界亭。

会议重点讨论了郝永平、毛卫平、周业兵写的稿件《在化解社会矛盾中维护公正和谐——社会矛盾论》、《兴衰成败的决定性因素——实事求是思想路线》和《一切从人民利益出发——利益论》，以及王磊的《信息论》研究提纲。

郝永平的《在化解社会矛盾中维护公正和谐——社会矛

盾论》的主要内容有："社会基本矛盾——在社会主义条件下呈现既相适应又相矛盾的状况——人民公社化运动的失误在于所有制关系上盲目求纯"；"阶级矛盾：在社会主义制度下不再占据主要地位——《中国社会各阶级的分析》是阐述阶级矛盾的经典文献"；"社会主要矛盾事关社会主义事业的全局——波兰和匈牙利事件是影响我党正确把握社会主要矛盾的外部原因"；"人民内部矛盾是社会主义国家政治生活的主题——反右派斗争犯了混淆两类不同性质矛盾的错误"；"社会主义是在社会矛盾运动中追求公正和谐的社会——苏联解体的深层次原因在于背离公正和谐"。大家建议要语言通俗化、大众化，论述简明扼要，题目规范，把总题目改为《正确处理社会各类矛盾是社会主义发展的动力》；将第四部分的题目"人民内部矛盾是社会主义国家政治生活的主题"改为"正确处理人民内部矛盾是社会主义国家政治生活的主题"；进一步界定社会矛盾，理清社会基本矛盾、阶级矛盾、社会主要矛盾、人民内部矛盾之间的关系，阐明化解矛盾和矛盾动力之间的关系。

毛卫平修改后的《兴衰成败的决定性因素——实事求是思想路线》主要有四部分：（一）"实践第一，反对教条主义"；（二）"解放思想，开辟新的道路"；（三）"与时俱进，适应时代要求"；（四）"求真务实，实现宏伟目标"。大家建议总题目改为《思想路线正确与否，具有决定意义》；第一部分标题修改为“不唯书，不唯上，只唯实——从陈云的毕生格言说起”；第二部分标题修改为“不解放思想就无法做到实事求是——从十一届三中全会与实践是检验真理标准的大讨论”说起；第三部分标题修改为“真正的实事求是者必须做到与时偕行”；第四部分标题修改为“实事求是的根本目的就是求真务实”。

周业兵对《一切从人民利益出发——利益论》的主要修改部分进行介绍：一是对第一部分和第二部分的标题进行了修改；二是第五部分中增加了“斗争（革命、战争）是解决利益矛盾的根本方式”的内容。大家认为新的修改稿内容更加全面，建议进一步做到语言活泼，理论通俗化。

王磊对整理后的《信息论》研究提纲进行简要介绍：（一）“信息是什么？——基督山伯爵是如何制造暴跌暴涨的怪信息的呢?”；（二）“信息的特点”；（三）“信息的效果——从‘小月月’蹿红网络谈起”；（四）“如何对待信息——印第安酋长缘何能从华盛顿街头发现蟋蟀?”；（五）“虚拟世界并不虚拟——《网瘾战争》中的独白说明了什么?”。大家建议进一步理清与信息相关的哲学观点，重点阐述信息的意义与价值，并力求语言规范化和通俗化。

下次会议时间为2012年2月18日（周六），将重点讨论冯鹏志、李晓兵、杨信礼的稿件以及王磊整理的关于《信息论》讨论的内容。

会议纪要之四十

2011 年 2 月 19 日

2012 年 2 月 19 日，中国社会科学院常务副院长王伟光教授主持召开《新大众哲学》编写工作第 40 次会议，参加会议的有中国社会科学院李景源研究员、孙伟平研究员、周业兵秘书，中共中央党校冯鹏志教授、郝永平教授、李晓兵教授、毛卫平教授、杨信礼教授、辛鸣教授，王磊博士，博士生陈界亭。

会议再次强调，要突出《新大众哲学》的针对性、现实性。会议重点讨论了李晓兵、冯鹏志和杨信礼所写的稿子《让我们荡起幸福人生的双桨——人生观篇》、《努力实现人与自然的和谐发展——马克思主义自然观》和《坚持唯物论，反对唯心论》，以及王磊整理的关于《信息论》的会议讨论稿。

李晓兵对《让我们荡起幸福人生的双桨——人生观篇》稿件的结构和文字进行了相应的调整，主要包括以下三部分：（一）“为什么要树立马克思主义人生观”，包括“什么是人生观”、“为什么要有正确的人生观”和“树立马克思主义人生观”；（二）“怎样实现马克思主义人生观”，包括“全部社会生活在本质上是实践的”、“人的本质是‘社会关系的总和’”、“追求共产主义理想：‘每个人的自由发展是一切人的自由发展的条件’”和“实现人的解放：‘无产阶级失去的只是锁链’”；（三）“各种人生观的马克思主义视野的解读”，包括“金钱观”、“权力观”、“事业观”、“家庭观”和“幸福观”。大家建议增加入手处，并将结构调整为以下三部分：一是“人要有科学正确的人生坐标——要树立马克思主义人生观”，包括“什么是人生观”、“人生观是具体的”、“要树立正确的人生观”和“马克思主义人生观是人类最崇高的人生观”；二是“人类最崇高的人生观的内容”，包括“全部社会生活在本质上是实践的”、“人的本质是‘社会关系的总和’”、“追求共产主义理想‘每个人的自由发展是一切人的自由发展的条件’”、“实现人的解放：‘无产阶级失去的只是锁链’”、“要把个人幸福与全人类的幸福结合在一起”；三是“怎样实现马克思主义人生观”就是如何正确对待金钱、婚恋、事业等具体问题，并加入一节“马克思主义人生观要包容其他积极、健康、向上的人生观”。

冯鹏志主要修改了《努力实现人与自然的和谐发展——马克思主义自然观》的前两部分，修改后的稿件分为以下四部分：（一）“自然观问题的重新提出——从‘美丽的香格里拉’谈起”；（二）“自然观及其历史演进——从‘水是最好的药’谈起”；（三）“马克思主义自然观及其独特贡献——从恩格斯的《自然辩证法》谈起”；（四）“努力实现人与自然和谐发展——从温室效应与‘哥本哈根谈判’谈起”。大家建议精简导言，开门见山，避免学术性，力求通俗化、大众化；强调我们重提马克思主义自然观的重要原因是当前人与自然环境关系的恶化；在论述“马克思主义的自然观”中突出强调“马克思主义自然观最重要的是从社会关系、社会制度角度来看待人与自然的关系，而并不是就自然而看待自然”的观点。

杨信礼对《坚持唯物论，反对唯心论》的主要内容进行介绍：（一）哲学基本问题，包括哲学基本问题的生产、演进、意蕴；（二）哲学基本派别，包括唯物主义与唯心主义、可知论与不可知论、辩证法与形而上学；（三）坚持唯物论反对唯心论，包括“坚持唯物主义本体论，反对主观唯心论、客观唯心论和二元论”、“坚持辩证唯物主义可知论，反对唯心主义可知论、不可知论和怀疑论”、“坚持以实践为基础的能动反映论，反对唯理论和经验论”、“坚持生产力观点和群众观点，反对唯心史观与英雄史观”、“坚持实事求是、求真务实，反对主观主义、形式主义、官僚主义”。大家建议精简段落，多分段，增加故事，使语言更加活泼，力求通俗化、大众化；强调“坚持唯物论，反对唯心论”的重要性；辩证全面地分析唯物论与唯心论的关系；列举唯物论与唯心论在当今社会的具体表现。

王磊在会议上读了《信息论》讨论整理稿，大家建议归纳信息论的问题，从不同角度对信息进行分类，理清信息、物质、精神的关系。

下次会议时间为 2012 年 3 月 3 日（周六）下午 5 点 30 分，将讨论庞元正、孙伟平、陈界亭的稿件以及王磊的《信息论》提纲。

会议纪要之四十一

2012 年 3 月 6 日

2012 年 3 月 3 日，中国社会科学院常务副院长王伟光教授委托中共中央党校庞元正教授主持召开《新大众哲学》编写工作第 41 次会议，参加会议的有中国社会科学院孙伟平研究员、周业兵秘书，中央党校李晓兵教授、郝永平教授、杨信礼教授、辛鸣教授，王磊博士，博士生陈界亭。

会议强调要突出《新大众哲学》的针对性，力求语言活泼生动。会议重点讨论了孙伟平研究员的《重视主流意识形态的引导作用——社会意识论》、陈界亭的《从低级到高级不断发展的有机体——社会形态论》两份稿件以及王磊整理的《信息论》研究提纲。

陈界亭的《从低级到高级不断发展的有机体——社会形

态论》包括七个部分：（一）社会形态说到底是经济社会形态——从地质学的沉积岩分类到马克思的社会形态；（二）经济的社会形态是一个“骨肉相连”的有机体——“万丈高楼平地起”；（三）社会形态发展是一个自然历史过程——人生的“五枚金币”；（四）经济发展落后的国家能不能实现跨越式发展？——从“卡夫丁峡谷”谈起；（五）历史的暂时倒退并不能否认历史的必然性——喀琅施塔得水兵起义和福山的《历史终结论》；（六）我国现阶段正处于社会主义的初级阶段——《社会主义从空想到科学的发展》；（七）《共产党宣言》和共产主义的必然性——从两个年轻人说起。

大家主要提出以下建议：1. 把题目修改为《从低级到高级不断发展的‘有机体’——社会形态论》。2. 站在马克思主义的立场上来认识和理解社会形态的热点问题和难点问题，注意表达方式，做好起承转合，推敲文字，力求准确。3. 修改各部分入手处，选取符合标题的典故和故事。4. 全文结构调整为三个部分：什么是社会形态；社会形态的普遍性和特殊性；我国现阶段正处于社会主义的初级阶段；共产主义必然胜利。5. 不仅论述社会形态的合规律性和合目的性，而且要强调坚定社会主义信念和共产主义信仰。6. 思考跨越式发展的三个问题：一是跨越式发展需要在一定的历史机遇下，是在特定历史条件下的跨越。二是跨越式发展是个别国家所表现出来的历史特殊性，但这并不违背人类社会发展的整体历程。整个世界的历史进程是普遍的，但在特定阶段、特定历史时期具有特殊性。三是中国是否实现“跨越式发展”。7. 理清社会形态发展的普遍性与特殊性的关系，指出哪些是普遍的，哪些是特殊的。

孙伟平对《重视主流意识形态的引导作用——社会意识论》的主要内容作了简要介绍：（一）意识是客观存在在人脑中的反映，包括“什么是意识”、“意识的起源”、“意识的本质”、“意识的能动作用”；（二）社会意识，包括“什么是社会意识”、“社会意识的种类”、“社会意识的特点和作用”；（三）如何塑造中华民族成熟发达的社会心态，包括“社会心态及其作用”、“我国社会转型时期人们的心理表现”、“塑造成熟发达的民族心理”；（四）如何提高社会主义国家文化“软实力”，包括“文化与意识形态”、“文化的作用——软实力”、“文化软实力的构成”和“如何提升文化软实力”；（五）坚持社会主义主流意识形态的指导作用——从福山的“历史终结论”谈起，包括“什么是意识形态”、“意识形态的地位与作用”、“什么是社会主义意识形态”、“如何巩固社会主义意识形态的引领作用”。

大家认为该稿内容丰富、结构合理，关于“社会心态”和“文化软实力”的论述有创造性，并提出了以下建议：1. 修改题目，力求题目与内容相符。“主流意识形态”只是意识形态的一部分，建议题目修改为“加强意识形态建设”

或“正确发挥意识形态的功能与作用”。2. 精简内容，突出问题。通过问题阐述相关的马克思主义原理，而不是论述所有社会意识的基本观点。3. 调整结构，将第四部分“如何提高社会主义国家文化‘软实力’”放在最后。4. 突出两个问题：一是“社会存在与社会意识的关系”，突出社会意识的客观性；二是辩证分析主流意识形态，指出主流意识形态不等于进步的、先进的意识形态，阐述社会主义主流意识性的先进性。5. 思考“意识是客观存在在人脑中的反映”的内容是放在“物质”部分还是“社会意识”部分。6. 将第五部分“坚持社会主义主流意识形态的指导作用”进行如下调整：从理论和现实两方面强调社会主义主流意识形态建设的重要性。具体分析“意识形态的引导作用”，指出“谁来学”、“谁来做”、“如何学”等问题。增加“社会意识形态的经验与历史教训”的内容。

王磊对《信息分类研究提纲》作了说明。信息包括信源、信宿、信道，是一个从发出信息到接收信息的过程。信息可分为自然界信息和人类社会信息。自然界信息又可分为纯自然信息和生物信息；人类社会信息按其所涉及的领域分为政治信息、军事信息、文化信息等，按信息的保密级别分为绝密信息、机密信息、秘密信息和普通信息，按信息的形态分为数字信息、文字信息、声音信息等，按信息的性质可以分为语义信息、语法信息和语用信息；按信息的作用可分为有用信息、无用信息、干扰信息；按携带信息的信号形式可分为连续信息、离散信息、半连续信息等，按信息所依附的载体可分为文献信息、口头信息、电子信息、生物信息等，按信息本身的形态可分为动态信息和静态信息、直接信息和间接信息、语言信息和非语言信息，按信息的不对称性可分为以信息表达的不对称为基础的信息，以物质性能量性和信息性的不对称为基础的信息，以信源、信道和信宿的不对称为基础的信息、以信息分布、信息密度分布、信息关联分布的不对称为基础的信息。

大家建议对信息的定义进行深入思考，从马克思主义哲学出发来理清信息与物质、精神的关系。有人将信息定义为“物质和能量变动的有序形式，它就是信息，既不是物质，又不是能量”。大家认为这一定义并不准确，对信息可作如下定义：“信息是关于物质结构、状态和关系的表征。这种表征可以消除事物的不确定性，为一定的信源（如人的意识）所传输和表达。”要用肯定的话语来阐述信息的定义、作用、特征等。例如，人类社会的信息既与物质有关，又与精神有关。

下次会议时间为 2012 年 3 月 17 日（周六）下午 4 点 30 分，讨论庞元正教授、毛卫平教授、周业兵秘书的稿件。

会议纪要之四十二

2012 年 3 月 18 日

2012 年 3 月 17 日，中国社会科学院常务副院长王伟光教授主持召开《新大众哲学》编写工作第 42 次会议，参加会议的有中国社会科学院李景源研究员、周业兵秘书，中共中央党校庞元正教授、李晓兵教授、郝永平教授、冯鹏志教授、毛卫平教授、杨信礼教授、博士生陈界亭。

会议重点讨论了庞元正和周业兵的稿子《马克思主义的自由观》和《一切从人民利益出发——利益论》。

周业兵对稿件修改情况作了介绍，修改后的文章结构为：（一）利益牵动每一个人的神经——从《史记》作者司马迁的利益观说起；（二）利益的实质是一种社会关系——从马克思在《莱茵报》遇到的利益难题说起；（三）人对物质利益的追求是第一位的——“金苹果”的故事和美国金融危机；（四）利益矛盾是人类社会发展的直接动力——法国大革命是一场利益争夺战；（五）斗争（革命、战争）和利益协调是解决利益矛盾的两种根本方式——从太平洋战争、解放战争和古希腊、古罗马的改革看利益矛盾的解决形式；（六）人民利益高于一切——从民谣《老天爷》到“必须给人民以看得见的物质福利”；（七）社会主义要追求共同富裕——邓小平的“一部分先富起来”与“共同富裕的思想”。大家建议把第三部分标题改为“物质利益是最基本的利益”，把第五部分标题改为“不同性质的矛盾用不同的办法来解决——一把钥匙开一把锁”，把第七部分中关于共同富裕的内容与利益结合起来。

庞元正对《马克思主义的自由观》作了简要介绍，新稿的结构和主要内容为：（一）人类对自由的渴望——“万类霜天竞自由”；（二）自由是对必然的认识和对世界的改造——自由之谜的破解，包括自由与必然是人类存在和发展的永恒矛盾，马克思主义对自由本质的揭示，自由是在可能性空间中选择（三种维度），是合规律性与合目的性的统一。大家建议把题目修改为“不断实现从必然王国向自由王国的飞跃——马克思主义的哲学自由观”；基于哲学的立场，从认识论、历史观、辩证法的角度来谈论马克思主义的自由观；增加自由与必然、自由与规制、自由与责任的辩证关系等方面的内容。

下次会议时间为 2012 年 3 月 31 日（周六）下午 5 点，重点讨论冯鹏志、毛卫平、辛鸣和陈界亭的稿子以及王磊的《信息论》提纲。

会议纪要之四十三

2012 年 4 月 2 日

2012 年 3 月 31 日，中国社会科学院常务副院长王伟光教授主持召开《新大众哲学》编写工作第 43 次会议，参加会议的有中国社会科学院李景源研究员、孙伟平研究员、周业兵秘书，中共中央党校庞元正教授、郝永平教授、李晓兵教授、毛卫平教授、杨信礼教授、辛鸣教授，博士生陈界亭。

会议重点讨论了毛卫平、辛鸣和陈界亭分别负责的《兴衰成败的决定性因素——实事求是思想路线》、《我们的世界统一于物质》和《从低级到高级不断发展的“有机体”——社会形态论》。王伟光读了自己所写的《关于信息的哲学认识》，计划在下次会议上讨论。

辛鸣介绍了《我们的世界统一于物质》的前四个部分：

(一) 世界是物质的——物质消失了吗; (二) 物质是运动的——坐地日行八万里,巡天遥看一千河;(三) 运动是有规律的——太阳是公鸡叫出来的吗;(四) 规律是可以认识的——诸葛亮为什么能借来东风。大家认为文章结构合理、思路清晰,同时提出以下意见:1. 将题目改为《世界统一于物质——物质论》;2. 单独论述时空问题;3. 加入自然科学的最新成果;4. 对第一部分进行调整,指出马克思主义物质观与以往物质观的区别,增加从“原子”到“基本粒子”的认识演变过程,增加反物质等其他物质形态。对第二部分“物质是运动的”进行调整,增加物质的五种运动形式,突出“场和力作为物质的形式”的观点。在第三部分“运动是有规律的”中增加一些有关自然规律、社会规律、思维规律的内容。在第四部分“规律是可以认识的”中增加“违背规律所遭受到的惩罚”的内容。

毛卫平对《兴衰成败的决定性因素——实事求是思想路线》的主要内容作了简要介绍:(一) 不唯书,不唯上,只唯实(尊重实践,反对教条主义);(二) 只有解放思想,才能实事求是(解放思想,开辟新的道路);(三) 与时俱进,适应时代要求;(四) 求真务实(求真务实,实现宏伟目标)。大家提出以下修改意见:1. 认识论的总题目改为《在改造客观世界的同时改造主观世界》,第一部分题目为“物质变精神,精神变物质”,第二部分题目为“实践、认识、再实践、再认识”，第三部分题目为“从个别到一般，再从一般到个别”，第四部分题目为“从群众中来，到群众中去”，第五部分题目为“实事求是的思想路线”。2. 修改《兴衰成败的决定性因素——实事求是思想路线》各部分标题：第一部分标题修改为“一切从实际出发”，第二部分标题修改为“只有解放思想才能实事求是，只有实事求是才能解放思想”，第三部分标题修改为“与时偕行、与时并进、与时俱进”，第四部分标题修改为“求真务实与真抓实干”。3. 精简故事，增加与认识论相关的哲学观点。4. 增加生活化的例子，减少政治性的例子。5. 在第一部分“一切从实际出发”中论述如下问题：（1）强调实事求是的重要性，讲明它是如何发挥兴衰成败的决定性作用的。（2）论述思想路线、政治路线、组织路线的关系。（3）突出实事求是在各个时期的主要任务，比如延安时期主要是反对教条主义，而当今的求真务实主要是反对形式主义。（4）回应当今社会热点，比如实事求是为什么说起来容易，做起来难。

陈界亭对稿件《从低级到高级不断发展的“有机体”——社会形态论》的主要内容作了简要介绍：（一）社会形态说到底是经济社会形态——从地质学的沉积岩分类到马克思的社会形态；（二）经济的社会形态是一个“骨肉相连”的有机体——“万丈高楼平地起”；（三）社会形态发展是一个自然历史过程——人生的“五枚金币”；（四）经济文

化发展落后的国家能不能实现跨越式发展？——亚历山大·达维·尼尔的《古老的西藏面对新生的中国》；（五）历史的暂时倒退并不能否认历史的必然性——袁世凯的八十一天“皇帝梦”与喀琅施塔得水兵起义；（六）我国现阶段正处于社会主义的初级阶段；（七）《共产党宣言》和共产主义的必然性——从两个年轻人说起。大家主要提出以下修改意见：（1）简化语言，力求活泼通俗。（2）思考经济文化落后的国家能不能实现跨越式发展的问题。（3）论述“两个必然”与“两个决不会”、“两个决不会”与“跨越式发展”之间的辩证关系。（4）论述马克思的“跨越”指的是什么，说明哪些可以跨越，哪些不可以跨越。

王伟光在会上读了《关于信息的哲学认识》，主要有以下内容：（一）信息是什么；（二）信息的特点是什么；（三）信息的分类；（四）信息的作用、价值和功能是什么；（五）怎样认识信息时代、虚拟世界，怎么利用信息。大家认为文章目的明确，条理清晰，并建议着重解决以下五个问题：信息的本质，包括“信息是相互关联、相互作用”等内容；信息不是反映本身，而是反映的对象和内容；信息与符号的关系；信息的变化；如何评价“世界三”的观点。

下次会议时间为 2012 年 4 月 14 日（周六）下午 4 点 30 分，重点讨论王伟光、郝永平、冯鹏志、李晓兵的稿件。

会议纪要之四十四

2012 年 4 月 14 日

2012 年 4 月 14 日，中国社会科学院常务副院长王伟光教授主持召开《新大众哲学》编写工作第 44 次会议，参加会议的有中国社会科学院李景源研究员、孙伟平研究员、周业兵秘书，中共中央党校庞元正教授、郝永平教授、毛卫平教授、杨信礼教授、辛鸣教授，王磊博士，博士生陈界亭。会议重点讨论了王伟光和郝永平分别写的《关于信息的哲学认识》和《在解决社会矛盾中推动社会发展——社会矛盾论》。

大家就信息的哲学问题进行了热烈讨论，认为信息论本身是当代科学的重大突破，对马克思主义哲学的唯物论、认识论、意识论都有很大的发展；信息和物质是事物发展链条上的中介物，它们彼此依赖并相对独立；从无机物到有机物都有反映，人的认识是反映的高级形式，信息不是反映本身，而是反映的对象和内容；信息不能赤裸裸地存在，如人工信息的传递要经过编码和解码的过程；对波普尔的“世界三”不应简单否定，要对它做出符合唯物论的解释。认为信息独立于物质与精神之外的观点是不对的；信息可以分为自然信息和社会信息，信息是对自然信息和社会信息的一般的最高哲学概括；信息是自然界和人类社会的事物之间相互作用的中介；自然信息和社会信息是有区别的，社会信息有其特殊性，与人的主观意识是有关系的。

郝永平对《在解决社会矛盾中推动社会发展——社会矛盾论》的主要内容作了简要介绍：社会基本矛盾是推动社会发展的基本动力；阶级矛盾提供了一条分析社会历史现象的指导性线索；社会主要矛盾事关社会主义事业的全局；正确处理人民内部矛盾是社会主义国家政治生活的主题。大家主要提出如下意见：（一）建议把标题改为《在矛盾解决中推动社会发展——社会矛盾论》。（二）建议修改各部分标题：第一部分第一个标题“社会基本矛盾由三个概念、两对矛盾构成”改为“社会基本矛盾由三个层面、两对矛盾构成”；第三个标题“改革是克服社会主义社会基本矛盾不适应性的强大动力”改为“改革和革命是解决社会主义社会基本矛盾的两种重要途径”。第二部分总标题“阶级矛盾提供了一条分析社会历史现象的指导性线索”改为“阶级矛盾提供了分析社会历史现象的指导性线索”；第三个标题“人民民主专政是处理社会主义条件下阶级阶层矛盾的根本手段”改为“人民民主专政是处理社会主义条件下阶级阶层矛盾的根本条件”。第三部分第一个标题“社会主义初级阶段是当前社会主要矛盾生成的现实基础”改为“社会主义初级阶段是由当前社会主要矛盾决定的”。（三）建议增加阶层矛盾的内容。

下次会议时间为2012年5月5日下午4点30分，讨论李晓兵、冯鹏志、杨信礼的稿件以及《信息论》的要点。

会议纪要之四十五

2012 年 5 月 12 日

2012 年 5 月 5 日，中国社会科学院常务副院长王伟光教授主持召开《新大众哲学》编写工作第 45 次会议，参加会议的有中国社会科学院孙伟平研究员、周业兵秘书，中共中央党校郝永平教授、李晓兵教授、杨信礼教授、辛鸣教授，王磊博士。这次会议重点讨论了杨信礼、李晓兵和王磊博士分别写的唯物论、人生论、信息论稿件。

杨信礼写的《坚持唯物论，反对唯心论》主要内容如下：（一）全部哲学的最高问题——从思维和存在同一性问题的讨论说起，包括哲学基本问题的生成、哲学基本问题的演进、哲学基本问题的意蕴；（二）哲学基本派别的流变，包括唯物主义与唯心主义、可知论与不可知论、辩证法与形而上学；

(三) 坚持唯物论与辩证法的统一，包括坚持辩证的唯物主义，反对唯心主义；坚持能动的反映论，反对机械反映论和先验论；坚持唯物辩证法，反对形而上学；坚持唯物史观，反对唯心史观。

在听取杨信礼的讲述后，大家主要提出以下修改意见：(一) 突出重点，精简内容；(二) 总标题修改为《坚持唯物论，反对唯心论——唯物论总论》。(三) 文章调整为四个部分：第一部分是“世界的一切归结于物质——从牛顿的第一推动力说起（或者从《圣经》中的“创世说”说起)”。这部分主要讨论世界的本原问题。第二部分是“全部哲学的最高问题”。主要包括三方面的内容：一是“全部哲学的最高问题是物质决定精神，社会存在决定社会意识”。没有离开肉体而存在的灵魂，也没有离开物质而存在的精神，更没有离开社会存在而存在的社会意识。二是“精神反作用于物质，社会意识反作用于社会存在”。三是“物质能否变成精神、精神能否变成物质”。第三部分是“唯心主义思想流派的根源”。这部分不仅指出唯心主义的不同表现形式，而且揭示唯心主义的根源是没有理解物质与精神之间的辩证关系。第四部分是“坚持唯物论和辩证法的统一”。(四) 修改第一部分的入手处，在第二部分和第三部分中增加入手处。(五) 第一部分中先论述“哲学基本问题的意蕴”，再论述“哲学基本问题的演进”；第二部分“唯物主义与唯心主义”一节中增加“唯物史观与唯心史观”的内容。（六）阐明第一部分“哲学基本问题的演进”中本体论转向、认识论转向、实践论转向三者的关系。（七）增加有关宗教问题论述，回应物质本体论、精神本体论、上帝本体论、实践本体论等观点，回应分析哲学、语言哲学等现代西方哲学中悬置哲学最高问题的观点。

李晓兵对《让我们荡起幸福人生的双桨——人生观篇》的主要修改作了简要介绍：在第一部分第三节“树立马克思主义人生观”中把马克思主义人生观与其他人生观作了区别，提炼了马克思主义人生观的表述；对第三部分“各种人生观的马克思主义视野的解读，包括金钱观、权力观、事业观、家庭观、幸福观”中的内容进行了修改。大家主要提出以下修改意见：（一）调整为三部分：第一部分标题为“要树立科学的、高尚的、正确的人生观——人总是要有点精神的”。主要阐述什么是人生观，为什么要树立高尚的人生观。第二部分标题为“马克思主义人生观是科学的人生观”。这部分包含五方面的内容：社会实践：“全部社会生活在本质上是实践的”；认识人的本质：人的本质是“社会关系的总和”；实现人的解放：“无产阶级失去的只是锁链”；追求共产主义理想：“每个人的自由发展是一切人的自由发展的条件”；实现中国特色社会主义共同理想是我们今天的共同人生追求。第三部分标题是“用马克思主义观点解读各种人生观”。

王磊博士对稿件《信息论研究提纲》的主要内容作了简

要介绍：（一）波普尔的“世界三”理论，包括波普尔“世界三”理论的内容，以及如何对待波普尔的“世界三”；（二）信息的产生；（三）信息与物质、精神的关系；（四）信息的分类。大家在讨论中初步得出以下六点结论：1. 有人把波普尔“世界三”的理论理解为“‘世界一’是物质的、‘世界二’是精神的、‘世界三’是信息”，这一观点是错误的。2. 尽管信息的产生可以追溯到无机物的反映，但不等同于无机物的反映，而是物质世界长期发展的产物。3. 纯自然界的信息不能称之为信息。信息是人与自然、人与社会发生联系的一种现象。4. 信息可以分为自然信息与社会信息。5. 信息是人与自然、人与社会、人与人之间发生联系、相互作用的一种特殊现象。这种现象有一定的载体，通过纸、电波、声音、图像等方式反映出来。信息有载体，有内容，有形式。6. 信息要经过人的认识的加工，具有主观性。

下次会议时间为 2012 年 5 月 19 日下午 4 点 30 分，将讨论孙伟平、冯鹏志、辛鸣的稿件以及王磊的《信息论纲要》。

会议纪要之四十六

2012 年 5 月 19 日

2012 年 5 月 19 日，中国社会科学院常务副院长王伟光教授主持召开《新大众哲学》编写工作第 46 次会议，参加会议的有中国社会科学院李景源研究员、孙伟平研究员、周业兵秘书，中共中央党校庞元正教授、冯鹏志教授、郝永平教授、杨信礼教授、辛鸣教授，王磊博士，博士生陈界亭。

这次会议重点讨论了孙伟平、辛鸣、王磊分别写的《重视主流意识形态的引导作用——社会意识论》、《世界统一于物质——物质论》和《信息论研究提纲》。

孙伟平对《重视主流意识形态的引导作用——社会意识论》的主要内容作了简要介绍：（一）意识是客观存在在人脑中的反映；（二）社会意识：本质、种类和作用；（三）塑造中华民族成熟发达的社会心态；（四）坚持社会主义主流意识形态的指导作用——从福山的“历史终结论”说起；（五）如何提高社会主义国家文化“软实力”。大家建议力求精练、通俗；意识论所要解决的主要问题是意识对物质的反作用，理想、信念等对社会和个人的指导作用、引领作用；总题目修改为“物质变精神，精神变物质——意识论”。

辛鸣简要介绍了《世界统一于物质——物质论》的主要内容：（一）世界是物质的——物质消失了吗？（二）物质是运动的——坐地日行八万里，巡天遥看一千河；（三）时空是物质运动基本形式——时空穿越是可能的吗？（四）运动是有规律的——诸葛亮为什么能借来东风。大家建议将自然和社会的物质观贯通起来；联系当今理论前沿和现实问题论述物质论；注意细节，力求语言准确。

王磊博士对《信息论研究提纲》的主要内容作了简要介绍：（一）有人把波普尔“世界三”等同于信息，这一观点是错误的。（二）信息的产生实质上经历了一个漫长的发展过程。（三）纯自然界的物质之间的相互关系不能称之为信息。（四）信息可以分为自然信息和社会信息。（五）信息是人与自然、人与社会、人与人之间发生联系、相互作用的一种特殊现象。（六）信息具有主观性、社会性和选择性。信息是事物的存在形式，是事物之间联系的特性，信息能够为人所认识、所利用。

下次会议时间为2012年6月3日下午4点30分，将讨论冯鹏志、李晓兵、郝永平、毛卫平、王磊的稿件。

会议纪要之四十七

2012 年 6 月 6 日

2012 年 6 月 3 日，中国社会科学院常务副院长王伟光教授主持召开《新大众哲学》编写工作第 47 次会议，参加会议的有中国社会科学院李景源研究员、孙伟平研究员、周业兵秘书，中共中央党校庞元正教授、郝永平教授、毛卫平教授、杨信礼教授、辛鸣教授，王磊博士，博士生陈界亭。

这次会议重点讨论了毛卫平、郝永平和王磊分别写的《兴衰成败的决定性因素——实事求是思想路线》、《在解决重大矛盾中推动社会发展——社会矛盾论》和《信息论研究提纲》。

毛卫平写的《兴衰成败的决定性因素——实事求是思想路线》主要有四个方面的内容：（一）尊重实践，反对教条主义；（二）解放思想，开辟新的道路；（三）与时俱进，适应时代要求；（四）求真务实，实现宏伟目标。大家建议围绕实事求是的主题来论述相关故事，增强理论性；总标题改为“一切从实际出发——实事求是思想路线”；第一部分标题改为“实事求是，反对主观主义”；从哲学角度完善实事求是、解放思想、与时俱进、求真务实的内容。

郝永平的《在解决重大矛盾中推动社会发展——社会矛盾论》主要内容有：（一）社会基本矛盾运动构成了社会历史的基本规律——从邓小平 1977 年的一个倡议谈起；（二）阶级矛盾提供了分析阶级社会历史现象的指导性线索——运用阶级观点才能立体地看农村；（三）社会主义社会主要矛盾事关社会主义事业的全局——“八大”关于社会主要矛盾的正确判断为何很快就被改变；（四）正确处理人民内部矛盾是社会主义国家政治生活的主题——“文化大革命”严重混淆两类不同性质的矛盾。大家建议总题目修改为《在解决矛盾中推动社会发展——社会矛盾论》，用唯物史观统领全文，力求简洁明快；将第一部分标题“社会基本矛盾由两对矛盾、三个层面、四个概念构成”改为“社会基本矛盾由两对矛盾、三个层面构成”；修改第二部分标题“阶级矛盾必然引起对抗性的阶级斗争”、“人民民主专政是处理社会主义条件下阶级阶层矛盾的根本条件”；将第三部分标题“社会主义初级阶段是当前社会主要矛盾生成的现实基础”改为“当前社会主要矛盾生成的现实基础是社会主义初级阶段”；将第四部分标题“正确处理人民内部矛盾是社会主义国家政治生活的主题”改为“正确解决人民内部矛盾是社会主义国家政治生活的主题”。

王磊对《信息论研究提纲》的主要修改作了简要介绍：(一) 初步确定信息的含义，并区分广义的信息和狭义的信息。(二) 增加“信息的特点”。大家建议从哲学角度概论自然界和人类社会的信息，区分存在论意义上的信息和认识论意义上的信息、真实信息与虚假信息；增加“信息的功能与作用”、“信息的分类”等内容。

下次会议时间为 2012 年 6 月 16 日下午 4 点 30 分，将讨论冯鹏志、李晓兵、辛鸣的稿件以及王磊的《信息论研究提纲》。

会议纪要之四十八

2012 年 6 月 16 日

2012 年 6 月 16 日，中国社会科学院常务副院长王伟光教授主持召开《新大众哲学》编写工作第 48 次会议，参加会议的有中国社会科学院李景源研究员、孙伟平研究员和周业兵秘书，中共中央党校李晓兵教授、冯鹏志教授、郝永平教授、杨信礼教授、辛鸣教授，王磊博士，博士生陈界亭。

这次会议重点讨论了冯鹏志、辛鸣和王磊分别写的《努力实现人与自然的和谐发展——马克思主义自然观》、《世界统一于物质——物质论》和《信息论研究提纲》。

冯鹏志介绍了《努力实现人与自然的和谐发展——马克思主义自然观》的主要内容：（一）自然观问题的重新提出——从“美丽的香格里拉”谈起，指出自然界在当今社会的重要意义；（二）自然观的历史演进——从“万物的起源是水”谈起；（三）马克思主义自然观及其独特贡献——从《鲁宾逊漂流记》谈起；（四）努力实现人与自然和谐发展——从温室效应和“哥本哈根会议”谈起。大家建议以“人与自然和谐发展”这一主题统率全文；完善第三部分“马克思主义自然观及其独特贡献”和第四部分“努力实现人与自然和谐发展”的内容；阐明“市场经济和私有制的结合是造成人与自然不和谐的根本原因”、“只有在社会主义制度和共产主义制度下才能真正实现人与自然的和谐发展”等问题。

辛鸣介绍了《世界统一于物质——物质论》修改后的主要内容：（一）世界是物质的——物质消失了吗；（二）物质是运动的——坐地日行八万里，巡天遥看一千河；（三）时空是物质运动基本形式——时空穿越是可能的吗；（四）运动是有规律的——诸葛亮为什么能借来东风。大家建议讲明唯物主义与唯心主义在物质问题上的根本分歧；指出时空穿越的条件性；区分哲学与自然科学关于物质、时空、运动等不同概念的阐述。

王磊对《信息论研究提纲》的主要修改内容作了介绍：（一）将“信息分类”与“信息的特点”顺序互换，完善“信息分类”的内容；（二）增加“信息的作用”。大家建议从积极和消极两个方面来阐述“信息的作用”。

下次会议时间为2012年6月30日下午4点30分，将讨论毛卫平、李晓兵、杨信礼、孙伟平的稿件以及王磊的《信息论研究提纲》。

会议纪要之四十九

2012 年 7 月 1 日

2012 年 7 月 1 日，中国社会科学院常务副院长王伟光教授主持召开《新大众哲学》编写工作第 49 次会议，参加会议的有中国社会科学院李景源研究员，中共中央党校冯鹏志教授、李晓兵教授、毛卫平教授、杨信礼教授、辛鸣教授，王磊博士，博士生陈界亭。

这次会议重点讨论了李晓兵、毛卫平和王磊分别写的《人生观篇》、《认识论篇》和《信息论研究提纲》。

王磊介绍了《信息论研究提纲》的主要修改之处：（一）调整文章的入手处，从埃及的“茉莉花革命”谈起；（二）增加“信息的作用”，包括积极作用（即“信息提高了人们认识世界，改造世界的能力”、“信息建立了人与人之间的联系”、“信息的发展推动了社会发展”）和消极作用（即“信息的依赖”、“垃圾信息、假信息的出现”、“信息量暴涨带来的选择难题”）。大家认为提纲结构清晰，建议明确信息论部分要解决的主要问题，厘清什么是信息，阐明信息与物质、信息与精神、信息与反映、信息与实践的关系，调整入手处，完善信息的作用和如何利用信息等内容。

毛卫平介绍了《认识论篇》的主要内容：（一）从实践到认识，从认识到实践——从“执行力飓风”说起；（二）个别与一般相结合——比孙悟空还要高强的本领；（三）从群众中来，到群众中去——从一盘散沙到铜墙铁壁的奥秘；（四）物质变精神，精神变物质——改天换地的九十年；（五）兴衰成败的决定性因素——实事求是思想路线。大家建议总标题修改为《一切从实际出发——认识论》，并调整以下部分的标题：第一部分标题改为“实践、认识、再实践、再认识——实践第一是马克思主义认识论的基本点”，包括“认识过程中的两个飞跃”、“第二个飞跃的三大功能”、“人的认识是螺旋式上升的”、“实践是检验真理的唯一标准”；第二部分标题改为“从个别到一般，用一般来指导个别”；第五部分标题改为“实事求是思想路线是党的生命线”。

李晓兵介绍了《让我们荡起幸福人生的双桨——人生观篇》的主要修改。调整了各部分的入手处：1. “为什么要树立马克思主义人生观”部分的入手处改为“感动中国”的优秀人物；2. “为什么要有正确的人生观”部分的入手处改为《钢铁是怎样炼成的》中保尔·柯察金的一段话；3. “树立马克思主义人生观”部分入手处改为李大钊、毛泽东等是怎样树立马克思主义人生观的；4. “怎样实现马克思主义人生观”部分入手处改为“狼孩”的例子。大家建议调整各部分标题：第一部分标题改为“一定要树立科学、正确的人生观——‘人呀，要了解你自己’”；第二部分标题改为“怎样树立马克思主义人生观——从马克思的中学论文谈起”；第三部分标题改为“从马克思主义的视野对人生的解读”。

下次会议时间为2012年7月16日下午5点30分，将讨论孙伟平、杨信礼、冯鹏志、辛鸣的稿件。

会议纪要之五十

2012 年 7 月 16 日

2012 年 7 月 16 日，中国社会科学院常务副院长王伟光教授主持召开《新大众哲学》编写工作第 50 次会议，参加会议的有中国社会科学院孙伟平研究员，中共中央党校郝永平教授、杨信礼教授、毛卫平教授、辛鸣教授，王磊博士，博士生陈界亭。

这次会议重点讨论了孙伟平、辛鸣和杨信礼分别写的《物质变精神，精神变物质——意识论》、《世界统一于物质——物质论》和《坚持唯物论，反对唯心论——唯物论总论》。

孙伟平对《物质变精神，精神变物质——意识论》的主要修改内容作了介绍：（一）意识是人脑的机能——“人机大战”说明了什么；（二）意识是客观存在在人脑中的反映；（三）意识的能动作用；（四）意识的社会性与社会意识——从“狼孩”的故事说起；（五）发挥主流意识形态的引领作用——从“意识形态终结论”谈起；（六）“人化”和“化人”的统一。

在听取了孙伟平的介绍后，大家主要提出以下修改建议：1. 总题目修改为《意识是存在的反映》。2. 从意识形态与文化的关系来谈文化，精简社会意识的社会性，完善意识的能动作用。3. 结构调整为：意识是人脑的机能、意识是客观存在在人脑中的反映、意识的社会性与社会意识、意识的能动作用、发挥主流意识形态的引领作用。4. 从四个方面具体论述“发挥主流意识形态的引领作用”，即精神动力、思想保证、智力支持、心理干预。5. 在“意识的社会性”中增加“意识的主体具有社会性”、“意识的客体具有社会性”、“意识的反映形式具有社会性”、“意识的形成过程具有社会性”、“意识的发生机制具有社会性”等内容。6. “意识能动性的入手处”用文学作品《亮剑》中体现的精神力量。7. 把意识与社会意识分开写。8. 指出意识的反映不是机械的反映，而是能动的反映。

辛鸣教授介绍了《世界统一于物质——物质论》的主要修改内容：1. 将第一部分第一个标题修改为“传统唯物观对世界本原的认识”；2. 对运动五种形式的论述作了完善；

3. 增加了哲学物质观与自然观关系的论述；增加了物理学的时空观与哲学时空观关系的论述。大家建议增加上帝粒子的例子，思考物质与意识、物质与存在的关系，哲学中的时空观与常识中的时空观的关系等。

杨信礼介绍了《坚持唯物论，反对唯心论——唯物论总论》调整后的内容：（一）第一部分“万流归宗：全部哲学的最高问题——从思维和存在同一性问题的讨论说起”，丰富了“哲学基本问题的意蕴”的内容；（二）第二部分“一本万殊：哲学基本派别的流变”，增加了“鹅湖之会”的入手处，丰富“唯物主义与唯心主义”、“辩证法与形而上学”等内容；（三）精简第三部分“回归本真：坚持唯物论与辩证法的统一”。大家建议精简“哲学基本问题的演进”的内容，联系现实理论问题和实践问题，注意细节，力求语言活泼生动。

下次会议时间为 2012 年 8 月 1 日下午 4 点 30 分，将讨论李景源、庞元正、冯鹏志、李晓兵的稿件。

会议纪要之五十一

2012 年 8 月 2 日

2012 年 8 月 1 日，中国社会科学院常务副院长王伟光教授主持召开《新大众哲学》编写工作第 51 次会议，参加会议的有中国社会科学院李景源研究员、孙伟平研究员和周业兵秘书，中共中央党校李晓兵教授、郝永平教授、杨信礼教授、毛卫平教授、辛鸣教授，以及王磊博士，博士生陈界亭。

李景源介绍了《“问苍茫大地，谁主沉浮?”——试论人民群众是历史的创造者》的主要内容：（一）从历史学家黎澍的“质疑”谈起——民众是推动历史进步的主导力量；（二）古民谣《老天爷》在国统区的流行说明了什么——民心是天下兴亡的晴雨表，解决民主与民本的关系。

大家认为，该文思路清晰、思想深刻、内容丰富，并提出以下修改建议：总标题改为《问苍茫大地，谁主沉浮？——历史唯物主义的群众观》。文中两个大标题改为“民众是历史发展的推动力量——从历史学家黎澍的‘质疑’谈起”、“民心是天下兴亡的晴雨表——古民谣《老天爷》在国统区的流行”；增加“人民民主是社会主义的本质要求之一”、“个人在历史上的作用”、“区分民主与人民当家作主”、“人民群众与个人的作用”、“怎样实现民主”等内容；建议在第二部分“人民群众是精神财富的源泉”中增加以下两个观点：“人民群众的实践生活为文学艺术的发展提供源泉和素材”和“人民群众的民间文艺作品是精神财富的基础和前提”。

下次会议时间为 2012 年 8 月 3 日，共同修改《总论》、《辩证法》、《价值观》三份稿件。

会议纪要之五十二

2012 年 8 月 16 日

2012 年 8 月 3 日至 8 日，中国社会科学院常务副院长王伟光教授带领新大众哲学课题组成员到黑龙江省佳木斯市集中讨论和修改书稿。参加人员有李景源研究员、赵剑英社长、孙伟平研究员、郝永平教授、毛卫平教授、杨信礼教授、辛鸣教授、周业兵秘书、朱华彬博士、王茵博士、王磊博士和博士生陈界亭。

在这次会议上，大家进一步提高了对编写《新大众哲学》重要性的认识，表示要把写好《新大众哲学》作为自己的事业追求。《新大众哲学》课题组要紧跟时代步伐，结合当今时代特征，联系当前热点、难点问题，以通俗易懂的语言表达马克思主义哲学的相关理论，要运用马克思主义的立场、观点和方法引导广大青年树立正确的世界观、人生观和价值观，力争把《新大众哲学》写成一部能在广大青年读者之中产生广泛而深远影响的作品，使其成为在马克思主义哲学领域的传世之作。

大家充分认识到，我们正处于一个急剧变革的时代。哲学作为时代精神的精华，必将反映时代的变革。历史上的社会大变革时期，往往也是重要哲学思想形成的时期。比如春秋战国时期的“百家争鸣”，工业化时期的马克思主义哲学。当今中国不仅处在世界的急剧变革之中，而且处在改革发展的关键时期，更需要高举马克思主义的旗帜，坚持中国共产党的领导，运用马克思主义的立场、观点和方法来正确地看待当前的理论问题和现实问题。

《新大众哲学》要充分体现科学性、通俗性、规范性、知识性。科学性是要运用马克思主义哲学的立场、观点和方法来正确分析当前的社会现象，运用逻辑的方式清晰地阐明思想的内涵，引导广大读者认清社会上的真善美和假恶丑；通俗性是要以通俗易懂、活泼生动的语言，富有哲理的故事，阐明马克思主义哲学的相关内容；规范性是要做到引用有据可查，引文格式规范；知识性是要内容丰富，力求涵盖中西哲学史的主要理论和重要事件。

此次会议深入讨论了《哲学总论篇》、《辩证法篇》、《价值论篇》、《唯物论篇》、《认识论篇》、《历史观篇》六篇稿件。

8 月 3 日晚，在佳木斯市讨论了《学好哲学　终身受益——哲学总论篇》、《辩证法篇》和《政党的精神旗帜，人民的思想灵魂——价值论篇》。参加人员有：王伟光、李景源、赵剑英、孙伟平、郝永平、毛卫平、杨信礼、辛鸣、周业兵、朱华彬、王茵、王磊、陈界亭。

大家认为《学好哲学　终身受益——哲学总论篇》语言生动活泼，内容精练，紧密联系现实问题，应力求更准确、更凝练、更概括、更具针对性。大家主要提出以下修改建议：1. 增加马克思主义哲学的基本内容、马克思主义哲学的基本特征（科学性、批判性、理想性、实践性）；2. 调整标题："插上哲学的翅膀，飞向自由的王国——哲学引论"改为"插上哲学的翅膀，飞向自由的王国——哲学导论"，"马克思主义哲学并没有过时"改为"与时偕行的马克思主义哲学"，"用实践实现革命"改为"用实践改造世界"，"实现中国化的两大哲学飞跃"改为"实现中国化的伟大飞跃"；3. 在"以科学赢得尊重"中增加"如何科学地认识和把握世界"、"如何认识历史之谜与社会现象"、"如何认识人类自身"、"如何进行科学实践"等内容；4. 把"哲学有没有好坏之分"修改为"怎么看哲学的好坏"，分析什么是好的哲学、什么是坏的哲学；5. 在"哲学与信仰"一节中区分科学基础之上的信仰和迷信基础之上的信仰；6. 调整"怎样学哲学"的标题，使标题与内容相符；7. 增加“幸福与自由”、“哲学与时代”、“哲学与艺术”等内容；8. 在“因创新引领时代”一节中阐述马克思主义哲学如何引领时代发展。

大家认为《辩证法篇》内容全面，思想深刻，主要提出以下修改意见：1. 总题目改为《用辩证法看问题，照辩证法办事情》。2. 简化标题，统一标题格式。3. 调整标题：“辩证法是揭示事物最普遍规律的科学，要用辩证思维考虑问题”改为“辩证法是揭示事物发展规律的科学，要有辩证思维”；“世界上的一切事物都是普遍联系的，用全面的观点看世界”改为“事物都是普遍联系的，用联系的观点看世界”；“世界上的一切事物都是运动、变化和发展的，用全面的观点看世界”改为“用全面的观点看世界”；“一切事物都是作为过程而存在的，用历史的观点观察事物”改为“一切事物都是作为过程而存在的，用发展的观点观察事物”或“辩证法的批判性”；“矛盾规律是事物存在和发展的普遍法则”改为“矛盾规律是事物存在和发展的根本法则”；“具体分析矛盾的特殊性，是马克思主义活的灵魂”改为“具体问题具体分析，是马克思主义活的灵魂”；“矛盾双方既统一又斗争，在统一中对立，在对立中统一”改为“在统一中把握对立，在对立中把握统一”；“把握事物联系与发展的基本环节”改为“把握事物联系与发展的环节与方面”；“要把握适度原则——质量互变规律”改为“要把握适度原则，促进事物飞跃——质量互变规律”；修改“内容与形式”和“可能性和现实性”的标题。4. 在“世界上一切事物都是运动、变化和发展的，用发展的观点看问题”中增加“科学发展观”的内容。5. 在“学会矛盾方法”部分应围绕“学会矛盾分析方法”的主题展开讨论。6. 从哲学角度论述“用系统的观点看世界”，调整《系统论》的标题。7. 调整入手处，力求通过例子阐明相关的哲学道理。8. 增加“辩证法的批判性”、“矛盾的转化”、“主要矛盾和次要矛盾、矛盾的主要方面和次要方面”、“可能性向现实性转化的条件”等内容。

大家认为《政党的精神旗帜，人民的思想灵魂——价值论篇》语言活泼，内容全面，主要提出如下修改意见：1. 将总标题修改为“人类的精神家园”。2. 分价值论和价值观两部分，价值论为价值观作铺垫，写作目的是要政党高举正确的精神旗帜，人们树立高尚的价值追求，实现个人对社会、对他人、对个人的价值。3. 简化导语中意识形态的内容。4. 将第一部分“洞悉价值世界的奥秘”中“价值是什么”与“价值世界是丰富多彩的”合并；“具体的价值‘因人而异’”和“价值具有客观性和绝对性”合并；第二部分“合理地进行价值评价”中“正确的价值评价有赖于合理的评价标准”和“‘值’与‘不值’自有‘公论’”合并；第三部分“不同的选择成就不同的人生”中“做动机和效果统一论者”和“目的制约手段，手段服务目的”合并；第四部分“用正确的价值观规范人们的言行”中“价值观的力量”和“价值观是不断变迁和进步的”合并，“立足多样化，弘扬主旋律”、“坚持法治和德治相结合”、“价值观的共性与个性”合并。5. 标题“价值世界是丰富多彩的——说不尽的《红楼梦》的价值”改为“价值世界是丰富多彩的——说不尽的《红楼梦》”。6. 思考价值的定义。7. 正确表达“普世价值”。不要讲“普世价值”的合理性，人类有共同的价值追求，但是这种价值追求不等于西方提倡的“普世价值”。西方提倡的“普世价值”根本上是资产阶级的价值观，是为了冲击中国的社会主义意识形态。同时，人类的共同价值追求是存在于具体的价值追求之中的，没有离开具体的价值追求而存在的“超具体的、超民族的、超阶级”的价值。

8 月 6 日上午，在汤原县讨论了《认识论篇》和《唯物论篇》。参加讨论的人员有：王伟光、李景源、赵剑英、孙伟平、郝永平、毛卫平、杨信礼、辛鸣、周业兵、朱华彬、王茵、王磊、陈界亭。

大家对《坚持唯物论，反对唯心论——唯物论总论》主要提出以下修改意见：1. 《唯物论篇》的题目修改为《反对主观主义——唯物论篇》。唯心论在实际工作和生活中的突出表现是从主观主义出发来看问题和解决问题。反对主观主义包括反对经验主义、教条主义。2. 避免哲学基本问题与《学好哲学　终身受益——哲学总论篇》重复。3. 将“万流归宗：全部哲学的最高问题”修改为“全部哲学的最高问题——思维与存在有同一性吗?”，“哲学基本问题的生成”修改为“哲学基本问题是怎么来的”，“哲学基本问题的演进”修改为“哲学基本问题是怎么发展的”。4. 提倡无神论，反对有神论，可以从《不怕鬼的故事》谈起。5. 哲学基本问题要与实际工作、现实生活相结合。6. 对当代西方哲学中悬置哲学基本问题的学派进行回应，比如西方哲学中的分析哲学和语言哲学。7. 阐述“唯心主义的先验论”和“唯心主义先在论”的关系。8. 增加“机械唯物主义”的内容，将辩证法与唯物论结合起来。

大家对《世界统一于物质——物质论》主要提出以下修改意见：1. 区分辩证唯物主义与历史唯物主义的关系。2. 将“运动是有规律的”一节中“规律可以被认识”和“对规律的认识是不断深化的”合并，加入“规律可以被人们所利用”的内容。3. 增加“物质包括社会存在”、“运动包括社会运动”、“时空包含社会时空”等观点。4. 指出日常生活中对运动的理解并不等于哲学中的运动。5. 增加“高级运动形式包含低级运动形式，但是不能归结于低级运动形式”的观点。6. 将标题“对物质的认识还在不断深化”修改为“对物质形态的科学认识还在不断深化”。

大家对《“地球上最美丽的花朵”——意识论》主要提出以下修改意见：1. 指出马克思主义哲学的意识形态与个人

的关系。2. 第三部分“意识的社会性”归入第二部分“意识是客观存在在人脑中的反映”。3. 标题“意识的能动作用——《大众哲学》打败了蒋介石”改为“意识的能动作用——《大众哲学》的思想打败了蒋介石”。4. 精简“狼孩”的例子。5. 增加“意识对物质的反作用”、“意识形态与大众心理的关系”、“各种思想意识的相互作用构成社会意识的相对独立性”、“社会意识的基本形式”、“意识的社会性与社会意识的关系”等内容。6. 完善“社会意识的相对独立性”的内容，包括历史继承性、相互影响性。7. 最后落到主流意识形态的引领作用，特别是主流意识形态如何引导传统文化和外来文化。

《认识论篇》的写作目的是要明确指出：政党的一切路线、方针、路线要从实际出发。大家主要提出以下修改意见：1. 总题目修改为《一切从实际出发——认识论篇》。2. 导语以毛泽东的“哲学就是认识论”为切入点。3. 指出马克思主义哲学与其他哲学的根本差别在于创立科学的实践观，实现了哲学的根本革命。4. 删减第一部分“执行力飓风”的例子。5. 将“从实践到认识，从认识到实践”中“认识过程中的两个飞跃”和“第二个飞跃的三大功能”合并，把“认识过程中的两个飞跃”通俗化，并以通俗的语言解释感性认识和理性认识。6. “个别与一般相结合”讲三部分内容：（1）什么叫个别？什么叫一般？个别与一般的关系是什么样的?（2）人的认识总是先从个别开始，然后到一般，认识深化到一定程度就会用一般指导个别。（3）要做到个别和一般的有机结合。7. 将“从群众中来，到群众中去”的“调查研究是基本功”和“要善于调查研究”部分结合为“调查研究是十月怀胎，解决问题就是一朝分娩”。8. 将“物质变精神，精神变物质”中的“以改造世界为着眼点”改为“认识世界的目的就是改造世界”，增加“批判的武器不能代替武器的批判”的内容。9. 将标题“兴衰成败的决定性因素”修改为“在实践中发现、检验和发展真理”；“实事求是，反对主观主义”修改为“反对本本主义”。10. 增加“反映论是认识论的基础”、“真理观”、“实践是认识的基础、动力、标准、目的”、“社会认识论”、“文化认识论”、“决策民主化是决策科学化的基础”、“物质变精神”、“实事求是在不同时期的不同表现形式”等内容。

8 月 6 日下午，讨论了《信息论研究提纲》，参加讨论的人员有王伟光、李景源、孙伟平、郝永平、毛卫平、杨信礼、辛鸣、周业兵、王磊、陈界亭。

大家对《信息论研究提纲》主要提出以下修改意见：1. 从五个部分研究信息：什么是信息、信息的分类、信息的特点、信息的作用、怎样利用信息。2. 信息的定义涉及的问题：信息的定义和分类，信息与物质、能量的关系，信息与精神的关系，信息的生产和创新，虚拟时空，信息网络改变了世界。3. 从广义和狭义两方面定义信息：信息是物质世界事物与事物之间的互相联系、互相作用的形式、属性、结果、中介，这种方式和属性为人所接受、所感觉、所利用，这种信息成为人对外界事物的能动的反映。4. 增加“虚拟和现实”、“虚拟与实在”、“信息作用的发展变化”等内容。5. 信息虽然没有改变马克思主义哲学的基本原理，却扩展了社会的相互联系、相互作用方式。6. 明确信息在哲学中的定位，而不是信息论所要解决的问题，比如消除不确定性、改变人类的实践活动、改变人类的交往方式和生活方式。

8 月 7 日上午，在汤原县讨论了《历史观篇》，参加讨论的人员有：王伟光、李景源、孙伟平、郝永平、毛卫平、杨信礼、辛鸣、周业兵、王磊、陈界亭。

大家对《人类思想史上的新历史观——历史观总论》主要提出如下修改意见：1. 总标题修改为“全部社会生活在本质上是实践的——科学实践观及其在历史观上实现的伟大变革”，在标题“解开人类历史奥秘的金钥匙——周口店猿人和劳动使猿变成人”中明确指出要阐明的问题，标题“研究认识社会历史现象的根本方法”修改为“认识社会历史现象的根本方法”。2. 精简内容，抓住历史观的根本内容，找出中心线索。3. 将第一部分“第一个伟大发现”与第二部分“旧历史观的根本缺陷”合并，第四部分“解开人类历史奥秘的金钥匙”与第五部分“人类社会发展的‘最后动力的动力’”

合并，第六部分“历史发展是‘合力’的作用”与第七部分“社会规律是不以人的意志为转移的”顺序互换。4. 精简第三部分“社会历史观基本问题”中哲学基本问题的论述，阐明什么是唯物史观的基本问题、为什么称之为唯物史观的基本问题、唯物史观基本问题在马克思主义哲学中的地位与作用等问题。5. 增加“社会形态论”、“历史进步”、“家庭”、“阶级”、“阶层”“国家”、“民族”等内容。6. 修改第三部分“社会历史观基本问题——从‘灵魂不死’说起”的入手处。7. 精简“人类社会发展‘最后动力的动力’”、“社会规律是不以人的意志为转移的”的内容，增加社会基本矛盾的内容。8. “研究认识社会历史现象的根本方法”中不是指出历史唯物主义的具体方法，而是根本方法，比如“唯物地、辩证地、历史地看问题”。

大家认为《历史观篇》其他内容应该体现时代性和世界眼光，力求标题更准确，例子更贴切，内容更精练，文字更通俗，逻辑更严密。《历史观篇》的顺序应调整为：历史观总论、历史规律论、社会形态论、社会矛盾论、利益论、人民群众观、历史进步论、自由论，并避免内容上的重复。

大家对《从低级到高级不断发展的“有机体”——社会形态论》主要提出如下修改意见：1. 修改“共产主义必将实现——‘草莓和奶油’的故事”的入手处。2. 将第二部分“社会形态是经常处于发展变化过程中的有机体”的标题修改为“社会形态是处于发展变化过程中的有机体”，说明社会经济结构、社会政治结构、社会意识结构的关系，增加有机体的内容。3. 将标题“经济文化发展落后的国家能不能实现社会形态的跨越式发展”修改为“经济文化发展落后的国家能不能实现社会形态的跨越”，标题“历史的暂时倒退并不能否认历史的必然性”修改为“历史的暂时倒退不能扭转历史的必然性”。4. 阐发历史的暂时倒退为何不能扭转历史的必然性，着重分析袁世凯的例子。5. 增加“共产主义必然实现”的论述，指出共产主义必然实现的关键在于条件性。6. 阐述社会经济形态和经济社会形态的关系，指出一种社会形态内部存在部分质变。

大家对《社会历史发展的客观规律性与主体选择性——历史规律论》主要提出如下修改意见：1. 修改标题“拨开社会历史的迷雾——马克思的第一个伟大发现”，避免与历史观总论的标题重复。2. 避免“社会发展是一个自然历史过程”与社会形态中“社会形态发展是一种自然历史过程”重复。3. 在第三部分“历史不过是追求自己目的的人的活动而已”中增加“社会发展的主体选择性”。

大家对《在解决矛盾中推动社会发展——社会矛盾论》主要提出了如下修改意见：1. 指出只有适应生产力发展水平的生产关系才适合社会进步需要，生产关系落后或超前于生产力的发展都不能推动社会进步。2. 区分阶级矛盾和阶层矛盾的关系。3. “正确处理人民内部矛盾是社会主义国家政治生活的主题”中阐述毛泽东、邓小平对人民内部矛盾的不同处理。4. 以广东“乌坎事件”入手来论述群体性事件，精简群体性事件的内容，并从哲学角度阐述群体性事件。5. 注意细节，比如“包括以新社会阶层为代表的中国特色社会主义事业的建设者”修改为“包括以新社会阶层在内的中国特色社会主义事业的建设者”。

大家对《一切从人民利益出发——利益论》主要提出如下修改意见：1. 在标题“利益的实质是一种社会关系”中明确指出利益是一种什么样的社会关系。2. 在“人对物质利益的追求是第一位的——‘金苹果’的故事和美国金融危机”中增加“物质利益是人们进行社会交往、精神生产实践的基础和前提”。3. 修改“利益矛盾是人类社会发展的直接动力——法国大革命是一场利益争夺战”的入手处，指出“利益矛盾的动力作用是推动人类社会发展”。4. 将“斗争（革命、战争）和利益协调是解决利益矛盾的两种根本方式”修改为“革命和利益协调是解决利益矛盾的两种根本方式”。5. 标题“人民利益高于一切”修改为“人民利益高于天”。6. “社会主义要追求共同富裕”的入手处可以用“十送红军到十颂共产党”的故事。7. 简化“人民利益高于一切”和“社会主义要追求共同富裕”的内容。

大家对《做历史进步的促进派——历史进步论》主要提

出如下修改意见：一是从哲学层面上论述历史进步，指明历史进步的标准是什么，历史进步、社会进步与人的进步的关系；二是增加改革开放的内容，指出历史总是以何种方式实现进步；三是在“历史进步最终体现在人的解放与发展上”中阐明“人怎样才能解放”、“怎样才能实现人的发展”，“怎样才能实现人的自由全面发展”等内容；四是把第五部分的标题“中国特色社会主义开辟了历史进步的新纪元”修改为“中国特色社会主义开辟了历史进步的新道路（或新途径）”。

8 月8 日上午，在汤原县讨论了如何写好、如何修改《新大众哲学》稿件问题。参加人员有王伟光、李景源、孙伟平、郝永平、毛卫平、杨信礼、辛鸣、周业兵、王磊、陈界亭。王伟光教授提出要把《新大众哲学》写成一部高水平的传世之作，重申了《新大众哲学》的写作要求，并对写作进度、讨论时间等问题作了安排。(见附录)

《新大众哲学》要突出针对性、战斗性，要解决干部和群众中广泛存在的思想问题；《新大众哲学》应做到标题更准确、例子更贴切、内容更精练、文字更通俗、逻辑更严密。

《新大众哲学》计划写成两种形式：第一种形式是 30 万字左右的简明本。第二种形式是写成一套书，每本大约五六万字。我们先把套书写出来，然后在此基础上，提炼出《新大众哲学》的简明本。目前，《新大众哲学》的各部分稿件已经基本写完，进入各篇汇总、修改阶段。

《新大众哲学》课题组成员谈了修改所承担部分的想法。郝永平表示在修改好自己所写章节的同时，做好历史观的统稿工作。孙伟平表示从价值论的哲学基础、价值观的内容、价值观的作用三个方面对价值论部分修改、调整。李景源认为历史观部分修改难度大，各部分之间的内容、例证重复交叉的问题严重，主张深挖哲学问题，先从学术角度理清问题，然后再力求通俗、简洁。杨信礼认为要下大力气修改文章，做到学理更准确，观点更明确，例子更鲜活，表述更规范，尤其要努力把学术语言转为大家喜闻乐见的语言。辛鸣计划调整三部分的风格：第一部分要高瞻远瞩地谈哲学；第二部分要体现马克思主义的立场、观点和态度，增加马克思主义哲学基本内容，主要解决“马克思主义为什么没有过时”的问题；第三部分从逻辑的角度阐明“为什么必须要实现马克思主义哲学的中国化，为什么能实现马克思主义哲学中国化”。毛卫平认为，此次会议提高了对《新大众哲学》重要性的认识，力争通过运用毛泽东认识论的体系所构建的认识论基本框架，实现认识论的创新。周业兵认为，《新大众哲学》应针对青年读者，特别是增加当今的社会热点问题，力争具有吸引力和可读性。王磊表示要把《信息论提纲》作为自己的事业来认真完成。陈界亭表示要使自己所写部分内容上更趋完善，例子更为恰当，语言更加活泼。

附录　　　　《新大众哲学》课题讨论日程安排

日期	讨论次数	汇报者及题目
8 月 18 日	第 54 次	李晓兵：《人生观篇》 冯鹏志：《自然观》 王磊：《信息论》
9 月 1 日	第 55 次	辛鸣：《总论》
9 月 15 日	第 56 次	孙伟平：《价值论篇》 李景源：《群众观》
9 月 29 日	第 57 次	毛卫平：《认识论篇》
10 月 13 日	第 58 次	杨信礼：《唯物论篇》
10 月 27 日	第 59 次	李晓兵：《人生观篇》
11 月 10 日	第 60 次	王伟光：《辩证法篇》
11 月 24 日	第 61 次	郝永平：《历史观篇》
12 月 8 日	第 62 次	王伟光：《历史观篇》（《历史观总论》部分）

注：请各位作者提前至少一周时间将文稿提交给统稿人。

会议纪要之五十三

2012 年 8 月 18 日

2012 年 8 月 18 日，中国社会科学院常务副院长王伟光教授主持召开《新大众哲学》编写工作第 53 次会议，参加会议的有中国社会科学院赵剑英社长、周业兵秘书，中共中央党校李晓兵教授、郝永平教授、杨信礼教授、辛鸣教授，王磊博士，博士生陈界亭。

这次会议重点讨论了李晓兵的《让我们荡起幸福人生的双桨——人生观篇》和王磊的《信息论研究提纲》。

李晓兵《让我们荡起幸福人生的双桨——人生观篇》一文思路清晰，语言活泼。大家建议要重点阐述如何决好人生态度问题，提倡树立高尚的马克思主义人生观，包容其他积极、健康、向上的人生观，反对利己主义等错误的人生观。

修改相关标题及入手处：第一部分“树立马克思主义人生观”可以从马克思的中学毕业论文《青年在选择职业时的考虑》入手。第三部分标题“各种人生观的马克思主义视野的解读”，修改为“用马克思主义人生观观察多彩人生”。增加“人生观”的哲学蕴涵、“人生观的基本问题”、“人生观的作用”等内容。

王磊介绍了《信息论研究提纲》的主要内容。大家建议这部分从五个方面来阐述：信息是什么、信息的分类、信息的特点、信息的功能、怎样认识信息世界；在“什么是信息”中阐明四个问题：“既要反对唯心主义地看待信息，又要反对用庸俗唯物主义的方式来看待信息”；“信息既不等于物质，也不等于精神”；“信息是物质的一种反映，人化信息与社会信息本身有主观性”；“信息是物质世界长期发展的产物，是从最低级的阶段发展到高级阶段”；指出科学界的物质与哲学上物质的关系；从哲学的角度定义信息。

关于《历史观》稿件，建议增加“历史合力论”的章节；在《利益论》中增加“社会和谐”的内容；在《社会形态论》中增加“技术社会形态”的章节，阐明经济的社会形态、人的社会形态、技术社会形态的关系。

下次会议时间为 2012 年 9 月 3 日（周一）下午 5 点 30 分，讨论《人生观》、《自然观》与《总论》。

会议纪要之五十四

2012 年 9 月 5 日

2012 年 9 月 3 日，中国社会科学院常务副院长王伟光教授主持召开《新大众哲学》编写工作第 54 次会议，参加会议的有中国社会科学院孙伟平研究员、周业兵秘书，中共中央党校庞元正教授、郝永平教授、李晓兵教授、杨信礼教授、毛卫平教授、辛鸣教授、博士生陈界亭。

这次会议重点讨论了辛鸣的《学好哲学　终生受用——哲学总论篇》。辛鸣教授介绍了对于《学好哲学　终生受用——哲学总论篇》的主要修改：一是增加了马克思主义哲学的内容；二是丰富了“解放思想是法宝”的内容，力求理顺这部分的结构。

大家建议语言精练、格式规范，恰当地论述哲学问题，避免过度阐述；调整标题："怎样学哲学"，修改为"哲学怎么样"。"实践精进"，修改为"走向实践"。"以子之矛，攻子之盾"，修改为"矛盾观点是辩证法的实质与核心的中国化概括"。"启蒙大众，让群众真学"，修改为"启蒙大众，真学"；"属于大众，让群众真懂"，修改为"属于大众，真懂"；"为了大众，让群众真信"，修改为"为了大众，真信"；"走向大众，让群众真用"，修改为"走向大众，真用"。按照哲学阵营、哲学派别归纳哲学演进历程。在第二章"与时偕行的马克思主义哲学——马克思主义哲学"的导语中，概述马克思主义哲学如何实现哲学的变革；在第三章"站在中国的大地上超过'老祖宗'——马克思主义哲学中国化"中阐明两个问题：一是毛泽东哲学思想是马克思主义哲学中国化的一个成熟的理论形态，是发展了马克思主义哲学的形态；二是中国特色社会主义理论体系提出了许多新观点、新论断，继承和发展了马克思主义、毛泽东思想。调整"泰勒斯赚钱"、"沉鱼落雁"的例子；增加"判断哲学好坏有客观标准，这个客观标准就是能否正确地反映事物本身的客观规律"；"哲学是通过揭示客观规律来建立自己的信仰，宗教则是通过设立神来解决信仰问题"；"只有实事求是才能解放思想"；"如何让群众真懂"、"如何让群众真用"等观点；阐明测不准原理、柏拉图的"洞穴影像"等内容。

下次会议时间为2012年9月16日（周日）下午四点半，重点讨论孙伟平的《价值论篇》，并讨论李景源的《群众观》、冯鹏志的《自然观》和王磊的《信息论研究提纲》。

附：文稿规范要求

一、总篇标题

（×××篇）

二、章标题

——×××论

导语

三、节标题

——案例引语

四、分标题

用黑体字，不同的分标题，可以用大小不等的黑体字

五、重要段落可以用小字号黑体字标出

六、结语

每章后可置结束语

七、页下注

案例

一、总篇标题

用辩证法看问题，按辩证法办事情

（辩证法篇）

二、章标题

照辩证法办事

——辩证法总论

三、节标题

一、揭示事物最普遍规律的科学

——老子《道德经与辩证思维方式》

四、分标题

唯物辩证法是揭示事物最普遍的规律的科学。

五、结语

会议纪要之五十五

2012 年 9 月 17 日

2012 年 9 月 17 日，中国社会科学院常务副院长王伟光教授主持召开《新大众哲学》编写工作第 55 次会议。参加会议的有中国社会科学院孙伟平研究员、周业兵秘书，中共中央党校李晓兵教授、郝永平教授、杨信礼教授、辛鸣教授，王磊博士，博士生陈界亭、曾祥富。

这次会议重点讨论了孙伟平的《人类的精神家园——价值论篇》和王磊的《信息论研究提纲》两份稿件。

孙伟平介绍了对《人类的精神家园——价值论篇》的主要修改：一是大标题改为“人类精神的家园”。二是调整第四章最后一节的内容，不再区分“普遍价值”和“普世价值”，也不再使用“普世价值”的概念。三是简化价值的定义。

大家认为文章的风格、内容、体系基本符合《新大众哲学》要求，语言活泼、结构清晰，主要提出以下修改意见：1. 明确《价值论篇》的写作目标：以马克思主义价值论为指导，建立社会主义核心价值观，力求复杂问题简单化。文章不仅阐明马克思主义如何看待价值问题，而且阐明应当如何树立正确的价值观。2. 把总标题《人类的精神家园》修改为《人们的精神家园》；第一部分的标题“洞悉价值世界的奥秘——价值及其基本特征”修改为“价值及其基本特征——洞悉价值世界的奥秘”，标题“价值是什么——伊索寓言中透露出来的‘好坏’意味”修改为“价值是什么——伊索寓言中透露出来的‘好坏’是什么意思”；第二部分标题“合理地进行价值评价——价值评价与价值标准”修改为“价值评价与价值标准——怎样合理地进行价值评价呢?”；第三部分标题“不同的选择成就不同的人生——价值选择和价值创造”调整为“价值选择和价值创造——不同的选择成就不同的人生”；修改第四部分标题“构建社会主义核心价值观——在混沌中重建价值秩序”中的副标题。3. 在“价值是什么”中，阐明“价值”、“价值论”、“价值观”三者的关系，完善价值定义，增加“人的价值”的内容。

对于王磊的《信息论研究提纲》，大家主要提出以下修改建议：1. 要明确研究目的是对信息现象作出马克思主义哲学的回答。2. 尽量避免谈信息哲学，而是从对信息的哲学思考这个角度展开。3. 要把概念界定清晰，弄清楚信息及其与物质和意识的关系。4. 信息的利用、管理和控制也很重要，这方面的内容需要增加。

下次会议时间为 2012 年 9 月 29 日（周日）下午 4 点 30 分，将重点讨论孙伟平的《价值论篇》，并讨论李景源的《群众观》、毛卫平的《认识论》和冯鹏志的《自然观》。

会议纪要之五十六

2012 年 10 月 6 日

2012 年 9 月 29 日，中国社会科学院常务副院长王伟光教授主持召开《新大众哲学》编写工作第 56 次会议。参加会议的有中国社会科学院李景源研究员、孙伟平研究员、周业兵秘书，中共中央党校李晓兵教授、郝永平教授、杨信礼教授、毛卫平教授、辛鸣教授，王磊博士，博士生陈界亭、曾祥富。

这次会议重点讨论了毛卫平的《认识论篇》。毛卫平介绍了对《认识论篇》的主要修改：（一）在全篇开头明确指出实践在认识中的重要地位；（二）增加“实践是认识的基础”一节；（三）修改第一部分的副标题为“从实践到认识，从认识到实践——从‘天才萌芽’到参天大树”，强调实践观的形成过程。计划做两方面的调整：（一）将“调查研究是基本功”和“要善于调查研究”合并为一部分；（二）将认识论放在信息时代的背景下，增加信息技术对认识论的影响。

大家建议在强调毛泽东对认识论的重大贡献的同时，还应该增加马克思主义哲学认识论的经典内容，体现马克思主义认识论的整体性；增加现代科学技术的新成就和当今认识论取得的新成果。调整标题，总题目修改为“实践是检验真理的唯一标准”，标题“调查研究是基本功”修改为“没有调查就没有发言权”，标题“要善于调查研究”修改为“调查研究是基本功”，标题“以改造世界为着眼点”修改为“以改造世界为落脚点”，修改标题“认识过程中的两个飞跃——从‘执行力飓风’说起”和“兴衰成败的决定性因素——实事求是思想路线”；调整第四部分“兴衰成败的决定性因素——实事求是思想路线”的结构，阐明解放思想、实事求是、与时俱进、求真务实在认识论方面的内在逻辑，增加求真务实的含义，阐明实事求是与解放思想的关系，指明当今难以做到实事求是的原因何在；在第一部分“认识过程中的两个飞跃”中增加真理的判断标准，在第二部分“个别与一般相结合”中增加感性与理性的含义及其关系，在“为什么人的认识是螺旋而不是直线”一节中增加实践的确定性和不确定性，在第三部分“物质变精神，精神变物质”中增加“物质世界如何经过长期演变而形成精神”；力求规范格式，内容简练，表述正确，举例恰当。

下次会议时间为2012年10月13日（周六）下午4点30分，将重点讨论李景源的《群众观》、冯鹏志的《自然观》、杨信礼的《唯物论》和王磊的《信息论》提纲。

会议纪要之五十七

2012 年 10 月 20 日

2012 年 10 月 13 日，中国社会科学院常务副院长王伟光教授主持召开《新大众哲学》编写工作第 57 次会议。参加会议的有中国社会科学院孙伟平研究员、周业兵秘书，中共中央党校庞元正教授、李晓兵教授、冯鹏志教授、杨信礼教授、辛鸣教授，博士生陈界亭、曾祥富。

这次会议重点讨论了杨信礼的《坚持唯物论，反对唯心论——唯物论总论》和冯鹏志的《努力实现人与自然的和谐发展——马克思主义自然观》两个稿件。

杨信礼介绍了对《坚持唯物论，反对唯心论——唯物论总论》的主要修改：（一）调整标题，力求标题与内容相符；（二）调整结构、精简内容、准确表达，如第三章划分了四对

“坚持”和“反对”；（三）调整入手处，力求入手处与要阐发的哲学原理更为贴切，如通过南北朝的“形神之辩”引出哲学基本问题。大家建议精简内容，做到语言通俗、例子活泼、格式规范，并通过活泼生动的例子和改革开放的成果来阐发唯物论的基本问题，做到与总论呼应、与读者呼应、与实践同行；第三部分标题“坚持唯物论与辩证法的统一”修改为“坚持辩证唯物主义，反对主观唯心主义”，调整各部分小标题。

冯鹏志介绍对稿件《努力实现人与自然的和谐发展——马克思主义自然观》的主要修改：（一）增加当代自然科学的最新成果，展现了新的自然观；（二）力求理顺马克思主义自然观的发展过程，增加哲学性；（三）修改语言风格，富有可读性；（四）计划增加马克思主义自然观的启示和当代价值。大家建议深入分析马克思主义自然观，丰富马克思主义自然观的内容，理清各部分的结构，形成清晰的马克思主义哲学基本框架；调整标题，总题目《努力实现人与自然的和谐发展》修改为《实现人与自然的和谐发展——自然观》，标题“马克思主义自然观的基本内容”修改为“马克思主义自然观的重要观点”，标题“马克思主义自然观及其独特贡献”修改为“到底什么是马克思主义自然观——从《鲁滨逊漂流记》谈起”，标题“马克思主义自然观的基本内容”改为“马克思主义自然观的重要观点”；简化人类自然观演化的内容，增加“自然的先在性”、“自然与人类社会的关系”等内容；进一步分析生态危机，通过粮食危机等现实问题说明生态失调的严重性；从转变发展方式、增长方式、人的生活方式等角度系统阐述如何走中国特色社会主义的生态文明；回应当代哲学的新发展对生态文明的认识，特别是当代基督教和当代西方前沿思潮如何看待生态文明的问题；增加党的十八大对生态文明的论述。

下次会议时间为2012年10月27日（周六）下午4点30分，讨论李景源的《群众观》、李晓兵的《人生观》和杨信礼的《坚持唯物论，反对唯心论——唯物论总论》。

会议纪要之五十八

2012 年 10 月 27 日

2012 年 10 月 27 日，中国社会科学院常务副院长王伟光教授主持召开《新大众哲学》编写工作第 58 次会议。参加会议的有中国社会科学院李景源研究员、孙伟平研究员、周业兵秘书，中共中央党校李晓兵教授、冯鹏志教授、郝永平教授、毛卫平教授、杨信礼教授、辛鸣教授，王磊博士，博士生陈界亭、曾祥富。

这次会议重点讨论了杨信礼教授整理的《唯物论篇》、李晓兵教授的《人生观》和王磊博士的《信息论研究提纲》。会议讨论中提出以下修改建议：

《坚持唯物论，反对唯心论——唯物论总论》要理论联系实际，力求内容简明、语言通俗、格式规范；总标题《坚持唯物论，反对唯心论——唯物论总论》修改为《坚持唯物论，反对主观唯心论——唯物论总论》；阐明马克思主义与以往旧唯物主义的重要区别，确立实践在唯物主义中的重要地位；从哲学观点、哲学流派出发来阐述哲学基本问题；增加例子阐明有限与无限的关系；从实践角度阐明天然自然、人工自然、人化自然的关系；增加“虚拟时空观”、“社会实践决定人的意识”、“生态危机产生的根源”等内容。

《我们荡起幸福人生的双桨——人生观篇》要用通俗语言讲明哲学要点，并增加入手处；标题“为什么要树立马克思主义人生观?”改为“为什么要树立马克思主义人生观? ——感动中国人物评选与人生选择”；“怎样实现马克思主义人生观”改为“怎样实践马克思主义人生观”，修改标题“金钱观”、“家庭观”、“幸福观”；增加人生观篇导言；详细阐述正确人生观与错误人生观的区别，指出树立正确人生观的原因；从理想与现实、个人与集体、物质与精神等角度丰富“如何实践马克思主义人生观”；增加“家庭起源”、“死亡观”、“自由”等内容。

明确《信息论》在唯物论中的位置，理清信息论与唯物论其他部分的关系；明确信息论要阐明的主要问题，并从哲学层次来阐明信息论的相关内容；理清物质与信息的关系、现实空间与虚拟空间、现实实践与虚拟实践的关系；增加“虚拟世界并不虚拟”等内容。

下次会议时间为2012年11月17日（周六）下午4点30分，将讨论王伟光教授的《辩证法篇》和李景源研究员的《群众观》。

会议纪要之五十九

2012 年 11 月 17 日

2012 年 11 月 17 日，中国社会科学院常务副院长王伟光教授主持召开《新大众哲学》编写工作第 59 次会议。参加会议的有中国社会科学院周业兵秘书，中共中央党校庞元正教授、郝永平教授、杨信礼教授、辛鸣教授，王磊博士，博士生陈界亭、曾祥富。

这次会议讨论了王伟光的《辩证论篇》和王磊的《信息论研究提纲》。

《辩证法篇》得到与会人员一致好评，大家认为该文很好地兼顾了哲学性和大众性的要求，与本书定位高度吻合，显示了作者深厚的理论功底和精湛的写作水平。该篇个别章节的副标题可以考虑进一步完善。增加中国哲学史上朱熹、方以智等哲学家的相关思想，既要讲合二而一，又要讲一分为二。

王磊阐述了关于信息论研究的新想法：改变以往的思路，结构上做出调整，第一部分讨论信息与物质和精神的关系；第二部分将信息问题与现实问题相结合，引出虚拟实践及其带来的正反两个方面的影响；第三部分重点论证“虚拟世界并不虚拟”这一论点，指出虚拟世界在本质上仍然是物与物的关系，虚拟世界之中问题的解决，从根本上仍然依赖物与物的关系的解决。大家认为新的研究思路条理清晰，改变了纯技术层面的思路，增强了哲学性。本章可放在唯物论的结尾，使《唯物论》带有一种综合性、新颖性、创新性。大家提出以下具体建议：文章各部分都要与“唯物论”这一主题紧密结合，在唯物论的整体框架内展开论述。给出“信息”的明确定义是困难的，但这一问题也不可回避，尝试给出一个大致的定义仍然是有必要的，可以灵活地给出一个描述性的定义。增加信息与实践的关系等方面的内容。文章第二、三部分可以合并，并适当压缩。

第60次会议定于2012年12月1日下午4点30分召开，重点讨论郝永平的《历史观》和李景源的《人民观》。

会议纪要之六十

2012 年 12 月 1 日

2012 年 12 月 1 日，中国社会科学院常务副院长王伟光教授主持召开《新大众哲学》编写工作第 60 次会议。参加会议的有中国社会科学院李景源研究员、孙伟平研究员、周业兵秘书，中共中央党校李晓兵教授、冯鹏志教授、郝永平教授、杨信礼教授、辛鸣教授，王磊博士，博士生陈界亭、曾祥富。

这次会议集中讨论了李景源的稿件《“问苍茫大地，谁主沉浮?”——试论人民群众是历史的创造者》。大家认为，该稿件具有较高的理论深度和浓厚的学术气息，论述较为深刻，有多处创新和亮点。经过充分讨论，这次会议形成以下修改意见：进一步加强语言风格的通俗化，向大众化靠近；增加若干当代生活中的鲜活事例；按照统一的文稿要求进行调整；

把文章由三个部分扩充到四个部分，把“民生”问题单列为一个部分。民心是民生的反映，民生是民心的基础，民生话题具有较强的现实意义和历史意义。文章若从民生、民意、民主三个方面构建，可以给人气势磅礴之美感。

在这次会议上，大家也提出了关于《辩证法篇》的改进建议：在事例的选择上避免与其他部分所选事例相重叠；矛盾没有好坏之分，此处以好坏来指称矛盾，过于口语化，建议更换个别字词。在谈“唯物辩证法的当代新发展”时稍显抽象；鉴于《用系统的观点看世界》这一部分章数过多，且第一、二两章话题较近，可以考虑把此两章合并为一章。

第61次会议定于2012年12月14日（周五）下午5点30分举行，将重点讨论郝永平负责整合的《历史观》稿件和王磊博士的《信息论》。

会议纪要之六十一

2012 年 12 月 14 日

2012 年 12 月 14 日，中国社会科学院常务副院长王伟光教授主持召开《新大众哲学》编写工作第 61 次会议。参加会议的有中国社会科学院李景源研究员、孙伟平研究员，中共中央党校郝永平教授、毛卫平教授、辛鸣教授，王磊博士，博士生陈界亭、王成国、曾祥富。

这次会议集中讨论了《历史观》篇，提出坚持大众化风格的两点要求：一是进一步在语言上下工夫，做到简洁、干净利落，减少枝节；二是减少语录的引用。以下是对各章节的具体修改建议：

一、《社会矛盾论》

该部分各节标题分别确定为：社会矛盾是历史发展的根

本动因；阶级矛盾是阶级社会发展的动力；正确认识我国社会主义初级阶段的主要矛盾；正确处理人民内部矛盾是社会主义国家政治生活的主题。导言篇幅长，需要缩减，解释清楚“社会矛盾”等几个概念即可。

二、《历史进步论》

该章与《社会形态论》内容上有重合之处，要尽量避免。

三、《社会形态论》

对“技术社会形态”的解释不够清楚，需要进一步用通俗语言界定。

四、《利益论》

对“效率优先、兼顾公平”的表述需要再推敲。既不以今天的标准否定过去，也不固守过去的观念。关于个人利益与集体利益的关系，不能仅强调个人利益服从集体利益、局部利益服从整体利益、眼前利益服从长远利益的一面，另一个方面也需要涉及。认为“具有物质利益的保障才能追求精神利益”，这一表述是否恰当需要考虑。

五、《人民群众观》

《利益论》第六节与该章内容上有重合之处，且引用的民谣相同，两者需要协调。

下次会议定于 2012 年 12 月 29 日（周六）下午 4 点 30 分举行，将重点讨论《唯物论》部分。《历史论篇》将在一月以后再次讨论。

会议纪要之六十二

2012 年 12 月 29 日

2012 年 12 月 29 日，中国社会科学院常务副院长王伟光教授主持召开《新大众哲学》编写工作第 62 次会议。参加会议的有中国社会科学院李景源研究员、孙伟平研究员、周业兵秘书，中共中央党校李晓兵教授、郝永平教授、杨信礼教授、毛卫平教授、辛鸣教授，王磊博士，博士生陈界亭、曾祥富。

这次会议集中讨论了杨信礼负责的稿件《唯物论篇》。此次提交的稿件篇幅大量压缩，内容进一步简化，在语言通俗化方面取得一定进展。会上提出四条原则性修改建议：在此基础上进一步梳理出清晰的线索；语言进一步通俗化；减少教科书气息；进一步压缩篇幅。具体修改建议如下：

一、《全部哲学的最高问题》

唯物论部分应主要围绕唯物主义和唯心主义来写，可知论和不可知论的内容应减少。对于“全部哲学的最高问题”需要做出解释：为什么是最高问题，讨论这一问题有什么意义。

二、《哲学上的两军对战》

紧紧围绕中心展开论述，在内容和角度上创新。建议从以下几个方面写：坚持从物质到思想的认识路线；坚持能动的反映论；既反对经验主义又反对教条主义；官僚主义在思想方法上的表现就是主观主义。注意区分“哲学”与“马克思主义哲学”两个概念。建议进一步展现两军对垒的斗争气息，突出唯物主义与唯心主义的对立。围绕“两军对垒”这一主题，重点写各方面的表现并给出具体描绘。关于辩证法与形而上学的阐述，应坚持以唯物主义与唯心主义的对立为主线。反对“头脚倒立”的辩证法，可以引用中国古代思想家关于辩证法的一些相关论述。

三、《坚持辩证唯物主义，反对主观唯心主义》

本节实际上是理论与实践的关系问题，重点是如何坚持新唯物论的问题。唯物主义要求因时因地而不同，也就是从实际出发。建议参考《杨献珍传》，杨献珍的一生主要就是在反对主观唯心主义。

四、《信息论》

把信息问题放到马克思主义哲学体系中考虑。信息是物与物之间相互作用、相互关系的反映和结果，是物质的存在、表达形式，信息离不开物质；信息具有形式和内容，形式是信息的载体，内容是信息实际传达的东西；物质发展到一定阶段有了人，人与人之间发生关系，通过意识传递信息，意识是传递信息的一种载体和形式。信息应该是广义的，不能与人的感觉等同。参考列宁的话“世界万物都有反映的特性”。意识是信息的高级形式，有连续的过程。建议对信息下定义以一种观点为主，把其他几个串起来。可以先对各种流派和观点作出梳理，然后提出我们的观点。认为信息是一种“中介和媒介”，该论断需要斟酌。将“虚拟实践并不虚拟”改为“虚拟实践并不虚无”。在结构上进行调整，把“信息到底是什么”作为第一部分，第二部分写马克思主义哲学对信息本质的看法，第三部分写信息的实践意义。

下次会议定于2013年1月12日（周六）下午4点30分召开，将重点讨论郝永平负责的稿件《历史观篇》。

会议纪要之六十三

2013 年 1 月 17 日

2013 年 1 月 12 日，中国社会科学院常务副院长王伟光教授主持召开《新大众哲学》编写工作第 63 次会议。参加会议的有中国社会科学院李景源研究员、孙伟平研究员、周业兵秘书，中共中央党校李晓兵教授、毛卫平教授、郝永平教授、杨信礼教授、辛鸣教授，王磊博士，博士生陈界亭、曾祥富。

本次会议讨论了《历史观篇》和《信息论研究提纲》两份稿件。此次会议形成以下认识：基本保持各章现有框架结构，继续斟酌具体问题；章节标题做出适当调整；转换语言，进一步增强通俗性和时代感；坚持“通过例子得出结论”的写作方法，避免“用结论论证例子”的误区，努力做到观点与所举事例两者水乳交融；严格按照统一规范写作；统稿工作中要注意各部分之间风格上相互协调，内容上避免交叉。具体修改建议如下：

一、《历史观篇》

《社会形态论》： 调整结构，合并第四、五两部分内容（分别讲社会形态演进的特殊性和普遍性）。各部分标题分别改为：社会形态归根结底就是经济社会形态；处于变化发展中的社会有机体；社会形态的发展是自然历史过程；社会形态的发展既有普遍性又有特殊性；高级社会形态发展的阶段性。

《社会矛盾论》： 该篇标题“社会矛盾是人类历史发展的内在动因”改为“人类历史发展的内在动因”。其中的各部分标题分别调整为：社会历史的基本规律；阶级社会的推动力量；社会主义初级阶段的根本任务；社会主义国家政治生活的主题。

《利益论》： 本篇标题“一切从人民利益出发”改为“人民利益高于天”。第二节标题“利益的实质是一种社会关系”改为“利益就是一种社会关系”；第四节标题“利益矛盾是人类社会发展的直接动力”改为“人类社会发展的直接动力”；第五节标题“斗争和协调是解决利益矛盾的两种根本方法”改为“解决利益矛盾的方式方法”；第六节标题“人民利益高于天”改为“一切从人民利益出发”。

《群众观》： 第三节标题“牢记民主是打破历史周期律的

利器”改为“民主是打破历史周期律的利器”。

《历史进步论》：个别节的标题作改动，第二节标题“生产力发展是评价历史进步的根本标准”改为“评价历史进步的根本标准”；第三节标题“历史进步最终体现在人的解放与发展上”改为“历史进步最终体现在人的解放与全面发展上”；第四节标题“历史进步往往采取阶级对抗性的实现形式”改为“阶级社会历史进步的实现形式”；第五节标题“中国特色社会主义开辟了历史进步的新航道”改为“人类历史进步的新篇章”。

二、《信息论》

会议认为，《信息论》的最新修改稿结构上较好，总体思路和框架比较清晰，下一步的修改中需要注意以下几个问题：实践包含交往，实践和交往这两部分内容应该放在一起写；“虚拟人际关系实践”与其他几个概念不在同一层次，不能并列；信息的定义没必要、现在也不可能给出明确界定，可以对此保持开放态度。

下次会议定于 2013 年 1 月 19 日（周六）上午举行，将集中两天时间讨论《历史观篇》以外的各篇，包括《总论》、《唯物论》、《辩证法》、《认识论》、《价值论》、《人生观》、《历史观》上篇。

会议纪要之六十四

2013年1月24日

2013年1月19日至20日，中国社会科学院常务副院长王伟光教授主持召开《新大众哲学》编写工作第64次会议。参加会议的有中国社会科学院李景源研究员、孙伟平研究员、周业兵秘书，中共中央党校郝永平教授、毛卫平教授、杨信礼教授、辛鸣教授，王磊博士，博士生陈界亭、曾祥富。

本次会议集中讨论了统稿后的《哲学总论篇》、《辩证法篇》、《价值论篇》、《认识论篇》、《唯物论篇》和《历史观总论篇》。

一、《哲学总论篇》

该篇结构上不再做大的变动，下一步工作主要是精益求精；第一章《哲学导论》需适当调整，先回答哲学的研究对象、功能、性质、方法，然后给出定义。本章第四节《走向自由之路》从四个方面展开。哲学的研究对象，哲学研究最一般规律，包括自然、社会和思维等方面；哲学的功能，即哲学有没有用的问题；哲学的性质，即怎样看哲学的好坏；哲学的定义，即“是什么”的问题。第一章第二节《怎样学哲学》实际上是在说哲学的历程，标题可改为“哲学的前世今生”。该部分需要注意将每个时期的重点流派和代表人物都适当展开，每个时期都有唯物与唯心、辩证法与形而上学的对立。

二、《辩证法篇》

本篇总体比较成熟，内容丰富，布局合理。尤其绪论部分和关于“三个规律”的论述最为典型，可以作为改稿的范本。文中存在内容上的重复，需要适当处理。《用系统的观点看世界》一章总体篇幅稍长，部分段落可以适当合并，如第三节《系统的结构性与结构性原则》与第四节《系统的层次性与层次性原则》内容可以合并。语言仍需要进一步简洁化、通俗化。

三、《认识论篇》

本篇在通俗性方面做得较好，需要进一步精雕细刻。

四、《价值论篇》

理论完整，语言简洁，包含大量社会生活中的鲜活事例。

五、《唯物论篇》

本篇框架设计合理，内容丰富，语言表述上仍需进一步通俗化。《全部哲学的最高问题》中增加一段“哲学的最高问题也是实际生活的基本问题”。《哲学上的两军对垒》需要压缩篇幅。《坚持辩证唯物主义，反对主观唯心主义》一节需要简化。《物质论》应当落脚于对各种物质及其新形态的哲学把握。《自然观》结构不错。《信息论》第一部分，“信息是什么”难以说清，建议不直接下定义，可以梳理社会上关于信息的约定俗成的理解，然后讲哲学上如何看信息。《信息论》各章结构调整为：（1）信息的功能、性质特点及其形成过程。（2）信息离不开物质但不等于物质。（3）信息与意识不可分但不等于意识。（4）信息与实践和社会的发展。（5）信息与虚拟世界。

六、《历史观篇总论》

本篇逻辑严密，内容有新意。与《历史观分论》内容上有重复之处，需要适当调整。

经过这次讨论大家认为，从2010年7月至今两年半时间里，改稿过程美好而难忘，基本完成了阶段性任务，看到了希望，增强了信心，提高了责任感。大部分稿子日趋成熟，风格和内容等方面都取得进展，但是仍存在不少问题。下一步的工作目标是提高准确性，强调结构创新。挑问题、找错误是今后一段时期工作的重心，力争更生动鲜活、富有特色，做真正的大众哲学、通俗哲学。会议强调了统稿工作的重要性。建议统稿继续采取集体讨论的方式，逐步解决每一难点问题。要增强整体意识，做好呼应，避免重复。

第65次会议定于2013年1月26日（周六）下午2点30分举行，将集中讨论《人生观篇》和《历史观分论》。

会议纪要之六十五

2013 年 1 月 30 日

2013 年 1 月 26 日，中国社会科学院常务副院长王伟光教授主持召开《新大众哲学》编写工作第 64 次会议。参加会议的有中国社会科学院孙伟平研究员、周业兵秘书，中共中央党校李晓兵教授、冯鹏志教授、毛卫平教授、郝永平教授、杨信礼教授、辛鸣教授，王磊博士，博士生陈界亭、曾祥富。

本次会议讨论了《历史观分论》和《人生观篇》两份稿件，安排了春节前后的工作计划。

一、《历史观分论》

分论与总论部分内容有交叉重合，统稿时要注意协调、整合；增强举例的针对性；努力压缩篇幅，建议将每篇控制在一万字以内；下工夫提炼各章节标题；实现语言从学术性到大众化的转换，多使用短小的句子和老百姓熟悉的语言。对各章节的具体建议如下：1.《社会形态论》各节标题调整为：（1）归根结底是经济社会形态。（2）不断变化的社会有机体。（3）社会形态的发展是自然历史过程。（4）社会形态发展是普遍性与特殊性的统一。（5）原标题“新社会形态发展的阶段性”不变。2.《社会矛盾论》个别章节标题过长，要简短一些。3.《利益论》第二章标题“利益的实质是一种社会关系”改为“利益实际上是一种社会关系”。4.《群众观》第六章《人民利益高于天》、第七章《社会主义要追求共同富裕》内容可以合并。5.《历史进步论》第三、五章副标题（分别为：“从资产阶级的‘革命作用’看人的解放历程”、“社会主义既要发展生产力又要促进人的全面发展”）像在阐释某个内容，不像入手处，建议调整。

二、《人生观篇》

整体上看结构简明，有很强的逻辑性，语言和观点都有提升。建议把过去几稿中较生动的内容放到新稿中。增加马克思主义人生观关于“人的自由全面发展”的内容，体现哲学层面的、大众哲学的人生观。具体修改建议如下：第一章正标题“为什么要树立马克思主义人生观”与副标题“人总是要死的，但死的意义不同”两者存在矛盾，一为“生”，一为“死”。“为什么树立马克思主义人生观”一节需要突出马克思主义对人、社会的看法比前人高明的地方，以此说服读者和年轻人。第三章标题“树立马克思主义人生观”改为“各种人生问题的马克思主义哲学解读”。该章内容可分出三个层次：提倡和鼓励什么，允许和宽容什么，抵制和反对什么。本文中例子与切入点都将重点放在了党员干部上，而不是青年读者，需要调整。

第 66 次会议定于 2013 年 2 月 23—24 日召开，全部稿件的修改稿在 2 月 15 日之前集中起来。

会议纪要之六十六

2013 年 3 月 3 日

2013 年 2 月 23 日至 24 日，中国社会科学院常务副院长王伟光教授主持召开《新大众哲学》编写工作第 66 次会议。参加会议的有中国社会科学院李景源研究员、孙伟平研究员、周业兵秘书，中共中央党校李晓兵教授、冯鹏志教授、郝永平教授、毛卫平教授、杨信礼教授、辛鸣教授，王磊博士，博士生陈界亭、曾祥富。

本次会议集中两天时间讨论了再次修改后的八篇稿件，对今后工作做出了进一步规划。自第 67 次会议开始，依次讨论《认识论》、《人生观》、《历史观》下篇和《唯物论》中的《信息论》等稿件，各篇经过讨论陆续进入统稿阶段。五一前后完成统稿，需要个别处理的问题再返回到各位作者，8 月份再集中讨论一次，暑假之后全部稿件交付专家审阅。

一、《哲学总论》

本篇基本成熟，结构很好，写出了新大众哲学的气势；文章增加了大量格言、警句的表达，语言风格可以作为改稿的范本。会议提出，下一步修改需要注意：文字进一步简洁，文中多处出现的“我们”等字词需要处理；语言需要更加直白，减少绕弯的表述方式；避免重复，个别地方点到即可，不需展开；仔细拿捏马克思主义哲学中国化与马克思主义理论中国化的区别与联系，解决什么是马克思主义哲学中国化、为什么要马克思主义哲学中国化等关键问题。

二、《唯物论》

本篇基本成型，理论上比较清晰准确，增加了若干科技新成果的内容，内容更加丰富；下一步修改的重心是《总论》部分，去学术化，争通俗化；努力追求出新，本篇写出新意很重要。

三、《辩证法》

结构标准，行文大气，可以作为改稿的范本。下一步重点是修改其中的《系统论》一篇。

四、《认识论》

体例新颖，内容充实。仍需进一步整理思路、理顺逻辑。注意避免把“马克思主义认识论”写成“毛泽东思想的认识论”；全面体现出马克思主义认识论的基本观点；标题中体现马克思主义认识论的根本特征。

五、《历史观总论》

该篇新稿取得新进展，概括性很强。总论与分论之间有内容交叉，建议将两篇尽快合并起来考虑。本篇主题是“历史是否有规律”以及“历史规律是否可以认识”，核心是“历史是否有规律”。文章应突出我们的观点，指明坚持历史唯物主义的意义。

六、《历史观分论》

要理顺结构和思路，调整各章节标题；统一各篇的风格；语言进一步通俗化；选取例子要恰当；不要过分拘泥于教科书式的条分缕析

七、《价值论》

比较成熟，基本可以定稿。要坚持“把复杂问题简单化”，进一步精简；做好文章的前后呼应，特别是与《人生观》的呼应。

八、《人生观》

逻辑上通顺，基本框架较好，可以将此版本固定下来。在文中关键地方适当增加一些格言、警句；增加一些有说服力的例子；语言需要进一步通俗化。

第 67 次会议定于 2013 年 3 月 16 日下午 4 点召开，主要讨论《哲学总论》、《唯物论》、《辩证法》、《价值论》和《历史观》上篇五份稿件。

会议纪要之六十七

2013 年 3 月 17 日

2013 年 3 月 16 日，中国社会科学院常务副院长王伟光教授主持召开《新大众哲学》编写工作第 67 次会议。参加会议的有中国社会科学院李景源研究员、孙伟平研究员、周业兵秘书，中共中央党校郝永平教授、杨信礼教授、辛鸣教授，王磊博士，博士生陈界亭、曾祥富。

这次会议部署了今后一段时期的工作，计划在 3 月底完成五篇成熟稿件的统稿。会议明确了统稿分工：王伟光教授承担《唯物论》部分，孙伟平研究员负责《哲学总论》和《历史观》上篇，辛鸣教授承担《价值论》和《历史观》下篇。

会议重点讨论了《信息论研究提纲》，大家充分肯定了这一稿所取得的进展，对下一步的修改提出几点看法。具体建议如下：

1. 文中提及信息的几种特性，如继承性、可受性、可传递性、可存储性、反作用性等，可以适当扩展对这几种特性的论述，分别作为一个段落。

2. 第一节“信息的功能与特点”与第二节“信息是什么”顺序需调换。先讲概念再讲功能特点，这样更符合逻辑。

3. 文中在“信息的分类”中关于“上意识”的提法不够科学，常用的范畴有“潜意识”，此处需要再斟酌。

4. 在“信息与意识”部分，需要讲清楚两者的关系。“意识是信息的载体”一句不好理解，应改进一下表达方式，讲清楚“信息加工需要借助于意识”、“信息建立起意识之间的联系”等几层意思。

5. 第五节“虚拟空间并不虚无”中的几个概念需要再梳理一下：虚拟空间、虚拟世界、虚拟实践等。建议此处将内容统一起来，重点讲“虚拟世界”，在开头时提一下在虚拟空间中进行虚拟实践，然后将几个概念一以贯之。

6. 第四节“信息与社会的发展”与第五节“虚拟空间并不虚无”在内容上有交叉和重复，可以考虑将两章内容合并在一起写。

7. 第四节和第五节的入手处不够好，建议再找一个更好的例子。

8. 第一节的副标题“信息都是听得懂的吗”表述不够科学，改为“信息都是可以听得懂的吗”。

第 68 次会议定于 2013 年 3 月 30 日下午 4 点 30 分召开，重点讨论《历史观》下篇，要求与会人员认真阅读《历史观》下篇稿件后在打印稿上作出修改，届时提交会议讨论。已进入统稿阶段的五份稿件继续征求大家的意见。会议要求大家深入阅读《通俗哲学》等经典作品，努力从中吸收一切有益的成果。

会议纪要之六十八

2013 年 4 月 2 日

2013 年 3 月 30 日，中国社会科学院常务副院长王伟光教授主持召开《新大众哲学》编写工作第 68 次会议。参加会议的有中国社会科学院李景源研究员、孙伟平研究员、周业兵秘书，中共中央党校郝永平教授、辛鸣教授，王磊博士，博士生陈界亭、曾祥富。

此次会议讨论了《历史观》下篇修改稿，商讨了全书《前言》部分的写作思路，对今后的工作提出进一步规划。会议提出针对全书的两条建议：1. 要求采用事例与哲理紧密融合的论述方式。把例子贯穿到文中，围绕切入点把道理剖析透彻。做到“从事实中求哲理”，避免造成“理在事外”的现象。2. 对本书提出具体要求：要让没学过哲学的人看出哲学来，让学过哲学的人读出味道来。

会议认为，需要重点处理好《历史观》上、下两篇的交叉和重叠问题。以上篇为基础，吸收下篇的有用成分，整合成四到五块内容，经过一段时间考虑后提出新的《历史观》篇框架。初步建议新稿的结构安排：（1）历史观总论。（2）规律论（含社会矛盾论、社会动力论）。（3）决定论与选择论。（4）社会进步论。（5）群众路线论。

会议决定由郝永平教授负责起草前言的写作提纲。经过讨论，会议提出了前言部分的基本结构和应包括的主要内容。

（一）《新大众哲学》的创作缘起。1. 哲学是科学的世界观、方法论和思维方式。毛泽东提倡把哲学从书斋里解放出来，变成群众手中的尖锐武器。《新大众哲学》应运而生，是马克思主义哲学大众化、时代化的产物，是时代精神的精华。2. 党的历史上几次重要的思想解放运动。哲学大众化是党的优秀传统：从延安时期毛泽东领导的新哲学运动，到抗战时期艾思奇的《大众哲学》，再到毛泽东主持讲《社会发展史》，再到关于真理标准问题的大讨论，再到韩树英同志的《通俗哲学》，一直到当前的《新大众哲学》，经历了辉煌的历程，发挥了重要作用。从《大众哲学》到《新大众哲学》，中国哲学界每30年推出一部哲学大众化的代表性著作，它们既一脉相承又与时俱进。哲学理论在大众化的过程中不断推陈出新，尝试回答社会发展中亟须解答的问题，为干部群众解疑释惑提供精神武器。我们相信，《新大众哲学》也将起到积极的历史作用，为哲学的大众化作出应有的贡献。3. 是当前形势的需要。改革开放新时期对哲学提出了“如何更进一步”的时代课题，哲学的大众化必须以新的姿态面向世界，新的时代呼唤新的哲学大众化作品的问世。优秀的作品应该反映时代特征，用马克思主义的立场把握时代的变化。自然科学和社会科学的不断发展积累了新的知识，即既提供了哲学发展的新条件，也提出了哲学面临的新挑战。当今世界和中国的实践具有一系列新特点，新的实践需要创新的哲学来指导。

（二）本书创作历程。《新大众哲学》是一项系统工程，得到中宣部等有关部门的高度重视和若干单位的大力支持。编辑工作历时三年，会议讨论 68 次，集中改稿三次。三年来反复增删，几易其稿，力求精益求精。十余位哲学界专家为此付出辛勤劳动。

（三）该书特点及创新之处。我们坚持以问题为主导，同时兼顾哲学体系的完整。在内容上，选取当前人民大众最为关切、存在困惑、最需要解答的重点领域和重大话题，有针对性地进行哲学上的回答。在写法上，既坚持马克思主义的鲜明立场，又强调马克思主义哲学的科学性；既力求语言的通俗化、大众化，又不失表达的准确性。

第 69 次会议定于 2013 年 4 月 13 日下午 4 点 30 分召开，主要讨论《人生观》、《信息论》和《前言》部分写作提纲。

会议纪要之六十九

2013 年 4 月 16 日

2013 年 4 月 13 日，中国社会科学院院长王伟光教授主持召开《新大众哲学》编写工作第 69 次会议。参加会议的有中国社会科学院李景源研究员、孙伟平研究员、周业兵秘书，中共中央党校李晓兵教授、冯鹏志教授、郝永平教授、辛鸣教授，王磊博士，博士生陈界亭、曾祥富。

这次会议讨论了李晓兵的《人生观》篇、王磊博士的《信息论》以及郝永平起草的《前言》写作提纲。会议安排了近期工作分工：冯鹏志负责《信息论》修改（计划用时一月）；辛鸣负责《人生观》修改。

李晓兵介绍了新稿结构和主要修改。与会专家一致认为该稿件结构合理，思路顺畅，整体上更加成熟。应当妥善处理该篇与《价值论》篇的关系，避免内容重复；涉及“人的本质”的部分，可能会与《历史观》交叉，可以在两处分别采取不同的视角。《历史观》可以重点讲“人的本质是社会关系的总和”；此处可以侧重讲个人与集体的关系。历史观强调人的共性但并不抹杀个性，人生观侧重讲人的个性。

大家认为，《信息论》不断趋于成熟，还需要进一步修改。在结构上，第一部分论述信息的产生、功能和特点。第二部分讲“信息不等于物质，但是与物质有联系”。第三部分讲“信息不等于意识，但离不开意识”。第四部分讲“信息创造了虚拟世界，但不等于虚拟世界”。该部分要努力求新，力争做到结构新、内容新、话题新。增强哲学色彩，变“以哲学角度”看问题为“从哲学层面”看问题。虚拟实践和虚拟时空是对现实实践、现实时空的补充。

会议讨论了《前言》写作提纲。建议重点解决四个问题：1. 为什么要编写《新大众哲学》。一是哲学为什么要大众化；二是为什么要“新”。2. 该书是如何编写的。3. 该书主要创新点。4. 写作过程。在讲哲学大众化时，从党、社会和民众等方面阐述新大众哲学的必要性，从理论上阐述哲学大众化的可能性。建议参考李公朴给《大众哲学》作的序。

第70次会议定于2013年4月27日下午6点30分召开，将重点讨论《认识论》。

会议纪要之七十

2013 年 4 月 28 日

2013 年 4 月 27 日，中国社会科学院院长王伟光教授主持召开《新大众哲学》编写工作第 70 次会议。参加会议的有中国社会科学院孙伟平研究员、周业兵秘书，中共中央党校李晓兵教授、冯鹏志教授、郝永平教授、毛卫平教授、杨信礼教授、辛鸣教授，王磊博士，博士生陈界亭、曾祥富。

这次会议讨论了毛卫平的《认识论》修改稿，通报了工作进展情况：《哲学总论》、《唯物论》和《辩证法》基本完成统稿，其他部分正处在修改和统稿阶段；部署了近期工作：杨信礼负责进一步修改《认识论》，郝永平继续修改《前言》。会议重申：要注意学习《通俗哲学》的写法，吸收《马克思主义哲学纲要》中的一些基本原理。

毛卫平简要介绍了新稿的改动：（一）该篇文章副标题“人的正确思想是从哪里来的”改为“通向真理之路”。（二）前四个部分基本按照毛泽东认识论观点来架构，标题分别为：从实践到认识，从认识到实践；从群众中来，到群众中去；从个别到一般，从一般到个别；物质变精神，精神变物质。第五部分为“实事求是的思想路线”；《物质变精神，精神变物质》仍作为文章第四部分，这样做有四个方面的原因：一是与该部分在毛泽东认识论中的次序一致；二是如果该内容放在文章第一部分开篇即谈此问题，感觉与《唯物论》中相关内容重复；三是该部分内容带有综合性，放在后面更恰当。“实事求是的思想路线”一章做了改动，以便更好地与党章和十八大报告相关内容吻合。（三）更新、补全了个别章节的入手处。

大家充分肯定了新稿的进展，提出了一些建议。第一章第四节“客观真理、相对真理与绝对真理”中，“三重属性”的提法需斟酌，应区分是“三种真理”还是真理的“三重属性”。第一章“从实践到认识，从认识到实践”中“五条道路”的提法需斟酌，它们并非相互分离的五条道路，而是中国道路的几种实现方法。第二章第一节中，副标题“群众路线与马克思主义认识论的统一”是一个关于理论例子，建议更换为一个形象的例子。第二章第二节“调查研究是和基本功”与第三节“要善于调查研究”可以考虑合并。此两节内容都是讲“调查研究”的，合并后，以“群众路线与马克思主义认识论的统一”作为第四节内容。第二章“从群众中来，到群众中去”与第三章“从个别到一般，从一般到个别”的顺序可以调换，按照“知与行的关系——认识的次序——认识的主体”的顺序展开论述更科学，也与带有综合性质的第四章的内容“物质与精神互变”衔接得更顺畅。第三章第四节“从一般道个别”所用例子（毛泽东寻找救中国的道路）不够生动，建议更换一个。第五章“实事求是的思想路线”以逻辑统摄历史，这种写法很好，入手处可以考虑做得更加生动一些。

第 71 次会议定于 2013 年 5 月 25 日下午 2 点举行。

会议纪要之七十一

2013 年 6 月 4 日

2013 年 5 月 25 日，中国社会科学院院长王伟光教授主持召开《新大众哲学》编写工作第 71 次会议。参加会议的有：中国社会科学院李景源研究员、孙伟平研究员、周业兵秘书，中共中央党校冯鹏志教授、郝永平教授、毛卫平教授、辛鸣教授，王磊博士以及博士生陈界亭、曾祥富。这次会议讨论了《认识论》和《前言》两篇稿件，通报了工作进度。

会议认为《认识论》的写法逐步成熟。建议进一步规范化，参考并借鉴《马克思主义哲学纲要》中关于认识论的内容。提出以下修改建议：1. 第一章“从实践到认识，从认识到实践”应包含以下内容：实践是认识的来源；实践是认识发展的动力；实践是检验认识正确与否的标准；实践是认识的目的。2. 第二章第二、三两节（两节标题分别是“调查研究是基本功”、“要善于调查研究”）都是讲调查研究，两节内容合并为一节，一方面要“去”调查研究，另一方面要“会”调查研究。3. 各部分的开头需要开门见山，紧密联系文中内容。4. 每章末尾的结语需要适当扩充，结语应当是水到渠成的，可以多使用格言式的语句。

会议对《前言》提出了“文字简洁、观点求精、语言求新”的修改要求。篇幅较长，建议进一步精简，尽量控制在5000字以内。第一部分的内容可能会与《哲学总论》交叉，需要注意避免，可以删除最后一段（该段内容主要是论述马克思主义哲学与工人阶级革命实践的相互依存的关系）；避免出现“大众”与“哲学”两张皮的现象，需要指出“哲学就是大众的，大众就是哲学的”。《前言》中不需要说理和论证，不需要出现小标题。不要简单比照艾思奇，避免造成误会。艾思奇在世时也曾提出要再写一本新的大众哲学，文中可以指出“艾老的遗愿我们来实现”这层意思。在关于“吸取知识创新的新成果”的段落中，仅提到了自然科学方面，还需要增加社会科学和人文科学方面的知识，比如以人为本。参考以下事例：大庆“两论”起家、李瑞环的《小木匠攀登哲学高峰》等。

第72次会议定于2013年6月17日（周一）下午5点30分举行，将重点讨论《认识论》和《人生观》两篇稿件。

会议纪要之七十二

2013 年 6 月 18 日

2013 年 6 月 17 日，中国社会科学院院长王伟光教授主持召开《新大众哲学》编写工作第 72 次会议。参加会议的有中国社会科学院孙伟平研究员、周业兵秘书，中共中央党校冯鹏志教授、郝永平教授、杨信礼教授，博士生陈界亭、曾祥富。

这次会议总结了关于《认识论》的修改建议并进一步征求了补充意见；决定由杨信礼教授和毛卫平教授依据建议分别进行修改《认识论》。会议认为，该篇稿件写法有新意，框架设计科学合理，不需要做大幅度的调整，但是有关认识论的重要内容要全面涵盖。会议要求在《认识论》以及其他篇章的修改中，注意学习《马克思主义哲学纲要》和《通俗哲学》，从中借鉴有益成果。会上还提出以下几点补充意见：

1. 第一章第三节“是螺旋不是直线”：在讲相对真理与绝对真理之前，用适当篇幅讲一下什么是真理。此处最好用真理的“相对性和绝对性”代替“绝对真理和相对真理”，此处可以采用关于波粒二象性的例子（对光的认识的不断变化：波动说—微粒说—既是波又是粒）。

2. 第二章“从群众中来，到群众中去”与第三章《从个别到一般，从一般到个别》的顺序可以调换：先写认识顺序，再写认识主体，这样更符合逻辑。

3. 第四章“物质变精神，精神变物质”：要写到“人的正确认识来自实践”，此处可以引用马克思的话“批判的武器不能代替武器的批判”。

4. 第四章“物质变精神，精神变物质”需要有一些理论性的观点，指出认识的作用很大。

第 73 次会议定于 2013 年 7 月 1 日下午 5 点 30 分举行，将讨论辛鸣教授负责统稿的《人生观》、冯鹏志教授负责修改的《信息论》和郝永平教授负责修改的《前言》。

会议纪要之七十三

2013 年 7 月 3 日

2013 年 7 月 1 日，中国社会科学院院长王伟光教授主持召开《新大众哲学》编写工作第 73 次会议。参加会议的有中国社会科学院李景源研究员、孙伟平研究员、周业兵秘书，中共中央党校李晓兵教授、冯鹏志教授、郝永平教授、杨信礼教授、辛鸣教授，王磊博士，博士生陈界亭、曾祥富。

此次会议讨论了《前言》和《人生观》两篇稿件，提出了若干修改意见。

会议讨论了《前言》修改稿，认为该稿立意高远，语言流畅，写法更加规范，内容更加精练。提出几点修改建议：（一）篇幅压缩，字数控制在6000 以内。（二）文章结构在现有基础上进一步思考。（三）语言力求生动、通俗、精确，尽量使用人民群众喜闻乐见的表达方式。具体建议如下：1. 文章结构调整如下：（1）为什么要写《新大众哲学》。从讲述故事开始，交代《大众哲学》的作者艾思奇曾有写一本新的《大众哲学》的想法。然后讲时代和条件发生了变化，必须对新问题作出新的解答，这是新时代的需要、现实的需要、群众的需要。（2）怎么写《新大众哲学》。关键是“新”，反映时代变化，回答群众疑问，体现时代化、民族化、大众化。2. 文中几处细节问题：（1）第一部分的两个“决定”的命题不恰当，大众需要哲学更多的是由大众方面的需要决定的，哲学需要大众则是因为哲学由人民创造需要再回到人民之中。（2）第二部分的内容偏多，需要压缩。该部分在讲20世纪30年代的哲学大众化时，只提到艾思奇是不够的，党的高层领导和其他哲学家也有贡献，比如毛泽东在抗大讲哲学、翻译苏联哲学教科书等。（3）第三部分应在语言上改进一下，把姿态降低一下。不写我们是怎样做的，而分几条概括说我们应当怎样做，之后再作出总结。

辛鸣介绍了对《人生观》所做的修改：思路上没有做大的改动；适当调整了个别前后有重复的地方；主要在前三个部分做了改动；篇幅由 32000 字压缩到 28000 字。会议要求参会人员会后继续认真阅读本篇稿件，并在书面稿上做出标修改，待下次会议时提交。会议讨论了《人生观》修改稿，认为该稿渐趋完善，基本结构无须变动。具体修改建议如下：

1. 全文结构与各部分内容：第一部分“什么是人生观”从一般意义上讲“什么是人生观”；第二部分“为什么要树立马克思主义人生观”主要讲马克思主义的人生观是最高人生境界，要提到“不可能每一个人都是雷锋，但是必须树立这样一个标杆”这层意思；第三部分“种种人生问题的马克思主义视野的解读”讲用马克思主义人生观指导人生的种种问题。2. 文章应该体现人生观的不同层次：一般人生——最高人生——正确人生（底线）。马克思主义人生观不仅讲最高理想，还要讲当前的理想。3. 马克思主义人生观应当包含以下几方面重要内容：（1）马克思主义人生观是科学的人生观。（2）马克思主义世界观是马克思主义人生观的理论基础。（3）共产主义最高理想是马克思主义人生观的最美好追求。（4）马克思主义人生观把个人幸福建立在全人类幸福的实现上。要处理好个人幸福与共同幸福的关系，实现社会价值和个人价值的统一。（5）马克思主义人生观的最终追求是人的自由全面发展。4. 第二部分的题目与内容的对应不够贴切，需要再斟酌。为什么要树立马克思主义人生观？回答这一问题要重点讲它是科学的。5. 建议文中指出“人生观是在实践中形成的，有一个不断变化的过程”。6. 人生中会遇到困难和挫折，文中可以增加一些关于“如何面对人生中的负面”的内容。7. 人生观是离老百姓生活很近的一个话题，建议内容上强化一下对百姓生活的关注。

第74次会议定于2013年7月13日（周六）下午4点30分召开，将重点讨论杨信礼负责修改的《认识论》篇和冯鹏志负责修改的《信息论》篇。

会议纪要之七十四

2013 年 7 月 14 日

2013 年 7 月 13 日，中国社会科学院院长王伟光教授主持召开《新大众哲学》编写工作第 74 次会议。参加会议的有中国社会科学院孙伟平研究员，中共中央党校李晓兵教授、冯鹏志教授、郝永平教授、杨信礼教授，王磊博士、陈界亭博士，博士生曾祥富。

此次会议讨论了杨信礼教授负责修改的《认识论》稿件。杨信礼教授介绍了《认识论》所做的主要改动：（一）前言部分文字做了调整。（二）第一章“从实践到认识，从认识到实践”规范了引文出处，增加了几处古人关于重视实践的名句，例如引用陆游的诗句“纸上得来终觉浅，绝知此事要躬行”；第二节“认识过程中的两个飞跃”使用“元素周期表”

的例子来阐述认识的深化。（三）第二章“从个别到一般，从一般到个别”删除了“认识能力的有限性和无限性”的内容；（四）第三章的副标题由原来的“把握辩证法的精髓”改为“根本的认识路线和工作路线”，引言中增加了“群众——领导——群众”的内容；第一节的标题由原来的“群众是智慧的源泉”改为“人民群众的实践是智慧的源泉”；第二节标题改为“要向人民群众作调查研究”，把原稿中关于调查研究的两节内容（原稿两节的标题分别为：“调查研究是基本功”、“要善于调查研究”）合并到本节中，在讲群众路线中讲调查研究，将两者结合起来。（五）第四章“物质变精神，精神变物质”未作整体改动。（六）第五章的标题由原来的“实事求是思想路线”改为“务实求理，与时偕行”，副标题改为“创业兴邦的决定性因素”，这样更具有概括性。

会议就《认识论》的修改稿展开讨论，认为该稿经过修改后内容更具体、更系统，理论色彩有增加，各章节的标题和顺序理得更顺。会上提出几点修改建议：（一）个别章节的入手处需要再琢磨，更换不恰当的例子，如关于钱学森、谷牧、马克思墓志铭的例子等。（二）整体框架不需大的改动，个别章节的标题和结构适当调整。（三）文稿格式需要进一步规范（参见文稿规范要求）。各章节具体修改建议如下：

1. 第一章：“从实践到认识，从认识到实践”。（1）第一节的例子“将在外君命有所不受”换为“纸上谈兵”更好，赵括纸上谈兵导致坑兵四十万的结果，这一遗址已经发掘，可以把这一新闻作为引子。（2）第三节标题“是螺旋不是曲线”表述不明确，考虑更换，应该表述出“是螺旋式上升的过程”的意思。（3）第四节的标题“相对真理与绝对真理”与其他几节不协调，改为“真理是绝对性与相对性的统一”；先讲相对性与绝对性，再讲两者的关系；黑天鹅的例子更换为光的波粒二象性的例子更恰当。（4）增加一节内容作为第五节，以“马克思主义认识论重在实践”为标题。（5）关于虚拟实践的内容，应该注意不要把虚拟实践与现实实践对立，没有脱离现实生活的实践，实践的本质没有变。2. 第二章：“从个别到一般，从一般到个别”。（1）本章副标题“努力把握辩证法的精髓”改为“认识论的精髓”，与第一章副标题“认识论的基石”保持协调。（2）增加一节内容作为第四节，以“马克思主义认识论是个别与一般的结合——马克思主义的中国化”为标题。3. 第三章：“从群众中来，到群众中去”。（1）本章副标题“根本的认识路线和工作路线”改为“党的群众路线就是马克思主义认识路线”。（2）第一节标题“人民群众的实践是智慧的源泉”改为“正确认识的源泉”；入手处使用“小岗村包产到户”的例子更好。（3）第二节标题“要向人民群众做调查研究”改为“先当群众的学生，再当群众的先生”；调查研究不仅是去询问，也包括试点和实验。把共产党历来重视的试点和实验等开展调查研究的方法写进去，在读者中能产生共鸣。(4) 增加一节内容作为第四节，标题需要再考虑，要表达“领导与群众相结合才能得到正确认识”这层意思。(5) 本章应该揭示出群众路线的理论基础，要写得精彩可以成为本篇的亮点。4. 第四章：“物质变精神，精神变物质”。本章的结构需要再梳理。文中要包含物质与精神互变的转变机制、过程、意义、条件等重要内容。5. 第五章：“务实求理、与时偕行”。(1) 本章内容欠缺哲学味，应该与马克思主义哲学贴得更紧密一些，可以增加内容，充实一些理论性基础性的东西，加强针对性。(2) 本章标题设置与其他几章差别明显，需要协调一致，可以把本章变成结语，或者用一段话概括出“实事求是”。本章可于开头部分先讲关于“实事求是”的故事，以增加文章的趣味性。(3) 第一节“实事求是”中关于“不唯书、不唯上”的内容应该移到“解放思想”一节中。

第75次会议定于2013年7月27日（周六）下午4点30分召开，将重点讨论辛鸣教授负责修改的《人生观》、冯鹏志教授负责的《信息论》和郝永平教授负责的《前言》等三篇稿件。

会议纪要之七十五

2013 年 8 月 1 日

2013 年 7 月 27 日，中国社会科学院院长王伟光教授主持召开《新大众哲学》编写工作第 75 次会议，参加会议的有中国社会科学院李景源研究员、孙伟平研究员、周业兵秘书，中共中央党校李晓兵教授、郝永平教授、冯鹏志教授，王磊博士和陈界亭博士。

这次会议重点讨论了郝永平教授写的《前言》以及冯鹏志教授和辛鸣教授修改的《信息论》和《人生观》。

郝永平教授对《前言》的主要内容作了介绍：（一）为什么要编写《新大众哲学》，包括时代精神的新变化、社会实践的新问题、大众需求的新增长和知识创新的新成果；（二）怎样使《新大众哲学》“出新”，包括反映时代精神新变化、强化“问题意识”，关注大众诉求、吸收知识创新的新成果；（三）如何组织《新大众哲学》的编写。大家建议改变语言风格，从论文风格转换为散文风格；概述文章大意，字数控制在3000字左右；修改导语，指出编写《新大众哲学》的原因之一是要反映时代需要，而艾思奇的个人愿望恰好符合当前时代的需要；对新的实践、新的问题、新的矛盾作出新的概括；阐明《大众哲学》与《新大众哲学》的关系。

冯鹏志教授对《信息论》的主要内容进行介绍：（一）信息的功能与特点——从“情报拯救了以色列”谈起；（二）信息既源于物质但又不等于物质——“焚书坑儒”罪莫大焉；（三）信息与意识既有联系又有区别——“蜻蜓低飞”是要告诉我们“天要下雨”的信息吗；（四）信息与人的实践活动——虚拟实践也是一种实践活动吗；（五）虚拟空间并不虚拟——信息社会给我们带来的只是一件“皇帝的新衣”吗。大家建议阐明信息论的写作意图、突出亮点，可以从信息技术带来的社会影响入手；从存在论和认识论两个角度来阐述信息；把第五部分“虚拟空间并不虚无”修改为“虚拟时空并不虚拟”；增加“信息的传播需要载体”的内容，因为信息的传播必须借助载体才能实现；在“虚拟实践”部分加入“虚拟交往”的内容，虚拟交往极大地改变人们的生活形式；不要引用香农、维纳等人关于信息的专业论述，增加新例子，尽量通俗化、时代化。

大家对《人生观》主要提出以下修改建议：修改标题“马克思主义世界观是马克思主义人生观的理论基础”；对金钱的种种表现进行归类，将金钱的恶劣影响生动地写出来；增加“在其位，不谋其政”的“权力不作为”的内容。

下次会议时间定为2013年8月19日（周一）下午5点30分，将讨论杨信礼教授修改的《认识论》稿件。

会议纪要之七十六

2013 年 8 月 22 日

2013 年 8 月 19 日，中国社会科学院院长王伟光教授主持召开《新大众哲学》编写工作第 76 次会议。参加会议的有中国社会科学院李景源研究员、孙伟平研究员、周业兵秘书，中共中央党校毛卫平教授、冯鹏志教授、郝永平教授、杨信礼教授、辛鸣教授，王磊博士、陈界亭博士和博士生曾祥富。

此次会议重点讨论了由杨信礼教授负责修改的《认识论》篇稿件，要求用一个月左右的时间再修改一次；会上简要讨论了《前言》的修改稿，建议继续压缩文章篇幅，孙伟平研究员负责进一步修改《前言》。

杨信礼就《认识论》篇做的改动作了简要介绍。会议充分肯定了这一稿的修改取得的进步，认为这是趋于完善的重要一步。经过讨论形成以下建议：（一）遵守统一的文稿要求，坚持标准化写法。（二）注意吸收借鉴韩树英《通俗哲学》一书关于认识论的基本观点。（三）精心选择入手处。具体修改意见如下：

1. 全篇的副标题仍用“通往真理之路”；围绕实践与认识的关系这一主题，把全篇五个部分串起来；根据框架适当调整内容，把精彩内容进一步凸显出来。2. 各章标题、内容和结构作如下调整：（1）第一章“从实践到认识，从认识到实践”：副标题“马克思主义认识论的基石”改为“实践第一的观点”；第一节副标题改为“纸上谈兵”的例子；第三节内容讲“人类认识的总规律”，把螺旋式上升（认识的曲折性、前进性）和认识的无穷性放在本节中讲；第四节的标题“真理是一个发展过程”需要再考虑，避免与第二节“认识过程的两个飞跃”重复。可以考虑认识的客观性、真理是客观的具体的等内容；增加一节内容为第五节，标题为“认识的根本目的在于改造世界”，指出这是马克思主义哲学与其他各种哲学的重要区别。（2）第二章“从个别到一般，从一般到个别”：副标题“人类认识运动的基本秩序”改为“认识论的精髓”；增加一节“一般与个别相结合”作为第四节，指出马克思主义中国化就是一般与个别相结合的典范。（3）第三章“从群众中来，到群众中去”：副标题“根本的认识路线和工作路线”改为“党的认识路线”；第一节标题“人民群众的实践是智慧的源泉”改为“一切真知来自于群众实践”；第二节标题“要向人民群众做调查研究”改为“先当群众的学生，后当群众的先生”；第三节标题“把理论主张转化为群众实践”改为“善于把党的主张化为群众的行动”；第四节标题“群众路线的新课题”改为“领导与群众相结合”。（4）第四章“物质变精神，精神变物质”：重点讲认识的辩证法；第一节“实践是物质变精神、精神变物质的中介”主要写物质是可以转变为精神的；第二节“发挥主观能动性是实现‘两变’的必要条件”主要写精神力量可以转化为强大的物质力量；第三节“正确对待错误和挫折”主要写物质变精神与精神变物质，可以把正确对待错误和挫折的内容写进去；第四节“改造客观世界与改造主观世界”主要写在改造客观世界的同时改造主观世界。（5）第五章“实事求是思想路线”：先重点写什么是实事求是，之后三个方面的内容都落实到实事求是上，指出不解放思想就不能真正实事求是，实事求是就要反对主观主义和教条主义（包括“土教条”和“洋教条”）。把重心放在讲清楚哲学道理上，改变以领导人和时间划分成几块内容的写法，使几条理论形成一贯性。3. 讨论中提到的针对各章节的具体修改建议：第一章第一节导语偏长，适当压缩。第三章通俗有余而哲学味不足，建议适当进行理论概括。入手处换用“小岗村包产到户”的例子更恰当。第四章第二节应指出物质与精神之间的转变是什么意思，需要具备什么条件。这里的“变”是通过人的活动实现的。第五章要联系认识论的基本原理来讲，本章与其他四章不够协调，在写法上和内容上需要调整。

第 77 次会议定于 2013 年 9 月 1 日（周日）下午 5 点 30 分召开，将讨论《认识论》和《信息论》两篇稿件。

会议纪要之七十七

2013 年 9 月 3 日

2013 年 9 月 1 日，中国社会科学院院长王伟光教授主持召开《新大众哲学》编写工作第 77 次会议。参加会议的有中国社会科学院孙伟平研究员，中共中央党校冯鹏志教授、郝永平教授、杨信礼教授和博士生曾祥富。

会议讨论了冯鹏志负责修改的《信息论》和孙伟平负责修改的《前言》两篇稿件。

孙伟平介绍了对《前言》部分的修改情况：顺着原稿的思路又写了一遍，在风格上与前一稿有一些差别。建议将介绍写作过程和具体分工的内容放到后记中，前言中不再涉及。新稿重点阐述了“为什么要写《新大众哲学》”：反映时代变化，体现时代精神，回答时代问题，回应科技新发展。

会议充分肯定了《前言》新稿取得的进展，提出了几点意见：（一）前言部分很重要，具有画龙点睛的作用，要在集思广益的基础上精益求精。（二）文字要继续精练，篇幅先控制在3000字左右。（三）内容和结构适当调整，把介绍写作过程的相关内容放到后记中。会议认为，该部分的内容要从两方面展开：一是为什么写，二是“新”在哪里。第一部分重点写“为什么要编写《新大众哲学》”。开头部分建议用一些出彩的语句引入，比如，“《大众哲学》面世至今已经80年了，80年对于整个人类历史来说只是一瞬间，但是对于我们来说，人类历史和世界历史进程发生了沧桑巨变，世界面貌已经是今非昔比”。用很简明的语言把这个变化概括出来。重点写两个显著变化：一是社会主义国家的诞生、曲折以及中国特色社会主义异军突起。二是当代资本主义发生深刻变化。第二部分重点写《新大众哲学》“新”在何处。适当增加一些内容，对本书的内容框架作出概括，指出书中增加的过去哲学书中没有涉及的新内容，同时指出每一部分里面也有新的内容。

冯鹏志对《信息论》的修改作了说明：选用了一些新鲜事例，删除了一些重复的内容。争取尽量多用哲学语言，少用自然科学的语言，但是为了说清问题，还是借用了一些自然科学的概念。会议经过讨论形成以下修改意见：1. 文章基本坚持原有结构，内容包括以下几个方面：（1）信息有什么用（具体表述文字需要斟酌）。（2）信息与物质的关系。（3）信息与意识的关系。（4）对信息的应对。

第78次会议定于2013年9月16日（周一）下午5点30分召开，重点讨论《认识论》和《信息论》两篇稿件。郝永平负责起草《后记》，下次会议时一并讨论。

会议纪要之七十八

2013 年 9 月 16 日

2013 年 9 月 15 日，中国社会科学院院长王伟光教授主持召开《新大众哲学》编写工作第 78 次会议。参加会议的有中共中央党校李晓兵教授、冯鹏志教授、郝永平教授、杨信礼教授、周业兵秘书，王磊博士、陈界亭博士和博士生曾祥富。

会议讨论了杨信礼负责修改的《认识论》和冯鹏志教授负责修改的《信息论》两篇稿件。会议对工作进度做出进一步部署，建议国庆节之后完成全部书稿，讨论了关于邀请相关专家审读书稿等具体事宜。

杨信礼简要介绍了对《认识论》篇的修改：更换了几个例子，如第一章第一节换用“纸上谈兵”作为入手处。第三章的标题做了适当调整，对“两变”做了清晰的阐释。会议认为，该篇稿件所作的改动幅度较大，文章内容更加充实，逻辑性增强。文中个别章节的入手处还需要调整。具体建议如下：1. 适当调整各章节的标题与内容结构。（1）篇标题“通向真理之路”改为“根本目的在于改造世界”，更好地体现马克思主义哲学认识论的特点，指出与其他哲学的显著区别。（2）第一章副标题“马克思主义认识论的基石”改为“认识论首要和基本的观点”，增加一节内容为第五节，标题为“认识的根本目的在于改造世界”。（3）第二章副标题“人类认识运动的基本秩序”改为“认识论的精髓”。增加一节内容为第四节，标题为“个别与一般相结合”。（4）第三章各节标题与内容调整为“一切真知都来自人民群众的实践”；“先当群众的学生，后当群众的先生”；“领导与群众相结合”，“善于把党的理论路线化为群众行动”。（5）第四章“物质变精神，精神变物质”的重点是讲认识的辩证法。第一节重点回答“为什么能变”的问题，即物质与精神的统一性问题。第二节重点讲实践是物质变精神、精神变物质的中介。第三节重点讲马克思主义致力于改造世界。（6）第五章“实事求是思想路线”各节标题分别调整为：“中国的经验就是实事求是”、“实事求是必须解放思想”、“实事求是是马克思主义哲学的理论品质”、 “实事求是是马克思主义的真谛”。2. 各章节的篇幅不够协调，第二章稍显单薄，需要适当平衡。3. 个别段落偏长，注意段落划分。4. 第五章第一节的标题

“无论革命还是建设都要靠实事求是”，对于普通大众读者来说不易理解和接受，建议更换。

会议讨论了修改后的《信息论》部分，认为该稿框架合理、语言生动活泼易于理解。会上提出以下几点修改建议：1. 增加一个部分作为第五章，内容为“信息时代人们的应对之策”。2. 该部分的内容比较新，尽量选用新鲜事例，取代传统的例子。3. 应当涉及当今时代科技创新的成果，文中可以适当介绍。4. 建议文中说一下经典的马克思主义，然后指出马克思主义哲学是与时俱进的，要面对信息这一问题。5. 第二节“信息源于物质但又不等于物质”中关于“焚书坑儒”的例子与标题的内容距离较远，建议更换。6. 建议在《世说新语》等书中寻找些例子。（有新编的白话文、简体字的版本可读）

第 79 次会议定于 2013 年 9 月 29 日（周日）下午 6 点召开，将重点讨论《认识论》和《前言》两篇稿件。第 80 次会议定于 2013 年 10 月 12 日（周六）下午 4 点 30 分召开，将讨论《信息论》和《认识论》两篇稿件。

会议纪要之七十九

2013 年 10 月 4 日

2013 年 9 月 29 日，中国社会科学院院长王伟光教授主持召开《新大众哲学》编写工作第 79 次会议。参加会议的有中国社会科学院李景源研究员、孙伟平研究员、周业兵秘书，中共中央党校冯鹏志教授、郝永平教授、杨信礼教授、辛鸣教授，陈界亭博士和博士生曾祥富。

会议讨论了杨信礼负责修改的《认识论》和孙伟平负责修改的《前言》两篇稿件。会议商讨了关于邀请专家审稿的具体事宜。

杨信礼介绍了《认识论》篇的修改：第一章“从实践到认识，从认识到实践”的副标题“马克思主义认识论的基石”更改为“认识论首要的基本的观点”；第一节的内容做了适当精简；第二节中关于元素周期表的例子作了调整；第三节的标题“认识的曲折性与前进性”改为“人类认识的总规律”，从更加宏大的视野来论述；增加了第五节，标题为“认识的根本目的在于改造世界”。第二章“由个别到一般，由一般到个别”注意区分认识论的一般与个别和辩证法的一般与个别，力图从认识论的角度来讲。第三章“从群众中来，到群众中去”第一节“一切真知灼见来自人民群众实践”的例子换为“小岗村率先实行家庭联产承包责任制”，表述上还可以再改进；第四节“坚持领导和群众相结合”从几个角度讲了“两个结合”的问题。第五章“实事求是思想路线”各节的标题做了调整，第三节“与时俱进：马克思主义的理论品质”使用了“与时偕行”的例子，对这一词的来源做了探寻。

会议认为该篇基本成型，还需要集中精力再修改。讨论中提出几条修改建议：（一）各部分的篇幅需要平衡一下，例子的篇幅也需要平衡。（二）文字和事例需要更好地结合。（三）入手处需要选择更合适的，以更好地说明问题。（四）参考韩树英同志的《马克思主义哲学纲要》等著作，吸收其中的重要观点。具体修改建议如下：1. 全文结构和各章节标题作如下调整：（1）第一章“从实践到认识，从认识到实践”：第二节标题“认识过程的两个飞跃”改为“人类认识的两次飞跃”。第三节标题“人类认识的总规律”改为“人的认识的循环往复”（具体表述需要再斟酌）。（2）第三章“从群众中来，到群众中去”：副标题“党的认识路线和工作路线”改为“党的根本的认识路线”，第三节“先当群众的学生，后当群众的先生”与第四节“善于把党的理论路线化为群众行动”的顺序更换。（3）第四章“物质变精神，精神变物质”：第二节“发挥主观能动性，尊重客观规律性”要重点写“两变”是有条件的，第三节的主要内容应为“在改造客观世界的同时改造主观世界”，第四节讲“通过改造主观世界，更好地改造客观世界”。（4）第五章“实事求是思想路线”：副标题“兴衰成败的决定因素”改为用毛泽东关于实事求是的原话（实事求是思想路线决定一切）。第一节标题“实事求是：中国革命经验的深刻总结”改为“实事求是是中国实践经验的哲学总结”。第三节标题“与时俱进：马克思主义的理论品质”改为“与时俱进是马克思主义哲学的理论品格”。2. 第二章“由个别到一般，由一般到个别”应调整论述的视角，侧重从认识论的角度谈个别与一般，以与辩证法上的个别与一般相区别。与归纳法相对应，文中应介绍一下演绎法，同时还需要指出：这两种方法与哲学认识论上的“个别与一般”并不是一回事，两者有区别。3. 第三章“从群众中来，到群众中去”第四节“坚持领导和群众相结合”应指出“领导与群众相结合”的主体，同时把反对尾巴主义和命令主义等相关内容写进去。关于调查研究的例子偏多，选取一个最典型的即可。4. 第四章“物质变精神，精神变物质”：弄清楚“两变”的具体内容，把落脚点放在“正确发挥主观能动性”上。找一个更贴切的例子来说明“两变”。可以从大的历史的角度来讲“两变”。以马克思主义的发展为例，它的产生是具备了生产力发展等物质条件、发展壮大的工人阶级主体、马克思和恩格斯等天才人物的出现，正是具备了这些条件，马克思主义产生、十月革命爆发才有可能，体现了“两变”的条件性。5. 第五章“实事求是思想路线”：要突出各个部分在认识论中的功能、地位，使之变为有机统一整体。6. 尽量避免“人类认识的总规律”与“两变”两个部分的内容重复。

孙伟平介绍了新修改的《前言》：新稿反映了上次会议征求的修改意见，以80年来的时代变化引出编写《新大众哲学》的必要性，分四个方面做了论述。充实了文章最后一段的内容。会议讨论形成以下几点修改建议：篇幅可以继续压缩；关于各种社会思潮的内容需要调整，可以指出多种思潮并存这一事实，但不需要具体点出各种思潮的名字；文中可以结合中国特色社会主义理论和实践，突出一下大众的所思所想；删除“冲垮三民主义防线”的内容，可以改为“冲破了旧社会的思想樊篱，让中国人民在黑暗中看见了光明”。

第80次会议定于2013年10月12日（周六）下午4点30分召开，将重点讨论《信息论》和《前言》两篇稿件（孙伟平与辛鸣两人分别改出一稿《前言》供第80次会议讨论）。

附：审稿专家名单及其对应的稿件

《总　论》：邢贲思　陈先达

《唯物论》：陈晏清　韩树英

《辩证法》：张绪文　赵凤岐

《认识论》：陶德麟　杨春贵

《历史观》：侯树栋　赵家祥

《价值论》：郭　湛　丰子义

《人生观》：许志功　宋慧昌

会议纪要之八十

2013 年 10 月 13 日

2013 年 10 月 12 日，中国社会科学院院长王伟光教授主持召开《新大众哲学》编写工作第 80 次会议。参加会议的有中国社会科学院李景源研究员、孙伟平研究员、周业兵秘书，中共中央党校李晓兵教授、冯鹏志教授、郝永平教授、杨信礼教授、辛鸣教授，王磊博士、陈界亭博士，博士生曾祥富。

会议讨论了孙伟平修改的《前言》和郝永平修改的《后记》两篇稿件。会议商讨了关于邀请专家审稿的具体事宜：计划于下周将全部文稿打印，由各位联系人分别送达审稿专家手中，并于 2013 年 11 月 28 日前将审稿意见返回。会议要求有关人员将历次会议纪要整理成册。

孙伟平介绍了新稿所作的修改：在上一稿的基础上做了

适当改动，删除了上次会议中要求删除的相关内容，全文在文字上又顺了一遍。会议宣读了再次修改后的《前言》，与会人员认真思考并展开充分讨论，认为这一稿取得了新的进展，行文流畅符合《新大众哲学》的特点和要求。

会上就《前言》提出的修改建议如下：1. 文中应特别回答两个问题，一是《新大众哲学》“新”在哪里；二是《新大众哲学》“特”在哪里。可以从以下几个方面论述：顺应时代新变化，回应时代新挑战；聚焦时代新问题，提出新的观点和看法；搜集体现科技进步的新素材，反映人类思想新成果；创造新的表达形式，用通俗易懂的、群众喜闻乐见的形式表达哲学原理。写作《新大众哲学》的过程是研究问题、反映问题和回答问题的过程，我们致力于对问题的回答而不是精心构建哲学体系。2. 建议增加本书的写作目的是“引导人们正确认识问题”的内容；增加对本书内容的介绍，指出在哪些问题上做到了理论贡献或突破。同时，注意表达方式的转化，由“要怎么做”变为“我们是如何做的”。3. 为了与现有的哲学教科书和通俗读物相区别，本书应突出所要回答的问题，建议在文中第二段的末尾增加这一内容。

会议认真讨论了郝永平起草的《后记》初稿，提出了几点修改建议：1. 凡是涉及本书中实质性、理论性内容的段落和句子，都移到《前言》中，比如第一段。2. 末尾加一段内容，表示对相关人员的感谢，不必具体到工作单位等信息。

3. 可以用一些文字叙述一下编写的过程，体现出一种积极的精神：工作中的辛苦与劳累没有阻挡大家的热情，因为事业而凝聚在一起，不图名利。这部分内容可以参考《红楼梦》开篇介绍石头记如何写成的那段文字和司马迁讲如何写《史记》的文字。4. 介绍全书主要内容时，建议将历史观和认识论的顺序调换。5. 需要注意文中涉及的审稿专家名单应与实际邀请人员一致。6. 注意细节的调整："经过近三年的努力"改为"经过三年多的努力"；末段中的"组长"改为"主编"。

会议纪要之八十一

2014 年 1 月 8 日

2014 年 1 月 5 日，中国社会科学院院长王伟光教授主持召开《新大众哲学》编写工作第 81 次会议。参加会议的有中国社会科学院李景源研究员、孙伟平研究员、周业兵秘书，中共中央党校庞元正教授、李晓兵教授、冯鹏志教授、郝永平教授、杨信礼教授、辛鸣教授，王磊博士、陈界亭博士，博士生曾祥富。

会议集中讨论了各位送审专家反馈回来的《新大众哲学》书稿审读意见，大家基本赞同并尊重专家们的修改意见，下一步将根据专家意见分头作进一步修改，于 2014 年 3 月 1 日前提交新的修改稿。提出修改书稿的几点具体要求：1. 只改动专家提出意见的部分，没有提出意见的部分保持原稿。

2. 为方便王伟光教授再次统稿，请各位作者直接在打印稿上改写，需要重写的段落或需要大段增添的，可以在书中另附纸条。3. 对修改过程中遇到的不好把握的重大疑难问题，及时做好记录，下次集中统稿时讨论解决。4. 注意遵循统一的文稿规范。

会议部署了今后一段时间的工作：辛鸣负责修改《总论》，杨信礼负责修改《唯物论》，王伟光负责修改《辩证法》，冯鹏志负责修改《认识论》，郝永平负责修改《历史观》，孙伟平负责修改《价值论》，李晓兵负责修改《人生观》，庞元正负责修改《前言》，李景源和庞元正负责把全部书稿再审读一遍，陈界亭负责搜集整理本书编写过程中用到的原始资料，王磊负责整理历次会议的会议纪要，周业兵负责协调各位老师的工作进度，曾祥富负责全部文稿的规范化处理。

二

《新大众哲学》访谈录

（一）韩树英：《大众哲学》与《通俗哲学》

庞元正：您是艾思奇的学生，与艾思奇多年一起工作，先请您谈谈对艾思奇的评价。

韩树英：艾思奇同志是我的老师，广义的、狭义的，都是我的老师。1950 年我进入中共中央马列学院（中共中央党校前身），学习四年，艾思奇是我们的哲学老师，我是他的门生。1954 年毕业后，我留校在哲学教研室工作，艾思奇是教研室主任，后来他又是中央党校副校长，我又是他的部下、属下，后来我担任哲学教研室副主任，是他的工作助手，一共 10 年，一直到 1966 年艾思奇去世，我和他相处相知一起工作前后达 15 年。再往前说，20 世纪 40 年代初，我在日本留学期间，参加了党的外围组织的秘密读书会。在那以前，我就学过《大众哲学》和艾思奇与吴亮平合著的《历史唯物论》，以及他与郑易里翻译的苏联哲学家米丁的《哲学选集》等书，所以他又是我参加革命、接受马列主义的启蒙老师。艾思奇同志，是坚定的共产主义者、马克思主义理论家、哲学家、教育家。他的革命活动和哲学活动是结合在一起的，紧密相连，密不可分。这是很多专家、学者所欠缺和不能相比的。我们不能仅仅就把他说成是一个哲学学者，那样的话就理解不了他的一生、理解不了他的哲学、理解不了他的贡献。

庞元正：作为著名的马克思主义哲学家，您是怎样看待《大众哲学》的作用和贡献的？

韩树英：艾思奇写《大众哲学》，当时是在上海出版的《读书生活》杂志上一篇一篇地发表，那是1934年，他24岁，后来结集出版成书，书名叫做《哲学讲话》。由于国民党干涉这本书的出版，于是又改名为《大众哲学》才得以出版，这个是在1936年，迄今已经70多年。关于《大众哲学》的贡献，它是首创了一种比较成熟的大众化、通俗化的形式，紧密结合实际事例，大力宣传辩证唯物主义科学世界观、方法论，告诉青年和人民大众要用新的哲学思想来回答问题。它很有针对性地回答了人们对民族危机严重的中国向何处去的思考，在社会上产生巨大的震撼力和影响力，使不少在黑暗中徘徊、在痛苦中思索的年轻人，看到了光明，看到了希望，其中很多人接受了马克思主义，走上了革命道路。它首创的通俗化的形式，为辩证唯物主义世界观在我们中华大地上赢得空前广阔的阵地，为马克思主义哲学的广泛传播作出了重要的贡献。

其实，马克思主义哲学思想早就在1917年十月革命前后就进入了中国，但是真正得到群众的了解和广泛传播，恐怕不能低估《大众哲学》的作用。这本书新中国成立前一共出了32版，一直是进步青年秘密读书会的热门书籍。汪家镠（北平地下党成员）就说过，北京解放前夕地下党的秘密读书会还在学习《大众哲学》，可见《大众哲学》影响的长远与广泛。毛主席后来评价这本书是“通俗而有价值的著作”，这可能是毛主席对艾思奇作品最早的评价。后来艾思奇写作的《哲学与生活》，毛主席作了摘录，并把摘录写信交给了艾思奇，在信中还说，这是你的作品里比较更深刻的著作，我读了以后更受到教育。这是毛主席又一次评价艾思奇。我之所以谈到毛主席对《大众哲学》与《哲学与生活》的评价，是想通过这种对比说明，艾思奇作为一个马克思主义哲学家，是自觉地把大众化通俗化作为传播宣传马克思主义哲学的重要使命的。

庞元正：《大众哲学》留给我们最重要的启示是什么？

韩树英：我坚信毛主席的一句话，要学哲学，如果不学哲学，我们就没有共同语言，没有共同的方法，扯了许多皮，还扯不清楚。不关心哲学，我们的工作是不能胜利的。我们纪念艾思奇同志，总结《大众哲学》的启示，要牢牢记住毛主席的这句话。当前我国的改革发展处在关键阶段，在取得巨大成就的同时也提出了很多新的问题，群众思想上有很多困惑。我们应当坚持马克思主义哲学中国化、时代化、大众化的方向，让广大群众和干部运用马克思主义世界观分析中国的前途命运！这是《大众哲学》留给我们的最大启示。

庞元正：作为《通俗哲学》的主编，请您介绍一下该书写作出版的背景。

韩树英：《通俗哲学》自 1981 年由中国青年出版社出版后，不仅在青年中产生了重要影响，也在理论界受到重视。冯定、任继愈等多位哲学家分别在 20 多种报刊、广播、电视中对此书进行评价推荐，成为当时媒体的热门话题。此后，该书被多次重印，还被民族出版社先后译成朝、蒙、藏、维（吾尔）四种文本，发行量达 300 多万册。1983 年在全国通俗政治读物评选中，《通俗哲学》名列榜首，被中宣部推荐为领导干部学哲学的参考书目，与《马克思主义哲学纲要》一道被列为中国十大城市"常备书目"。一贯倡导要学哲学的陈云同志，还把该书赠送给几位先后新任中央领导的同志。2007 年，《通俗哲学》被收入中国出版集团组织实施的"20 世纪中国文库"第三辑。我要说，《通俗哲学》之所以能够产生这样的效果，这是时代需要的产物，是集体智慧的产物。

庞元正：请您谈谈《通俗哲学》与时代的关系。

韩树英：《通俗哲学》这部著作之所以能够在广大读者特别是广大青年中产生这样大的影响，绝不是偶然的，而是取决于时代发展的客观需要。当时，"文化大革命"刚刚结束，回首前尘，宛如一场噩梦，青年一代的各种遭遇，心灵上受到的各种创伤，都促使他们要对这一段往事作深层的思考。改革开放了，外界社会的各种信息，都从打开的国门源源不断地蜂拥而来，五光十色，令人一时眼花缭乱。不同的社会制度，不同的生活方式，直到光怪陆离的各种思潮，促使这

“思考的一代”的青年，在比较中进行思考。这样，从家事国事天下事，到人生的追求、生活态度、价值取向等，青年们提出了种种问题，思想中存着各种困惑，等待回答、解决。因此根据新的丰富的事实，对马克思主义的基本原理作出有说服力的论证，成为了当时人们特别是广大青年在思想理论上急需解决的问题。

正是在这种情况下，1979 年 3 月 10 日，邓小平同志在理论务虚会的总结讲话中指出，实现四个现代化，就要解放思想，就是要运用马列主义、毛泽东思想的基本原理，研究新情况，解决新问题，要根据新的丰富的事实作出新的有充分说服力的论证。他强调：“这是一项十分重大的任务，既是重大的政治任务，又是重大的理论任务。这决不是改头换面地抄袭旧书本所能完成的工作，而是要费尽革命思想家心血的崇高的创造性的科学工作。”他代表党中央提出：“我们思想理论战线的同志们一定要尽快组织力量，定好计划，在尽可能短的时间里陆续写出并印出一批有新内容、新思想、新语言的有分量的论文、书籍、读本、教科书来，填补这个空白。”我们响应党中央的号召，集中中央党校哲学教研室的力量，贯彻邓小平要有“新内容、新思想、新语言”的要求，迅速组织了《通俗哲学》的编写工作。《通俗哲学》出版后，在广大青年和群众引起了强烈反响。任继愈先生曾指出：“《大众哲学》唤起青年投身于推翻压在中国人民身上的三座大山，建立新中国的革命运动之中；而体现时代精神的《通俗哲学》推动广大群众投身于改革开放的现代化建设的洪流中去。”

庞元正：《通俗哲学》借鉴了《大众哲学》的哪些经验？

韩树英：《通俗哲学》继承和发扬了《大众哲学》时代化、大众化、通俗化的方式和经验。第一，努力把哲学理论与现实实际紧密结合起来，把现实问题提到理论高度，把理论运用于现实问题的分析，使本书具有了鲜明的时代感和现实的针对性，做到有的放矢；第二，把理论的创新性与理论的大众化形式结合起来，在理论内容的创新与通俗化表达形式的创新上下工夫，吸取当代社会发展和科学研究的新成果新进展，用通俗易懂、生动活泼、情理交融的大众化语言讲述深刻的道理，做到深入浅出；第三，把哲理的科学性与知识的趣味性结合起来，对马克思主义哲学基本理论作出准确科学阐述，避免庸俗化简单化的倾向，同时通过对古今中外的历史故事、现代科技的各种知识的分析，以及对诗词歌赋、成语典故、名言警句的引申，使读者在增加自然科学和社会科学知识的过程中，受到哲理的启迪，做到雅俗共赏。据中国青年出版社的同志说，《通俗哲学》由于回答广大青年和群众思想上的困惑和问题，引起了青年对哲学的兴趣，出版后立即得到了广大读者特别是青年读者的热烈欢迎，在城市、在农村、在部队都有人争相传阅。

我在《通俗哲学》序言中讲了三代人，现代是第四代，第四代人的特点是什么，要搞清楚。人生观现在是向钱看的一代，世界观上是不要理想的一代，价值观上是实用主义的一代，怎么解决这些问题，只有用科学的世界观、人生观、价值观来解决。通过人生观、价值观来看世界观，解决世界观问题。

（庞元正采访）

（二）侯树栋：当代需要一部新的马克思主义大众哲学

王伟光同志要写一部新的大众哲学，我很赞成、很高兴。我真的感到当代中国需要一部新的大众哲学。中国传统哲学有一个特点，就是思想的理论逻辑和世俗化、大众化的统一。在以儒家哲学为中心的中国哲学形成和发展过程中，就出现了“三字经”、“弟子规”这样优秀的世俗化、大众化的解读，前者展现了中国传统哲学的深刻性，后者则使这一深刻的哲学思想进入了广大群众的头脑，变成了群众的行动。在以解放全人类为目的的马克思主义传入中国并逐渐和中国革命实践相结合形成毛泽东哲学思想的过程中，又出现了艾思奇同志的《大众哲学》，通俗地宣传了马克思主义哲学的基本理论，使许多人、特别是知识青年走上了革命道路，在中国化的马克思主义哲学形成中产生了重大影响。

现在和平与发展已成为时代的主题，中国已进入改革开放和建设有中国特色社会主义的新时代。在这个时代中，中国化的马克思主义已经形成了一个新的形态，即从邓小平理论开始的中国特色社会主义理论体系，而在这个理论体系中就包含着新的中国马克思主义哲学的新的形态，作为中国特色社会主义理论的新的基础和活的灵魂，人们只有把这种新的哲学形态化作世界观和方法论，指导建设有中国特色社会主义的实践，才能把中国特色社会主义宏伟蓝图变为美好的现实。而要做到这一点，就必须把这种新的哲学思想形态，用老百姓听得懂的语言、通过通俗的宣传武装群众，使其化作群众的思想和行动。我想，这就是提倡马克思主义大众化的一个根本原因。

当然，这里要有一个大前提，就是从邓小平理论、“三个代表”重要思想和科学发展观中，概括出贯穿其中的一脉相承的哲学思想形态，否则就无从说起。我个人正在思考这个问题，但还没有形成一个系统的思想。我提出这一点是想说明：写一部新的大众哲学，绝不只是对其基本哲学观点孤立地作一些通俗化的解释，而是要从体系上作出系统而又通俗的说明，并且在选择具体事例中绝不能信手拈来，而必须是大家关心的中国和世界现实的大事，以展示其时代精神，或是有些难解的思想认识，通过解释提高群众的思想认识水平和思想境界。

最后我还想说一下，一个更带根本性的问题：马克思主义哲学的本质性特征就是大众的哲学。马克思主义哲学是在资本主义社会工人阶级走上历史舞台、适应共产主义运动的需要而产生的，是在工人阶级领导广大人民群众的革命实践的斗争中而发展的，其最终目的就是解放工人阶级和解放全人类。工人阶级领导的人民群众的革命运动就是马克思主义的源泉和生命，它也只有在掌握了人民群众并通过人民群众的实践活动才能实现自己。让我们记住马克思主义的话：“哲学把无产阶级当作自己的物质武器，同样，无产阶级也把哲学当作自己的精神武器；思想的闪电一旦彻底击中这块素朴的人民园地，德国人就会解放成为人。”①

诚然，马克思主义哲学不是工人运动自发的产物，而是由马克思和恩格斯这样伟大的思想家，集人类的全部知识，揭示了自然、社会和思维发展的规律，并用哲学的范畴把它构成了科学的逻辑体系；这个科学的逻辑体系无疑是伟大的，但如果不能用通俗的语言把它交给工人阶级和广大人民群众，使它指导工人阶级和人民群众的实践，那是一点用处也没有的。这就需要理论家们把握马克思主义哲学的实质，用老百姓喜闻乐见的语言把它交给广大人民群众，使其化作群众的思想和实践，达到改变世界的目的，这就是马克思主义哲学大众化的历史使命。这个使命决非简单而低俗，而是伟大而深邃的，因为它是马克思主义哲学理论体系和人民群众思想与实践的桥梁，搭起这座桥梁就是一个伟大的工程。

（郝永平、冯鹏志采访）

---

① 《马克思恩格斯选集》第1卷，人民出版社1995年版，第15—16页。

（三）陈晏清：关于编写《新大众哲学》的几点看法

编写《新大众哲学》意义很大，难度也很大。现就我估计编写过程中难免遇到的问题，谈一点粗浅的看法，仅供参考。

（1）如何体现《新大众哲学》的“新”。《新大众哲学》的“新”首先在于能够表达新的时代精神，能够把握住新时期哲学的主题，能够充分阐述马克思主义哲学中国化的最新成果，能够解释社会主义市场经济条件下和全球化背景下经济社会和科技文化发展中提出的新问题，这些都是不言而喻的。但在具体编写过程中，也还有些问题需要注意或者说需要澄清。我想到的有两个问题：一是要在更高的水平上推进哲学的大众化。马克思主义哲学是我们党的指导思想的理论基础，我们党在全国执政已60多年，曾采取多种形式在干部和群众中普及马克思主义哲学，大中学校都开设哲学课或包括哲学在内的政治理论课，在一定意义上可以说中国是一个“哲学大国”。中国现在的哲学状况同70多年前艾思奇写《大众哲学》时大不一样了。《新大众哲学》应写成同这种哲学状况相适应的普及读本。大众化不是不要水平，大众化的东西不是没有水平的东西。我希望《新大众哲学》将来让哲学专门家们也不能不屑一顾。二是《新大众哲学》要把经过实践检验、经过历史考验的创新成果推向社会。这就涉及它同所谓“论坛哲学”的关系问题。改革开放以来，我国的哲学研究越来越活跃，是富有成果的。稳妥地吸取学术界研究的新成果是完全必要的。但是，其中有许多东西仍是探索和争议中的东西，不可急于将它们“大众化”，更不能跟着所谓“论坛哲学”跑。比如说，针对以往忽视哲学的人文基础和人文精神，这些年特别注重了这个方面，但对哲学的科学基础的注意、对思维方法的研究等方面却有所弱化；价值论的研究提到了突出的地位，而认识论以及辩证法的研究却被冷落了。就哲学研究来说，这种情况的出现是很正常的。哲学研究应当有现实针对性，不同时期自然会形成不同的热点。但《新大众哲学》不可跟着哲学研究的“热点”跑。像辩证法、认识论的研究可以在一个时期里被学界冷落，而《新大众哲学》却不可冷落它。哲学总是应当给人们提供意义和智慧的支持，这两个方面中的任何一个方面都是不可偏废的。

（2）关于体系化和系统性。我的看法是切不可追求体系化，但不能没有系统性。《新大众哲学》不能只是给读者提供一些零散的、互不连贯的哲学知识，而是应当有助于读者建立相对完整的世界观和方法论。系统性和逻辑性是不可分割的，没有逻辑性就谈不上系统性。因此，全书的框架设计、各部分之间的关联、先行后续的叙述顺序等等都应有所讲究。这恐怕是这本书在编写过程中最为困难的地方，至少是最难解决的问题之一。

（3）关于命题和问题。本书显然不宜采用教科书式的篇章节目的体例，而适合用几十个专题构成。我建议选取几十个哲学命题作为各专题的题目，每个命题表达一种基本的或重要的哲学观点。同时，选取几十个相应的实际问题（社会问题、思想问题、认识问题、实际工作中的问题均可），每个专题都有一个最适合于运用该专题所阐明的哲学观点进行分析的实际问题贯穿其中。这样便于比较全面地正面阐述马克思主义哲学的基本观点（基本原理），而对实际问题的分析只是作为一个运用哲学的示范。这比把问题作为题目的写法要优越得多，因为任何一个问题都不是孤立地用某一个哲学原理能够说清说透的，任何一个哲学的基本原理也不是通过某一个实际问题的分析能够说得很全面的。而且“问题”是不断变换的，作为宣传哲学基本观点、基本知识的普及读本不能跟着“问题”跑。

（4）关于通俗化和实证化。哲学的大众化离不开通俗化，一讲通俗化就会想到举例子。但举例子只是通俗化的方式之一，而且这种方式的运用是有限度、有条件的，如果把握不好这个限度和条件，就很可能把哲学搞成“实例的总和”。大众化了的哲学也还是哲学。哲学是超验的东西，单纯靠经验的方式去解释和理解超验的东西是不可能的。在这方面，我们过去有过无数的经验和教训。例子不是不能用，但一定要选好用好，要有限度，不能躺在例子上。前面说的选取一个恰当的实际问题作哲学分析，这同通常的举例子不是一回事，我觉得应在这上面多下工夫。

我虽然教了几十年哲学，但在推进哲学的大众化方面，工作做的很少很少，也就谈不上有什么经验。上面这些话，不过纸上谈兵而已。

（郝永平、冯鹏志采访）

（四）赵凤岐：对《新大众哲学》的几点期待

中国社会科学院荣誉学部委员赵凤岐研究员长期致力于马克思主义哲学研究。赵凤岐先生对艾思奇的《大众哲学》有相当深刻的理解，对王伟光主持的《新大众哲学》课题研究充满期待。最近，高岸起对赵凤岐先生进行了专访。

高岸起： 先生对艾思奇的《大众哲学》有什么评论？

赵凤岐： 艾思奇的《大众哲学》问世于20世纪30年代，是马克思主义中国化、时代化和大众化的重要成果。《大众哲学》之所以能够引起广泛而深刻的社会影响，引导广大青年从迷茫中看清形势、从困惑中看到希望，从而走上革命道路，是因为它以通俗易懂的语言阐述了关于宇宙和人生的道理，阐明了马克思主义哲学的世界观和方法论。艾思奇是一位富有使命感的智者，他奉献给社会的不只是要人们“怎样做”，而是要人们懂得为什么要这样做的道理。这种哲学的启迪具有更根本的意义。

高岸起： 先生对《新大众哲学》如何继往开来有什么建议？

赵凤岐：《大众哲学》对中国社会向马克思主义科学的世界观和方法论的转型发挥了重要作用。至今仍在不断发展中的马克思主义中国化、时代化、大众化进程，将哲学的理念升华到了一种新的境界。

《新大众哲学》要有时代感，要以建设中国特色社会主义实践为现实基础。要继承和弘扬中华民族几千年来哲学思想的精华。同时也要吸取、借鉴其他民族哲学中适合本民族哲学生存与发展的优秀成分，克服本民族哲学的糟粕成分，提高本民族哲学的科学性素质。美国哲学的开拓进取、勇于创新理念，日本哲学的善于学习、敢于超越理念，德国哲学的务实严谨理念，新加坡哲学的法制意识、法治理念等等，都是《新大众哲学》可以借鉴的宝贵资源。

当然，正如邓小平同志 1983 年 10 月 12 日在《党在组织战线和思想战线上的迫切任务》中所指出的："我们要向资本主义发达国家学习先进的科学、技术、经营管理方法以及其他一切对我们有益的知识和文化，闭关自守、故步自封是愚蠢的。但是，属于文化领域的东西，一定要用马克思主义对它们的思想内容和表现方法进行分析、鉴别和批判。西方如今仍然有不少正直进步的学者、作家、艺术家在进行各种严肃的有价值的著作和创作，他们的作品我们当然要着重介绍。但是，现在有些同志对于西方各种哲学的、经济学的、社会政治的和文学艺术的思潮，不分析、不鉴别、不批判，而是一窝蜂地盲目推崇。对于西方学术文化的介绍如此混乱，以致连一些在西方国家也认为低级庸俗或有害的书籍、电影、音乐、舞蹈以及录像、录音，这几年也输入不少。这种用西方资产阶级没落文化来腐蚀青年的状况，再也不能容忍了。"①《新大众哲学》必须坚持批判学习、辩证扬弃的原则，注意加强屏蔽国外哲学和国外文化的不良影响。

因此，《新大众哲学》似应坚持三个基本原则：第一，弘扬和培育相统一原则；第二，继承和创新相统一原则；第三，民族性和世界性相统一原则。只有这样，《新大众哲学》才能继往开来。

高岸起： 您是否认为，《新大众哲学》须臾不能离开弘扬哲学伟大理念？

赵凤岐： 弘扬哲学伟大理念是全面建设小康社会的迫切需要。跨入21世纪，中国已经进入全面建设小康社会、加快推进社会主义现代化的新的发展阶段。这是一项充满艰辛、充满创造的壮丽事业，必须大力弘扬和培育伟大的科学精神和哲学观念，使全体人民始终保持昂扬向上的精神状态，为全面建设小康社会提供不竭的精神动力。

弘扬哲学伟大理念也是中华民族屹立于世界民族之林的重要保证。在人类社会漫长的历史长河中，中华民族筚路蓝缕，历经磨难而不衰，成为屹立在世界东方的伟大民族，一个根本原因正是赖于伟大的哲学理念强有力的凝聚和支撑。在新的历史阶段，进一步弘扬和培育伟大的哲学理念，对于展示中华民族形象、提升中华民族在国际舞台上的地位、为

① 《邓小平文选》第3卷，人民出版社1993年版，第44页。

人类作出更大贡献，具有重大意义。

当今的国际竞争不仅是经济、科技、军事等物质力量的竞争，更是隐藏于背后的思想、文化等精神力量的竞争，尤其是哲学理念和哲学凝聚力的竞争。一个国家，没有先进的科技，一打就垮；没有深厚的哲学理念，不打就垮。

高岸起：您是否认为，《新大众哲学》需要彰显马克思主义与本国实际相结合的基本原则，注重对新的实践经验的研究、探索和传播，巩固马克思主义在我国意识形态领域的指导地位，彰显中国特色社会主义理论体系的力量？

赵凤岐：其实，彰显科学理念是伟大哲学的灵魂理念。通观人类文明发展的历史，可以清楚地看到，无论文化多么灿烂，无论思想学说多么深邃，无论作品多么不朽，无一例外地都是由科学理念作为其生生不息的精神血脉。荷马史诗所以成为希腊文化的传世作品，是因为其中表达了西方民族所崇尚的开拓冒险和英雄主义理念；《论语》、《孟子》、《礼记》所以成为几千年来的不朽之作，是因为其中蕴涵了中华民族乃至东方民族注重入世进取、整体和谐等理念。如果没有西方高扬的个性解放传统理念，但丁的作品就不会成为近代文艺复兴的标志；没有中华民族追求“天人合一”、“知行不二”等理念特质，中国哲学也就失去了独特的魅力。总之，离开深邃的科学理念作为灵魂，任何思想和学说都会失去生命力。

历史经验表明，创新理念孕育兴旺发达，守旧观念导致苦难屈辱。一个缺乏创新理念的民族，必然是一个没有前途的民族。今天，我国人民正在进行的建设中国特色社会主义的伟大实践，是历史发展的必然，反映了中华民族的共同愿望和时代发展潮流的要求。在世界社会主义发展史上这是一次伟大的创新，而这种创新又不是凭空而来，而是我国革命和建设事业的继承和发展，是历史所揭示的“新的方面”。列宁曾说：“每种现象的一切方面（而且历史在不断地揭示出新的方面）相互依存，极其密切而不可分割地联系在一起，这种联系形成统一的、有规律的世界运动过程。”① 这就是马克思主义发展观的一个重要特点。中国特色社会主义伟业，有深厚的实践基础，凝聚着国人对更加美好生活的期盼；那些合乎科学的人类文明成果都在它的视野之内，又有对当代各种发展道路、发展模式的考量，等等。中国特色社会主义事业充满生机和活力不是偶然的。那么，既然是创新，就必有一系列的新问题需要应对。在当今社会生活中，有许多我们过去所不熟悉的东西，各种新事物在地平线上不断涌现；各种因素相互交织、复杂多样，各个方面的联系和不断变化及其交互作用的复杂情景，不是很容易就能把握的。这不仅需要有各个方面的专业知识，而且要有相应的哲学素养；它有

① 参见《列宁选集》第2卷，人民出版社1995年版，第423页。

助于人们开阔视野，打开思路，在复杂的事物面前保持清醒头脑，防止思想简单化和绝对化，有助于增强应对各种新挑战的能力。显然，这都是科学世界观和方法论的题中应有之义。《新大众哲学》能够在这方面发挥积极作用。艾思奇的《大众哲学》、《辩证唯物主义历史唯物主义》等著作中所阐发的哲学理念，曾唤醒一批又一批青年走上革命征途，包括离退休和现在仍在职的众多干部和万千学子从中受到哲学哺育和思想启迪。哲学理念是无形的，但它的作用又是实实在在的；它无力为某一方面的具体工作提供现成答案，但它却普遍地适用于一切领域向人们提供寻求最佳方案的思维方式。哲学理念在培养人才、提升干部素质、强化人文因素，解决各种社会问题和应对各种复杂局面等等方面都与深入贯彻科学发展观密切相关，其作用是不可低估的。培育科学的思维方式离不开辩证法，所以结合新情况阐述辩证法的道理，应是《新大众哲学》的重点之一。《新大众哲学》必须把彰显马克思主义哲学创新理念作为重点，使创新理念成为中华文明新的构成因素，不断提高中华民族的创新能力，增强中华民族的发展活力。

（高岸起采访）

（五）许志功：关于编写《新大众哲学》的一些思考和建议

1. 以马克思主义哲学为主体，以哲学发展史为主要线索

以马克思主义哲学为主体，就是一方面要以马克思主义哲学作为阐述问题的根本指导思想和贯穿其中的根本思想方法；另一方面，要将阐述马克思主义哲学的基本原理作为全书的主要内容和每一个问题的理论落脚点。

以哲学发展史为线索，即不是孤立地、静止地阐述马克思主义哲学原理，而是将马克思主义哲学放在整个人类哲学思维的发展历程中，放在哲学发展史中来阐述。要使读者感受到，哲学的发展历史就是人类思维成长和发展的历史，这一历史是由浅入深、由低级到高级的历史。在人类思维成长的过程中，有前进也有曲折，甚至还有短时间的倒退。马克思主义哲学是人类哲学思维发展历史中的一个重要环节，也是人类思维发展中取得的重要成果。

要通过以哲学发展史为线索的阐述，阐明马克思主义哲学产生的重大意义和自身价值。使读者感受到，马克思主义哲学并不是凭空产生的，而是人类哲学思维发展的必然产物。它的意义在于第一次明确地揭示了人类社会发展的奥秘，阐明了人类社会发展的起源、结构、动力、规律和最高价值追求，等等。

2. 全书的结构和布局

为便于读者阅读和理解，最好不要从马克思主义哲学的

体系上来布局和阐述。全书可分为《总论》、《认识论》篇、《辩证法》篇、《价值观》篇、《历史观》篇五篇主要内容。

总论部分可阐述：哲学思维的起源、什么是哲学、哲学的功能、哲学的价值、学习和掌握哲学思维的重要性等等；还可简述人类哲学思维发展的历史、马克思主义哲学的产生及其重大意义。

《认识论》篇、《辩证法》篇、《价值观》篇、《历史观》篇等主要篇章，都可以从思维发展史讲起，落脚到马克思主义哲学的原理上。如，《认识论》篇，可以从人类最初对于自然宇宙的好奇讲起，阐述人类怎样通过自身认识能力的提高一步步加深了对自然宇宙奥秘的认识，其中经历了几个大的认识阶段，有些什么样的曲折，如何逐步把握了正确的认识规律；阐述马克思主义哲学是怎样把握人类认识和思维规律的；阐明对于人类认识规律的认识并没有完结，随着人类思维能力的发展和思维对象的变化，呈现出不断深化的过程。

3. 在内容阐述上要突出代表人物和代表性观点，形成思维发展的逻辑线索

在讲述哲学发展史时，应当将主要代表人物和他的主要思想观点作为主要线索，形成一条不间断的思维发展的逻辑。通过哲学发展史的讲述，要体现出每一个主要代表人物和他的主要思想观点，都是对先前思想观点的重大突破，都是对哲学思想发展作出的某一方面的重大贡献，同时它又不可避免地存在着解释上的这样那样缺陷。后一个主要代表人物和他的主要思想观点则是在继承前人思想的基础上，发现前人思想中存在的矛盾和缺陷，进而提出新的思想观点弥补了以往的缺陷，同时也推进了哲学思想的发展。柏拉图与亚里士多德如此，马克思与黑格尔、费尔巴哈也是如此。以此说明哲学史就是人类思维发展的历史。

4. 在哲学史的阐述上应兼有西方哲学史和中国哲学史，以西方哲学史为主线

马克思主义哲学属于西方哲学史这一条主脉，无可否认地要将西方哲学发展史作为本书的主要逻辑线索，否则就无法讲清马克思主义哲学。但是，中国哲学也有辉煌的发展历史，也涌现出许多优秀的代表人物和杰出的哲学思想。尤其是从弘扬民族自身的优秀文化传统出发，更应当大力宣扬中国哲学史上的优秀人物和优秀思想。然而，西方哲学史和中国哲学史又是循着两条完全不同的发展路径来发展的，期间很少有所交集。用西方哲学史的发展路径、理论框架和范畴体系来解说中国哲学的发展史显然是有问题的。解决的办法应是将西方哲学发展史作为本书的主要逻辑线索，又在这一主线之下加入一些中国哲学史上的重要代表人物和他的主要代表思想。

5. 力求语言表述上的通俗化

要用广大群众熟悉的通俗易懂的语言，即要根据中国人的传统文化、习惯和接受方式，把深奥的理论转化为形象的、深入浅出的道理，用简洁、明快、生动形象的文字来表达深刻的思想。以往的马克思主义经典著作和理论学术界的语言，缺少通俗化，不易为群众所理解，在一定程度上拉开了与普通群众间的距离，影响了马克思主义理论宣传、普及的效果。因此，本书首先要解决语言上的通俗化问题。

6. 力求将理论内容常识化

常识，是大众经验的社会形式，也是支配大众日常生活实践的主要观念形式。马克思主义要为广大群众所接受，就需要贴近广大群众的日常生活常识。中国化马克思主义理论只有进入大众日常生活常识，才能成为广大群众支配自己行为的主导观念。因此，应当根据一般民众的认知水平和认知特点，将抽象的原则转化为具体的常识性的道理，使这些原则能够真正解答现实生活中感到困惑或迷茫的问题，使理论更具有可接受性。在表述方式上尽量避免过于繁琐的逻辑论证，在思想内容上尽量贴近大众的现实生活。要尽可能地将马克思主义的原理同我国当前的现实具体实际结合起来，并且把理论原则转化为群众认同的价值观念、思维方式和行为方式。

7. 力求将马克思主义的精髓融入到中华民族优秀文化的血脉中去

在本书的理论阐述中，应当将中华民族文化中的具有当代价值的思想资源融入进去。要善于用群众熟悉和经常使用的格言、谚语和历史典故、文学故事等加以引申和发挥来表达马克思主义的某些重要原理。在行文中突出中国的文化元素。毛泽东在这方面为我们做出了典范，如“实事求是”、“一分为二”、“知行观”、“矛盾论”等等，都使用中国群众熟悉的哲学概念来解说西方哲学的概念，使其通俗易懂，易于为群众所接受。这也正是毛泽东所说：“对一些哲学的基本概念，利用适当的场合，加以说明，使一般干部能够看懂。要利用这个机会，使成百万的不懂哲学的党内外干部懂一点马克思主义哲学。”①

8. 在价值论等篇章中，应当注重联系群众的现实利益问题

马克思主义理论只有最大程度地反映、表达人民群众的现实利益，才能使群众感受到理论的现实价值和意义，并为群众所接受。体现最广大人民群众的根本利益，维护和实现最广大人民群众的根本利益，是马克思主义根本价值的体现。在本书的论述中，应当注重阐述马克思主义哲学的基本精神，深入联系人们所关心的涉及群众利益的制度和政策措施问题，并予以理论和实践上的解答。应避免脱离实际的空洞的理论和教条化的词句。要以解决广大群众所关心的现实问题为突

① 《毛泽东书信集》，中央文献出版社1983年版，第449页。

破口，联系群众关注的诸多热点、难点、焦点问题，从理论上作出有说服力的回答。要将党的十七大提出的使全体人民学有所教、劳有所得、病有所医、老有所养、住有所居，推动建设和谐社会等精神，在联系实际的理论解说中加入进去。在涉及人民群众利益的问题上，要引导人们正确理解和处理个人利益与集体利益、当前利益和长远利益的关系等，在这个问题上也要求真务实，切忌把人们的胃口吊得太高。

9. 在阐述马克思主义哲学原理时，联系和阐述中国化的马克思主义哲学

在我们党推进马克思主义中国化的过程中，马克思主义哲学的中国化也取得了很大的成就。毛泽东的《实践论》、《矛盾论》、《中国革命战争的战略问题》等都是杰出的中国化马克思主义哲学的代表作。邓小平、江泽民、胡锦涛关于建设中国特色社会主义理论体系中，也包含着十分丰富的中国化马克思主义哲学思想。在阐述马克思主义哲学原理时，应当注意联系和阐述上述中国化的马克思主义哲学思想，从而使对马克思主义哲学的阐述内容更加丰富，更加贴近于中国社会主义革命和建设的实际，更容易为群众读者所理解和接受。

以上建议仅供参考。

（六）王丹一：写出新《大众哲学》是时代的需要

王丹一是著名马克思主义哲学家艾思奇的夫人，1935 年参加革命，1944 年在延安与艾思奇喜结良缘。她现已年过九旬，虽患多种疾病，却顽强地坚持锻炼、与疾病斗争，依然思维清晰，乐观地自称带病延年。最近她刚主编出版了《艾思奇图册》。2010 年金秋时节，我去拜访她老人家，她热情地接待了我。

毛卫平（以下简称毛）：王老，为了在新形势下继续推进马克思主义哲学中国化，最近，由社科院常务副院长王伟光牵头，学术界准备写一本《新大众哲学》。这也是继承了艾思奇开创的事业。您是我们的前辈，对马克思主义哲学大众化的工作有直接的感受，我们很想听听您的看法。

王丹一（以下简称王）：这是件大好事，我赞成。艾思奇生前早就想写一本新的《大众哲学》。他本人认为："《大众哲学》这本小册子之所以受到读者普遍欢迎，除了适应哲学启蒙教育的迫切需要之外，也是当时社会背景的历史性变化使然。由于党的政治路线和红军长征的伟大胜利，促进了抗日救亡的革命形势，进而产生了大批渴望用革命理论武装头脑的读者。"同时他认为："《大众哲学》也确实有许多不足之处。主要是采用小品式的文章，无法写得精练而全面，又在白色恐怖年代，不能畅所欲言、透彻发挥。毕竟当时自己只是一个 25 岁的青年，人生经验与理论修养都不够成熟。”

我记得 1965 年底他因心脏病第一次住院。哲学教研室的同志来探视。他说：“中国革命的成功也是马克思主义哲学指导伟大实践的过程。如今群众学哲学的热情很高。众所周知，大庆油田的铁人王进喜，就是学习‘两论’（毛泽东的《实践论》和《矛盾论》）起家，为开发大庆油田增长了智慧。……希望你们多注意收集这方面材料。时代在发展，希望你们能写出一部新的《大众哲学》。”

这是艾思奇同志对哲学理论工作者的一种期待，也是他生前的一个夙愿。

毛：最近，中央领导也倡导全党、特别是领导干部要多读书，读好书。习近平校长特别强调领导干部要好好学哲学。

王：这更是大好事。读书也是需要引导的。中央倡导学习，多读书，读好书，是促进党员骨干健康成长的重要引导。

艾思奇从小在家中就得到过好的引导。他的父兄都有较深的哲学素养，上中学时遇到了好老师。他的老师楚图南、陈小航（即翻译家罗稷南）均为学识造诣出类拔萃之人。当时他们的校长徐继祖是北大的学生，他把蔡元培的办学方针带到了云南省立一中。这些都对求知若渴的艾思奇产生了深远的影响。

当年工农红军经过艰苦卓绝的征战，到达陕甘宁边区，有了一个相对稳定的根据地。如何提高干部的文化和理论水平，进而全面强化共产党武装集体的内在素质，成为当时中央要抓的头等大事。

1938 年冬，毛泽东找几个人在他的办公室漫谈哲学问题，以后定为每周三晚都来开座谈会。消息传开，许多党政军高级干部要求参加，以致窑洞都挤不下了，于是便移至中组部。在中组部由陈云带头学《唯物史观》（吴亮平、艾思奇合著），每周六定为学习日。在中宣部由张闻天、李维汉倡导组织并带头学。两个部均聘请艾思奇当辅导员。创立了互帮互学、生动活泼的学习模式。朱总司令带个小马扎，也常来参加。他在红军中有很高的威望，早年在云南讲武堂和留学德国的经历，使他的文化底蕴和哲学造诣都十分深厚。中央领导干部带头学习，对广大干部有效地起到了表率和引导作用。这种模式迅速发展为以“延安新哲学会”为核心，全国解放区大力开展的学习运动。新哲学会的成立，是红军最高领导集体高瞻远瞩的战略部署，为日后抗日战争、解放战争的胜利，锻造了思想意志的先进武装。

毛：最近我参加新进公务员的培训工作，发现只要你讲的内容是贴近实际的，态度是真诚的，年轻人对理论学习也很感兴趣，热情很高，吃饭的时候还在探讨问题，有几次中午在饭桌上聊到一点多钟，炊事员来催大家才散。

王：这正说明现代广大青年也希望学习理论，但他们不喜欢枯燥地背诵教条。理论必须能和实践相结合，真正来源于生活实际的哲理，才容易受到群众的欢迎。

今年是艾思奇同志百年诞辰。他离开我们已四十多年了，这么多年来还有不少人谈论他，写文章纪念他。文章中都怀着质朴深厚的感情。我想这与他的《大众哲学》在民主革命时代产生过较大的社会影响有关；同时又和他本人律己严、为人厚道、对真理执著追求的人品风格有关。

1948 年，任弼时同志主持召开全国青年代表大会，艾思奇是大会代表。在选举全国青年团领导成员时，只有艾思奇与廖承志二人以全票当选（当时代表共 446 人）。因为曾经共事过，廖公希望与艾思奇继续合作。艾思奇的老师楚图南也认为："艾思奇懂几门外语，为人稳重，适合做外事工作。"但理论战线更需要他，艾思奇服从党和国家的安排，为哲学教育和干部培训坚持了一生。

新中国成立后，由于执政党建设的需要，艾思奇的学生、同事和下级干部陆续走上了党政军各单位领导岗位，而干部的政治和物质待遇是按照职务级别规定的。艾思奇作为"九品芝麻官"的学校教员，对此却毫不在意，他怀着对党和群众的无限赤诚，一如既往地在教学第一线勤勤恳恳、任劳任怨地奉献着。

1953 年，三反运动开始。在一次讲课中，艾思奇讲到必然性与偶然性的问题。他用产生革命领袖是必然的，而某人成为领袖是偶然的例子做说明，提到了毛主席。为此他被认为是犯了“非常荒谬的错误”。从而引发了对艾思奇的全面批判。同时还批判了《大众哲学》。艾思奇在检讨书中违心地同意《大众哲学》永不再版，并撤回当时已与青年出版社签订的合同。这份检讨书和党委决议上报党中央和毛主席。以后虽然没有发生更严重的后果，但这却是遵守党章原则和保留学术观点发生矛盾时，在他心中产生困境的又一次考验（上一次是在“抢救运动”中）。

艾思奇到延安初期，曾受到毛主席的器重，但他并未因此而骄傲，也未因1953年的批判而沮丧。他一生保持着宠辱不惊的心态。作为一个理论教育工作者，他认为自己应该常思过补进，不断学习新知识以充实自己。早年在上海时期相识的一位老同志何定华同志曾写道：“艾思奇同志的工作十分认真，写作异常勤奋，从不计较个人得失。出名的，能拿稿费（当时是靠微薄的稿费生活——引者注）的事，总是先让别人去做，写评论、写抗议、支援兄弟单位、写消息报道、写答读者信等杂事、琐事，他总是争着完成。”① 类似的回忆文章几乎各个时期都有。

毛：近年来，在有关课题研究中，我有一个困惑：早在20世纪30年代写的《中庸观念的分析》一文中，艾思奇就

① 《一个哲学家的道路——回忆艾思奇同志》，云南人民出版社1981年版，第59页。

把中国哲学、西方哲学和马克思主义哲学结合起来，指出中庸之道就是关于质量互变和“度”的把握的道理。只是在中国传统哲学中，特别强调量变，而忽略根本的变革，把中庸之道变成了教条，在革命年代理所当然地会遭到质疑和批判。同时艾思奇又指出，中庸之道并非全无道理，而是有“一面的真理性”，即在日常生活中，在和平建设时期是有道理的、是适用的。按理说，这个在革命年代被忽视的真理，在和平建设年代应当受到重视，可是看新中国成立以后的论著，艾思奇并没有发挥这方面的道理，还成了批判“合二而一”一方的主要代表。

王：你的问题问得好。善于提好的问题，才有学问的创新发展。关于儒家的“中庸之道”与批判“合二而一”事件的关系，这是个多因素的、比较复杂的社会现象。它既牵涉到历史与现代的学术发展，同时又和学术理论与社会政治发展的互动有关。

我个人对古代哲学没有研究，知之甚少。在编《艾思奇文集》时，为了更翔实地了解他的生平，我曾访问过当时任重庆市委书记的任白戈同志。他在延安时参加过毛泽东的“哲学小组”。他与艾思奇同在抗大任教。艾思奇任延安中央研究院文化思想研究室主任时，他是研究员。

任白戈说：在研究室，关于如何对待研究古代哲学问题曾发生过争论，一方主张：中国共产党应以研究新兴的马克思主义哲学为主，因为只有马克思主义才能救中国，另一方认为，必须研究中国古代哲学，否则就无法了解中国思想史的发展。艾思奇鼓励双方畅所欲言，然后谈了自己的看法。他认为，哲学是人们对世界一切事物的基本认识。无论中国古代哲学还是西方哲学都需要几代人花大力气认真研究，才能择其精华、融会贯通。因此中国古代哲学研究也是需要重视的。但是当今抗日救亡迫在眉睫，只有马克思主义可以救中国。积极进行马克思主义哲学研究和宣传，可以推动拯救中华、振兴中华的事业。

我们知道，东西方哲学是不同的文化类型。中国哲学已经延续了几千年，渗透在人们的思想习惯和日常生活中，那个时代的人们是很熟悉的。艾思奇展开将马克思主义中国化、通俗化的研究，可以说是一种创新，也是思想解放的必由之路。多年来，他的动机和形象发生某些歪曲，有些误解与讹传，也是不可避免的。可是到 20 世纪 60 年代，宣传部门受命开展批判“合二而一”运动，则是一种特殊的历史现象。

毛：据当时在他身边工作的同志讲，当时批判“合二而一”，其实他并不是很积极，是低调的、降温的。当时政治局常委康生在钓鱼台代表中央布置工作，最初点名批判“合二而一”的文章，本来要求艾思奇署名，但他不同意。后来发表了一篇署名的文章，以及学校组织的批判大会，他只是尽量从学术方面论述，从政治上进行的批判是由别人做的，后来拿出去放的录音不是他的。当时批判“合二而一”的写作班子里也没有他。

王：的确，根据当事人李振霞同志的文章，当时校委责成他在哲学教研室领导一个写作班子，负责写出一批理论水平高的批判文章。可是艾思奇组织文章不积极，直至一年后小组撤销，最终也没有一篇文章问世。学术辩论的“一方主将”在政治运动中被动消极，这种奇怪的现象说明了什么？由于他辞世过早，“文革”后没有说明当时真相的机会，也没有反省历史经验的可能。

在政治运动中，艾思奇被迫成为批判一方的主要代表，在当时的情况下，并非是个人意愿所能决定的。“合二而一”这个命题，已被毛主席在北戴河会议上定为“阶级调和论”，说“有人搞‘合二而一’是反对我的”，这有史料为证。作为中央党校副校长的艾思奇岂能违背中央和校委的决定。当时在“十年动乱”之前，各级组织是健全的，服从中央和组织决定，涉及一个党员的党性问题。即便如此，艾思奇的文章仍尽量侧重学术探讨，以至被认为在运动中“斗争不力”、“不懂政治”。在组织处理阶段，他被下放到京郊参加两期“四清”。

我所说的误解和讹传，在国际上还进入了历史文献。最明显的莫过于由“首席中国通”费正清主编的《中华人民共和国史》（剑桥大学出版），其中有“艾思奇、陈伯达向杨献珍挑战”的说法。其中在默尔·戈德曼写的文章中说：“在批判‘合二而一’运动中，杨献珍被免除中央党校副校长，由他意识形态的老对手艾思奇接替了。”这都是有悖于史实的。杨献珍于1964年4月，由中央政治局常委扩大会议决定撤销他的副校长职务，而艾思奇任中央党校副校长是在1959年。一个外国人不了解情况也就罢了，而国内的某理论家竟以揭秘自居，写道：“艾思奇写了批判杨献珍的文章，毛主席称赞‘艾思奇不是天下第一好人，也是第二好人’。于是艾思奇批判‘合二而一’就更积极了。”这不过是耍了一个移花接木的手法。毛主席是在延安时曾讲过这句话，具体情况可查阅《一个哲学家的道路》中吴伯箫的文章。[①] 类似的情况曾经流行一时，就不一一列举了。

以上我的看法水平有限，也有不足之处。这些只代表个人观点，与他人无涉，欢迎大家指正。

如今比起写《大众哲学》的时代，已发生了翻天覆地的变化，不仅生活内容更加丰富，理论界人才辈出，我们党的认识有了长期历史经验的积累，我们的管理政策也更加科学，法治日益完善。要建设中国特色的社会主义国家，我们需要形成学习型政党。马克思主义哲学，仍然是指引广大党员的

① 见《一个哲学家的道路——回忆艾思奇同志》，云南人民出版社1981年版，第125页。

理论旗帜。写一本新的《大众哲学》，继续推进马克思主义哲学中国化，是中华崛起的时代使命，也是当今理论工作者的责任。我相信你们一定能够担此重任，预祝你们成功。

毛：谢谢您。

（毛卫平采访）

（七）卢国英[①]：对编写新《大众哲学》的一点感想

听说同志们要编写一本《新大众哲学》，我十分高兴，非常赞成和支持。

回想48年前的1963年，我在艾思奇办公室工作。一天，收到福建一位同志给艾思奇的来信。大意说，30年代，他正是一个热血青年，面对民族危亡，个人出路渺茫，精神极度悲观，曾想自杀了此一生。一个偶然的机会，读了《大众哲学》，精神为之一振，仿佛在黑暗中见到了曙光，毅然投身革命行列。他信上说：《大众哲学》是一本"救命的书"，恳切希望能修改再版，这对广大青年仍有很大意义。

我将信拿去给艾思奇看。我说："福建有同志来信，赞扬《大众哲学》是'救命的书'，建议修改再版。"艾思奇看了来信，沉默了好一会，然后说："修改再版这件事很难，我想用文艺的笔法，重新写一本，但是，现在没有时间。"

为什么说"修改再版很难"？为什么要"重新写一本"？当时我没有理解。那时，我没有深入研究过《大众哲学》的历史，不知道1953年7月间，陈伯达策动的那场对《大众哲学》的批判事件。事情起因是这样的：据说，有一次，几位同志和陈伯达聊天，说到艾思奇的《大众哲学》。陈伯达说：

---

① 卢国英，中共中央党校教授，曾担任艾思奇的秘书。

“闭着眼睛，随便把《大众哲学》翻开哪一页，就可以在上边找到许多错误。”“你们不信，可以当面试验。”于是，找了一本《大众哲学》，随便一翻，翻出那个地方，就是讲宇宙间的事物分作两大类。陈伯达说：“这个宇宙间事物分作两大类，不就是错误百出么?”当时陈伯达飞黄腾达，号称理论权威，他的信口雌黄，蒙蔽了许多人。一些人便以组织的名义，写成了批判艾思奇及其《大众哲学》的长篇报告。报告上说，这个宇宙间事物分作两大类，是什么“混淆了马克思列宁主义关于宇宙的物质统一性的根本原理，而敞开了走向二元论和唯心论的大门”、“使自己堕入了机械唯物论的泥沼”。他们把《大众哲学》定性为“机械唯物论”的著作，重点进行了批判。艾思奇被迫作了检讨，宣布停止中国青年出版社即将出版的修改本。

现在了解了这一段历史，才理解艾思奇当时说的《大众哲学》修改再版“很难”的事情，也才懂得要以“文艺的笔法，重新写一本”的含意。

艾思奇一定考虑过怎样用“文艺的笔法”重新写一本的思路，可惜当时及后来，都没有问过他，他也没有再说过，只留下一个原则性的意见，我们现在只能去捉摸，去猜测了。

我在撰写《一代哲人艾思奇》时，曾反复探讨过《大众哲学》成功的原因。《大众哲学》之所以赢得了广大的读者，从内容上来说，主要是传播了马克思主义哲学的真理，适应了当时抗日时代的需要，回答了群众关心的迫切问题。

艾思奇 1963 年说“重新写一本”，我猜想可能是他意识到时代大大前进了，民主革命和社会主义革命都胜利了，社会主义建设也已取得了重大成就，中国社会起了翻天覆地的变化，马克思主义哲学有了重大发展，群众在现实生活中又有了许多新问题需要回答。所以，要“重新写一本”，才能适应新时代的需要。

我捉摸艾思奇还可能因为觉得《大众哲学》的原版和修改版中，某些哲学原理内容叙述上恐有疏漏，以致被陈伯达等钻了空子，歪曲篡改，无限上纲。“重新写一本”，就可以构筑新体系，写得更严密完整一些，并且可以把马克思主义哲学在中国的丰富发展，更多更好地反映出来。

我们知道，《大众哲学》的成功，不仅在内容上，而且在形式上。它通俗易懂，深入浅出，生动活泼，用妇孺皆知的谚语、成语、故事来阐明抽象的哲学道理，打破了哲学的神秘感，引起了群众极大的兴趣。应该说，这一点正是成功的决定性原因。

列宁有一句话说得好，他说：“最高限度的马克思主义 = 最高限度的通俗化。”① 通俗化就是要将马克思主义真理的深刻内容，用老百姓喜闻乐见的语言和形式表述出来，使高深

① 《列宁全集》第 36 卷，人民出版社 1985 年版，第 467 页。

的内容和生动的形式完美的地统一起来。《大众哲学》做到了这一点，因此才受到群众的广泛的欢迎。

然而在30年后的60年代，艾思奇可能感到原有的通俗化已经不够了，考虑要“用文艺的笔法”重新写一本，这就是说，在形式上、写法上，还有需要进一步改进的地方。

究竟什么是“文艺的笔法”？我想，应该是指对事物和理论进行形象的具体的生动叙述。这里既有语言问题，又有形式问题。就形式来说，小说、戏剧、诗歌、寓言、故事、童话、神话、游记等等，都可以表达某些哲理。艾思奇的《大众哲学》是一个范例，韩树英主编的《通俗哲学》又提供了一个样本。但是，今天我们只能参考，而不能照抄。如果因循守旧，便难以引起群众的兴趣。当今时代，究竟运用哪种形式，能将马克思主义哲学及中国化的发展，系统地很好地反映出来，能够较好地回答群众关心的迫切问题，这却需要推陈出新的创造。内容固然也有创新问题，但我觉得形式的创新，却是新大众哲学成功的关键。

为什么现在一些人们对马克思主义哲学不感兴趣、而对国学却（孔子、庄子等）兴趣浓厚？一本《论语心得》引得人们热捧。国学中当然有好东西，值得学习和继承，但是，其中精华和糟粕并存，有些人甚至把糟粕当宝贝，岂不贻害无穷。马克思主义及其哲学，是普遍的客观真理，是我们党和国家的指导思想，尤其是中国化的马克思主义及其哲学，是我们现在的行动指南。难道人们都懂了，不需要再学习了？不是的。那为什么不感兴趣呢？可能主要是空洞文章太多，离大众生活太远，引人入胜的文章太少。我们的任务，就是要像艾思奇所说的那样，要用“文艺的笔法”，写出脍炙人口的好文章来。

同志们已经组成了以王伟光同志牵头的团队，参加的同志都是哲学界的后起之秀，对马克思主义哲学都有专门研究，又有组织支持。比当年艾思奇写《大众哲学》时的条件好多了，尽管编出内容新颖而又形式生动的新大众哲学，不是容易的事，需要付出艰苦的创造性劳动，但在大家集体努力下，编写出群众欢迎的新大众哲学，是大有希望的。

高质量的新大众哲学，是现时代的需要，党和国家的需要，人民大众的需要，盼望着它早日应运而生。

让艾思奇开创的《大众哲学》传统，发扬光大，继往开来！

（八）张绪文：编写《新大众哲学》要有对象意识与时代意识

杨信礼：张教授您好！王伟光教授主持编写的《新大众哲学》，是中共中央宣传部委托的重大研究课题。怎样写好这本书，我们很想听听您的意见和建议。

张绪文（中共中央党校哲学教研部原主任、教授）：接到这个任务之后，我又翻了一下艾思奇的《大众哲学》和韩树英主编的《通俗哲学》。其实我也讲不出什么东西，没有多少新鲜的，随便说说。我想了两个问题，一个问题就是：马克思主义哲学，就它的本性来讲，应当是大众哲学。因为它是无产阶级和人民大众认识世界、改造世界的一种思想武器。再一个问题就是：因为哲学是世界观，它的抽象层次最高，因此它的普遍适用性就最高。各行各业，没有一个领域是在它的视野之外。马克思主义哲学是科学的世界观和方法论，按它的性质与功能作用来讲，也应当是大众哲学。因为哲学本身抽象层次比较高，好像离生活、远离大众、比较抽象、比较难懂。因此，就需要有人把这个理论通俗化、大众化，更便于让大众所接受，因此就有一个艾思奇的本子、一个韩树英的本子。艾思奇的《大众哲学》影响是很大的。我讲一件事情：中央党校培训部 84 级有一位来自浙江的学员，那个时候哲学考试写论文，他在论文的第一页写了一段话，意思就是他越来越钟情于马克思主义哲学，就是讲哲学的作用有多么大，很感人的一段话。因为那个时候我管教学，所以我还比较感兴趣。我就跟他说你怎么对哲学这么感兴趣，他说我的父亲是读艾思奇的《大众哲学》参加革命的。他父亲曾经做过杭州市委书记，这个学员我也知道，比他还早到党校学习。你想艾思奇写《大众哲学》时才24岁，是在《读书生活》上一篇一篇发的，后来才集成书的。他的确影响了一代知识青年，其中有不少人是读了他的书参加革命的。韩本的影响也是不小。既然这两本书起了这么大的作用，你们编这个《新大众哲学》还是重任在肩，压力不小。

《新大众哲学》怎么个编法，我初步想了一下。第一是对象问题。因为你编这本书，得考虑谁读这本书。按我的想法，艾思奇那本书的对象是当时的知识青年，但他没有明确那么写。韩本明确说是给青少年读的，所以是中国青年出版社出的。你们搞的《新大众哲学》，我想应该是初中毕业以上的文化程度，这就叫作知识青年。年龄段大体上是“80后”，特别是“90后”，从今天的时间来讲是30岁以下，应当是“90后”更突出一点。这一些人如果按照正常的话应该是工作到21世纪中叶，就是我们基本实现现代化和大体上达到中等发达国家的水平的目标的时候。所以就需要对这个对象的特点做一点分析。九年制义务教育就是到初中毕业，已经普及了若干年，不管是城市还是农村，如果文化水平确定到这一段的话，应该说受众人群数量是很大的。这一些人恐怕也有很多的特点，他不同于70年代、60年代。这样就把这本书的对象区别于马工程的哲学教科书，他那个是给哲学专业本科生读的，后来范围扩大了点，还有一般的干部和大学本科，不光是哲学专业，其他专业也用。如果说对象确定了之后，我觉得应当组织力量对这个对象作深入调查，对他们的世界观、人生观、价值观做比较细致的摸底工作，这是我的一个具体意见。我认为这是基础性的工作，编书不要闭门造车。这是我一个方面的意见。

第二是内容问题。《新大众哲学》实际上就是把马克思主义哲学大众化。我的意见是要讲解、宣传马克思主义哲学中那些最基本最稳定的东西。内容是马克思主义哲学基本理论，这里头大体上是大家认可的、没有争议的，的确是基本的、不知道不行的。艾本基本没有历史唯物主义，韩本有但是大概占全书三分之一左右，三分之二是唯物论、辩证法。辩证法容易通俗化大众化，比较好写。我就觉得《新大众哲学》在内容方面要注意加强历史唯物主义部分。比如关于历史决定论的思想，历史是有自身规律的，这恐怕也有针对性。比如关于人生观、价值观问题，关于人的解放的问题，包括伦理道德问题等等，这个和青年人关系都比较大。

第三是时代特色问题。这一条我觉得尤其值得重视，要区别于艾本和韩本，主要的还不在一些基本理论，主要的还是时代特色。跟艾本的区别比较好说，那时候是 20 世纪 30 年代，革命的时候。韩本是 1982 年出的，是改革开放的初期。现在我们搞了 30 多年，就大的时代特征来讲是和平与发展，我们还是沿着中国特色社会主义道路来发展。我的意见是要注意这种大的历史跨度的阶段性的特征。这个若反映得比较好的话，这本书就跟那两本书有所区别，就有了自己的价值。你比如说，信息技术带来全球性的深刻变化，从生产领域一直到观念，在这本书当中就应该反映，而且要写得比较精彩。比如对于历史经验的反思，那时候不能再以阶级斗争为纲了，要以经济建设为中心，这个韩本是明确的，但是对于历史经验深层次的总结，那个时候还没有深入展开，没有更多考虑这种事情。现在不仅我们社会主义阵营总结历史经验，资本主义也在总结他们的历史经验，特别是这次金融危机以后。信息技术这一场科技革命引发了方方面面的变化，全球交往日益扩大，马克思关于世界历史的思想、经济全球化的思想，在这本书中最好能有这个方面的问题。马克思、恩格斯写《德意志意识形态》这么多年了，但是很不简单，预见到了现在。这些方面的东西我希望能够有所反映，我觉得这个问题很重要。

第四是写法问题。既然叫《新大众哲学》，是一个通俗化的本子，我希望能够做到深入浅出、雅俗共赏，要注重形式，但不是一味地追求形式。这个书如果写得成功的话，不仅年轻人喜欢读，老人也喜欢读；不仅一般的非专业的知识青年喜欢读，搞专业的人觉得有这么个本子也不错，也有一定的启发，要达到这样的目的。受众要更广泛一点，而且是自觉自愿的。我觉得形式的问题也不能忽视，但不要一味地追求形式，要有一定的深度，有深度不等于晦涩、不等于难懂，这样受众的面就会多一点，人家也就自愿地来看。形式的问题最好有插图，当时韩本中的漫画为该书增色不少。甚至可以搞一点图片，不仅有漫画的形式，包括一些彩图，数量可以比韩本多一点，但图片必须精选。

杨信礼： 您谈的这些意见很重要。对象的确定实际上就是本书的定位问题，即面对那些受众。实际上这个书能够发挥作用并且长期发挥作用，还是要影响年轻人，因为年轻人世界观、人生观正在形成中，有很多困惑，“80后”到现在30岁左右，现在有些人工作了，他们工作的压力、生活的压力、精神的压力都很大。在校学习的学生，包括博士生、硕士生、本科生，他既要完成学业，同时还要面临毕业就业的问题。现在农民工在城里打工，有的企业好一点，有的企业差一点，他工资很低，很难在城市扎根，看不到希望、看不到前途，现在年轻人的生存状况与思想状况甚可忧虑。如果引导好了，这一代人是能够代表民族未来的。当我听了你关于读者对象的确定，心里一震，“80后”能够为国家、民族工作还有30多年，“90后”能够为国家民族工作40多年。在三四十年之内，无论是个人的发展还是社会的发展都是未定的，这样他们的思想能够受影响，这个书的作用就能发挥出来。内容也有所考虑，主要是注重问题，兼顾体系。要从问题出发，当代中国有哪些问题，这些问题需要从哲学层面进行点拨，马克思主义哲学在解决这些问题当中应该发挥作用，要在理论和实际的结合点上做文章。您讲的时代化，跟艾本的区别是相当明显的，一个是战争与革命的时代，一个是和平与发展的时代。但与韩本则是属于同一个时代的不同阶段或时段。

张绪文：整个时代的阶段性特点，跟 30 年前有所不同，要注意研究阶段性特点。

杨信礼：《新大众哲学》与韩本的继承关系是没有问题的，怎么样显得有所区别则是个问题。应该说大的时代是一样的，一个时代又分若干阶段，30 年后与 30 年前相比，无论是经济社会发展，还是人们的思想状况，都发生了很大的变化。那个时候许多问题是隐而不显的，现在好像凸显出来了。无论是国家，还是百姓，都面对很多现实问题。对于这些重大理论问题和实践问题，要认真琢磨，从哲学高度予以回答。再之是形式问题，要做到深入浅出、雅俗共赏，实际上对于学者是一个很大的考验。

张绪文：若基础理论吃不透，弄不好就很肤浅。

杨信礼：每次听您讲课听您说话，非常浅显明白，听了以后心灵上有一种震动。现在有人把非常浅显的道理用非常晦涩的语言表达出来。黑格尔教哲学讲德国话，我们也要让马克思主义哲学讲中国话。苏轼批评扬雄“以艰涩文浅易”，本来道理很浅显，却故意用玄妙高深的语言来掩饰见解的浅陋。马克思主义哲学是平凡的真理，他并不浅陋，但要尽量用通俗的语言来表达。要请一些最有研究同时语言表达也好的人来写这些问题。写这么一本书确实不容易，但若能写好，它对于社会的影响就非常大。也许学术界有人不认同这样的东西，甚至对其不屑一顾。但确实是这种东西能发挥大作用。只有通俗的才是流行的，只有流行的才是经典的。

张绪文：物色人的时候要注意，要有一些搞科技、经济、文学、历史的人参加。比如讲必然性和偶然性，老实说很多就是碰运气，碰运气不就是偶然吗？类似这些你怎么分析，偶然背后还有没有必然？

杨信礼：这本书尽管是讲哲学，但要丰富多彩。

张绪文：必须是人们生活当中经常接触的，很关注、很入迷的，你给他一点方法论的指导。

杨信礼：艾思奇那个书，就讲了很多例子，比如孙悟空七十二变，那个书小学生都可以读懂，它是非常通俗易懂的。韩校长那个书也举了很多例子，讲不同的人对于同一个事物的认识是不一样的，实际上里面有个价值评价问题。那个时候还不大讲价值评价，男孩因下雨不能踢球认为下雨不好，女孩因下雨就不用浇花了认为下雨好。任何人看问题角度不一样，得出的结论也不相同。但是现在再用这个例子就显得不够了。

张绪文：比如我们过去讲普遍联系，城门失火，殃及池鱼，那个是比较局部的、比较直接的。现在比如《世界是平的》这本书，就讲世界广泛的联系。信息技术太重要了，给世界带来的影响太深了，你别看我这么大岁数了，我不懂但还挺感兴趣。

杨信礼：现在已进入全球时代，全球化就是全球社会关系的强化，局部事件是由远方事件引起的，反之亦然。东莞的工厂倒闭了，工人下岗了，这虽然是个局部事件，却是由远方事件引起的，美国次贷危机引发金融危机，并影响实体经济。美国人失业增多、收入减少、消费能力下降，咱们的产品卖不出去了。要举最现代的例子，和现实生活联系最紧密的例子。

张绪文：所以我觉得要有各行各业的人参加，或者是搞哲学的人对这个行业有兴趣有思考，或者说这个行业的人对哲学有思考，物色一些这样的人，挖掘一些很典型的例子。艾本是一个人写的，文笔和格调基本是统一的。韩本好处是多人写，当时把部里很多人都调动起来了，发挥了每个人的作用。可以动员一些这个方面现在还有精力的人，年轻力壮又有兴趣，又有点真知灼见，动员他们来写。每个人写的不一定多，写得精彩一点，作者群可以广泛一点，搞这种东西不宜像艾思奇那样一个人弄。艾思奇那个时代还可以一个人掌握那么多，现在的知识领域远非一个人都能掌握了。

（杨信礼采访，王磊整理）

（九）宋惠昌：通俗哲学读物的生命力，在于它的思想深度

2010 年 7 月 12 日，杨信礼教授与王磊博士拜访宋惠昌教授，介绍了编写《新大众哲学》的缘起，请宋教授对如何编写《新大众哲学》提些建议。

宋惠昌（中共中央党校研究生院原院长、教授）：我觉得现在写一点哲学的著作是很有必要的。有一次我带着几个博士生到北京图书大厦，但里面没有多少哲学书。据说当代人写了五六百本哲学教材，现在也不见了，有也拿不出来了，因为没有读者。你们要编写一本叫作《新大众哲学》的书，我很高兴。谈一谈我自己的想法，供你们参考。

一个就是《新大众哲学》这个名称。原来写《通俗哲学》时也考虑过这个名称，后来没用它，有各种各样的理由，最后用了通俗哲学。想超越《大众哲学》再写一个《新大众哲学》看来是不可能的。因为它是那个时代的产物，毕竟是反映那个时代的要求、水平以及哲学思维特点，和现在已经大不相同了。这本书有时代的特点也有时代的局限，它作为时代性的著作是不可超越的。这也是马克思的观点，比如说古希腊哲学，虽然是人类幼年的东西，但是具有不可超越性，你想复制它，是不可能的。因为它是那个时代的精神精华，达到了那个时代的思想高度和理论深度。虽然现在看来，由

于时代的局限性，已经不能满足我们的要求了，但是在那个时代，它所表达的思想，却是领风气之先的。

这就是说，我们要写的是我们中国当今时代的哲学读物，这就要求我们必须站在这个时代的高度上，真正反映出我们这个时代的思想高度和理论深度。这就是说，我们在哲学读物所表达的思想，应当具有领风气之先的作用。当然，这并非是轻而易举的事情，但是，我们必须有这样的勇气和雄心。

关于通俗哲学读物究竟怎么写，这个问题我也想了很久。写一个通俗哲学读物，这不是件很容易的事情，它要求作者有比较深的哲学理论修养，需要有认真的研究工作，这样，才能有思想深度。所谓通俗的东西并不是一般化的东西，也不是举几个例子就能解决的问题，而是对这个理论有深刻研究之后的通俗表达。怎么才能做到深入浅出，说起来比较容易，但是做起来比较难。写通俗读物的时候一定不要低估读者，这是个很重要的问题。现在有一些读物，居高临下，以说教者自居。这样的好为人师的姿态，读者是不买账的，道理很简单，你板起面孔教训人家，人家就不愿意看。这是无可奈何的事情。当然，比这个问题更重要的问题，是我觉得通俗哲学读物必须有一定理论深度，有一定的思想性，有比较独立的见解，不是光引证和举例就能解决的，应当是在这些方面比较新的东西，看起来让人耳目一新。新思想、有思想深度的理论，才能有吸引力。这就是说，作者必须在思想上下工夫。我这里还想重复的一句话就是：要有思想深度，千万不要把读者估计低了，把读者估计低了就是看不起读者、教训读者，作品的作用就起不到了。在这方面，我们应该开创一个比较好的文风，从尊重读者做起，而要做到这一点，拿出有思想深度的东西，是一个基本条件。

还有一个就是写作方法问题。老实说，哲学也不是普及的那么厉害，说大家都懂哲学。我是过来人，那时候人人都学哲学，都写哲学，人人都会讲哲学。我觉得哲学普及恐怕还是在一定范围内，不是说每个人都读哲学。我这个意思就是要有理论深度、有思想深度、有独特见解。写通俗哲学也遇到这个问题，后来参加的人也很多，改起来也比较难。因为毕竟每个人都有自己的风格，按照你的要求改，不一定符合他的原意。另外我觉得一个真正的学术性的东西，一个具有思想性、理论性的作品，应该是有个性的。这里面我想有一个规律性的东西，就是要哲学家来写哲学著作，而不是哲学家群体写哲学著作。

另外还有一个问题，就是究竟什么叫哲学。学科界限问题也是需要考虑的。到书店看哪些是哲学书哪些不是哲学书，原来都是标出来的，现在不标的也有哲学，标出来的反而不是哲学，因为有一些是拿哲学的名义来说话，实际上不是哲学了。我们虽然写的是通俗的东西，但是学科界限、学科意识还是应当有的。哲学无所不在，但要说一切都是哲学，这也是难以接受的。我就准备了一下。想起来大概就这么多内容。

杨信礼：艾思奇的《大众哲学》写作于上世纪30年代，反映了特定的历史时代。那时许多进步青年，追求思想自由和人生进步，但当时也很迷茫。如何看待社会，如何看待中国现实，当时是非常迷茫的。艾思奇的《大众哲学》只是讲了辩证唯物主义，并没有涉及历史唯物主义。但在当时确实引领了思想时代，许多青年人读了这本书毅然走上了革命的道路。咱们这个《通俗哲学》是1982年出版的，写作于1980年左右。那时候“文革”刚刚结束，百废待兴，处于重大的历史转折时期，思想斗争也非常激烈。那本书对于人的思想解放确实发挥了重大的作用。30年一晃就过去了，现在写一本面向大众的哲学书，这个时代特点我们如何把握呢？如何既保持一脉相承的联系又体现出时代特点呢？

宋惠昌：我想，写东西，一个是写清楚、想清楚，再一个也不必想得太多，时代特点写的时候一定能体现出来。正像中国特色一样，我们写东西绝对不会写出法国特色。时代特点是在作品中体现出来的，而不是主观想不想的问题。我觉得写理论读物还是要着眼于理论本身，把理论问题说清楚，说服人。马克思说理论只要彻底就能说服人。怎么彻底啊，就是本身说清楚，观点比较彻底就能反映时代特点。这个时代精神就是在理论本身之中，就是彻底的理论观点。你这个时代彻底的理论观点，就是这个时代的精神。我看不必要顾虑太多，你就把问题说清楚，说到人家信服就行了，就达到目的了。如果从哲学层面把问题说清楚、把理论说清楚，而且超过以前时代的那些观点，那就说明你反映了时代问题。

杨信礼：有两种思路：一种只是把哲学理论具体化、通俗化、生动化；另一种是从问题出发，提炼出其中的哲学意蕴，从哲学层面讲清道理。体系和问题的关系应该怎么处理？

宋惠昌：体系的问题，我看顾及到大的方面就可以，一个通俗读物不可能把每个问题都说清楚，有一些哲学问题也不用单列章，单列章就成了哲学教科书了。哲学通俗读物应该与哲学教科书有区别，但是又不能离开大格，通常所说的大的哲学问题都应该包括。如主体性问题、人的问题、历史规律问题，也可以介绍一些不同的观点。我觉得作品应该多一些活泼的东西，少一点说教似的东西。

至于这个书到底应该解决什么问题，也不是作者要考虑的。把观点讲清、道理说透就是了。只要把自己的心血倾注在里面，自然会产生好的结果。好的影响究竟到什么程度，你也不要期望太高。写出来的东西自己看了满意了就可以了，至于读者欢迎不欢迎，那就由不得你了理论说清楚自然能说服人，但说服到什么程度不是作者能决定的事情。因为，一个作品的影响力，归根到底取决于它自身的思想性。

（杨信礼采访，王磊整理）

三

《新大众哲学》专家审稿意见

（一）关于《学好哲学　终生受用——总论篇》的审读意见

《新大众哲学》编写组：

此稿已阅，甚好。

观点鲜明，论述恰当，内容丰富，文章流畅。尤其在通俗化上下了很大的功夫，可读性很强，堪为《大众哲学》新篇。

读后也有一些意见和建议。原创性意见有两条：

一条是在准确性上还需下点功夫。通俗性读物要力求准确，本稿在这一点上比许多其他通俗著作做得好，但仍有提升的空间。

另一条是对中国化马克思主义的概述还不够准确全面，这部分内容很重要，在总论中起压轴作用，还需作些充实，使之更加完善。可以参考马工程已出版教材的有关论述，择其优作为本稿补充。

其他关于一些具体提法、表述、文献引用以及知识性内容，我已一一批注在文稿上（看仔细文本）。

以上意见仅供参考。

邢贲思

2013 年 10 月 30 日

附：邢贲思教授在原稿中批注的主要意见[①]

标题“站在中国的大地上超过‘老祖宗’——马克思主义哲学中国化”似乎修改为“站在中国大地上说‘老祖宗’没有说过的新话”较好，不可轻易说超出“老祖宗”。毛泽东的这句话[②]没有错，但上述标题给人印象我们已经超过了马克思。我们获得了很大成就，但谦虚谨慎仍很重要。

文稿中把哲学的思考说成是一种“反向的思考”。Reflexion（德文）、Reflection（英文）本意为反射、反照。在哲学中现译作反思。黑格尔用这个词并没有反向思考的意思，而是比较接近反省。

文稿的“哲学历程”中，中国哲学史部分似乎太简单了，脉络梳理也不够清晰（和西方哲学史部分比，篇幅不相称）。

建议对西方哲学史部分进行如下调整：西方哲学的柏拉图在哲学上的贡献似应提一下，至今柏拉图哲学在西方仍有较大影响，甚至超过亚里士多德；在谈到唯名论与唯实论的争论时，“共相”一词应出现一下，因为唯名论和唯实论的分歧就由对“共相”不同解释而起。

---

① 修改意见为编者根据邢贲思教授在原稿中的批注整理而成。——编者注

② 这句话指毛泽东对王仁重说的：“不如马克思，不是马克思主义者；等于马克思，不是马克思主义者，只有超过马克思，才是真正的马克思主义者”。——编者注

文稿中“哲学的错误是深刻的错误”的提法有待思考，因为哲学有各种，不能说所有的哲学错误都是深刻的错误。

文稿中“鸦片的麻醉功能并不尽然是负面的，对于身处其中的信徒来说，这样的麻醉是很美好的，至少不用像哲学那样”。马克思把宗教比作鸦片，是在负面意义上用的，不包含“美好的”作用。但是，马克思把宗教比作鸦片，也并不是马克思宗教观的全部。

文稿中“哲学与信仰则是一枚硬币的‘一体两面’，相互依存”的提法值得思考。哲学与信仰的问题是比较复杂。可区别日常语言中信仰的含义和哲学用语中信仰的含义。日常语言中的信仰用语相当于相信，而在哲学用语中信仰则和理性思维相对立。从严格的哲学意义上说，把哲学与信仰比作一枚硬币的“一体两面”不妥、不清晰、不好理解。

文稿中在论述“怎样学哲学用哲学”时，指出要“追寻智慧”，并阐述了亚里士多德爱智慧的三个条件——闲暇、好奇和自由。在一本马克思主义的哲学书中引用亚里士多德的爱智慧的三个条件不很恰当，因为马克思主义认识论的基本观点是实践出真知，获得智慧的最根本的条件是参与实践，脱离社会实践就谈不上爱智慧。

文稿中提到“‘自己时代精神的精华’并不排斥成为在更大时间尺度上的‘大时代精神的精华’”。不一定这样来论述。马克思的话很准确，任何一种哲学都只是自己时代精神的精华，不可能是一切时代的精华。

文稿中说“因为强调‘普遍性’而否定‘特殊性’，不是经验主义，就是教条主义，就会拒绝马克思主义指导，离开马克思主义的正确指南，迷失方向”。经验主义恰恰是重视特殊性（个人经验）而忽视普遍性。

“被教化”① 这个词需要斟酌，我们的马克思主义教育是通过教育使群众（党内外群众）自觉接受。

① 原稿中认为马克思主义哲学与中国实际相结合，首先是马克思主义哲学为中国人民所接受，这就需要马克思主义哲学来“教化”中国人民，而“被教化”是马克思主义与中国实际相结合的第一步。——编者注

（二）关于《反对主观主义——唯物论篇》的审读意见

读完初稿，总的感觉很好。内容丰富、文字流畅，有些段落可以说非常优美，引人入胜，可读性很强。既不影响基本原理阐述的准确性又很通俗。有些内容（如现代时空观）的叙述可以说是达到了最大限度的通俗化，如果再通俗下去就可能损害基本理论阐述的准确性了。

为使书稿更臻完美，有几点小的意见，无关宏旨，仅供执笔人参考。

（1）“唯物论总论”的第一部分“全部哲学的最高问题——关于思维与存在关系问题的三次大讨论”。这个问题从“关于思维与存在关系问题的三次大讨论”谈起，好处是将其放在社会实践和理论论争的重大背景下叙述，一开始就让读者感受哲学的重要性和深刻性。但也有麻烦。麻烦在于“同一性”[①] 是最思辨的哲学范畴之一。当初这个问题引起接二连三的大讨论，除了其他更为重大原因之外，一个学术上的原因是有些论述的思辨能力不及，以致主要的当事人后来竟然提出要禁止使用“思维与存在的同一性”这个提法。从“思维与存在关系问题的大讨论”谈起，很可能给“大众”一个下马威，讲清楚这个“引子”可能比说清楚问题本身还要困

① “同一性”指思维与存在的同一性问题。——编者注

难得多。因此，我建议，如仍保留这个副标题的话，应增加点笔墨，对“同一性”这个范畴以及“思维与存在的同一性”的命题再作点解释。

（2）讲本体论和认识论的关系的一段①似可删去。这段叙述的本意是想讲清楚哲学基本问题两个方面的关系。把第一个方面讲世界的本原叫作本体论问题，把第二方面讲世界可知论的问题叫作认识论问题，应该说是可以的，而且以前的原理课，许多人也是这么讲的。但我们的稿子在讲第一方面时并没有出现“本体论”这个概念（我也认为不必要），到最后突然出现一个本体论与认识论的关系，读者不好理解。更重要的是，“本体论”这个概念，哲学史上有不同的用法，到底应该在什么意义上使用，我们至少也没有一个比较规范和明确的说法。尤其是，我们国家一些哲学之外的学科（例如文学）也时不时地在讲他们的“本体论”，让人莫名其妙。这本书是面向大众的、更为广泛的读者是哲学基础以外的人，可以不在意这个麻烦了。

（3）“唯物论总论”的第三部分谈到主观主义的八种表

---

① 原稿这段内容是“本体论决定认识论，本体论是认识论的前提和基础，只有正确回答本体论问题，才能正确回答认识论问题。唯物主义坚持‘从物质到感觉和思想’的反映了的认识路线，而唯心主义则坚持‘从思想和感觉到物质’的先验论的认识路线。当然，认识路线也会影响根本的哲学立场，人们能否对认识论问题做出正确回答，也影响着人们对本体论问题的回答”。——编者注

现形式[①]，归纳和概括得非常好，也很有现实针对性。但都把它们“唯”一下，说成八唯，就有些牵强了。前四唯（唯书、唯上、唯旧、唯我）都可以，后四唯就难以表达本想表达的意思了。例如“唯假”那就是只认假的，不认真的。这种思维作风就不仅仅是个什么“主观主义”的问题了。我建议换一种表述，不把追求“形式美”放在第一位。

（4）关于唯物论与辩证法的统一这一大段[②]，可讲可不讲，以不讲为好。《反对主观主义》，或者说坚持实事求是，是马克思主义哲学的总题目，涉及的哲学问题当然很多。如果是单写一篇反对主观主义的文章，这些都可以讲。但在这本书里，作为唯物论篇的一个题目，应有它论述的范围。书稿已经把“反对主观主义”这个题目本身讲得很完整了，下面接着讲学风问题很合逻辑。中间再加一段唯物论与辩证法的统一，就在结构上显得比较松散。因此，我建议删去这一段。或者把这段放在后面，讲完辩证法以后，讲讲为何正确地理解和运用辩证法，讲辩证法和唯物论的统一，这样似乎在逻辑上要更严谨一些。

（5）“意识是存在的反映——意识论”第四节的标题是

---

① 这八种表现形式为唯书、唯上、唯旧、唯我、唯空、唯虚、唯浮、唯假。——编者注

② 这一大段的主要内容为：反对主观主义必须坚持客观地、全面地、深刻地、发展地、重点地看问题，使唯物论与辩证法相结合、相统一。——编者注

“意识是社会意识——从‘狼孩’的故事说起”。我觉得“狼孩”的故事还没有讲透。讲“狼孩”的故事，主要是讲清楚意识是社会生成的。所以主要应按照文稿所引证的马克思的话：“意识在任何时候都只能是被意识到了的存在，而人们的存在就是他们的现实生活过程”，讲狼孩脱离了社会，脱离了社会的人的现实生活过程，就不可能形成专属人的意识。另外，狼孩的故事主要说明的是意识的社会性。“意识的社会性”和“社会意识”还是有所区别的概念。意识的社会性进入“社会意识”这个大概念，还需要有些逻辑过渡。只有完成了这个过渡，讲清了“社会意识”是怎么回事以后，才能去讲后面那么多关于社会意识与社会存在关系的大道理。

（6）“马克思主义的自然观”这一节。第一要讲人与自然是一个不可分离的统一整体，人不能离开自然界，自然界也不能离开人。这种表达太生硬，后面的解释又不太思辨，不大适应于“大众哲学”。我想，这里就是要讲清马克思主义自然观也是一种有机论的自然观，它同古代的有机论自然观的区别在于它是实践论的，是一种“人化自然”的观点。它说的人与自然构成的统一的整体，是一个人化自然的整体，即人通过自己的活动与周围自然耦合而成的有机整体。在这样的整体中，当然也就谁也离不开谁了。讲清楚了“人化自然”的理论，后面讲人与自然的和谐发展也就有基础了。人与自然的和谐问题都是在人化自然的过程中发生的，也只有在这个过程中解决。人化自然的关系受着人与人的关系的制约，这些道理也好讲了，比讲“自然界的人的本质”一类的话更加通俗，也更加深刻，更适合于大众哲学。

另外，还有一些更加细小的、也比较明显的文字上的疏忽或不甚妥当之处，我在看稿时顺手改了一下，这些修改同样只供参考。

这个稿子我是认真看了，但谈不上深思熟虑，有些意见不一定妥当。真的只能是一种仅供参考的意见。执笔的人很有水平，稿子写得相当的好，我写不出来。从我看过的这部分来看，这本书将成为一本很畅销的好书。

谢谢课题组给了我一次学习的机会。

陈晏清

2013 年 11 月 20 日

（三）关于《照辩证法办事——辩证法篇》的审读意见之一

《照辩证法办事》（新大众哲学·辩证法篇）书稿已读过，意见如下：

这部书稿政治方向正确，辩证法理论的诸多问题都讲到了，内容充实而系统，理论观点的阐述和实际生活的联系也较为紧密。三大规律和五对范畴在结构安排上均有相互照应，并且以对立统一即矛盾的观点统摄全书，又在学理上照应了辩证法问题的各个方面，全面而又重点突出。书稿的观点正确，文字清晰，有诸多“典故”穿插于哲理的叙述和表达之中，吸引力、可读性、亲和力都很强，是一部极具时代特点的、新的大众哲学。

书中所引用的诗词、典故，（如：老子的《道德经》、赫拉克利特的“一切皆流”、曹操的《龟虽寿》，等等），既具体恰当，又能使这些材料服务于对哲理的说明，生动而精彩。

辩证法的三条规律和五对范畴及“用系统的观点看世界——系统论”，内容都很充实，充分体现了理论与实际相统一的基本原则。

建议对“善于认识原因与结果的辩证关系”中所讲的原因和结果部分的关系中，批评黑格尔部分①可酌情删去。

---

① 原稿中批评黑格尔的考察对象仅仅局限于线性系统，黑格尔的因果观念无法解释非线性系统的领域，并与现代科学的裂痕难以弥合。——编者注

总之，这部书稿在马克思主义哲学“大众化”方面极具特色，基本原理阐述准确、生动，“时代化”、“中国化”体现明显。《新大众哲学》的问世，对提高广大干部素质，增强贯彻执行党的十八大精神的自觉性，落实三中全会的《决定》和各项举措，均有重要意义。

赵凤岐

2013 年 11 月 25 日

（四）关于《照辩证法办事——辩证法篇》的审读意见之二

写一本《新大众哲学》，于今人、于后人，确有必要。写好这本书，难度很大。写成目前这个样子，已经不易。可以看出，《新大众哲学》编写组是费了心血、花了功夫的。

这是一本马克思主义哲学原理的读本，所以，要把最基本的理论内容交代清楚。过去编写教科书，十分强调基本概念的准确，原理阐述的全面，逻辑结构的严谨。这些都应是《新大众哲学》所要吸取的。你们的书，很注意基本原理的系统阐述，所占篇幅不算小，但读起来还不够清晰，特别是大、小（整篇和各部分）逻辑，尚需要仔细推敲。我读了全文，回过头来再看目录，颇感到有一个理论逻辑严谨的问题。比如“绪论”中讲到普遍联系和永恒发展。通常，在普遍联系中出现一个命题：“事物作为系统而存在”；在永恒发展中出现一个命题：“事物作为过程而存在”。你们把“系统”拿出来单独作为一章，而把“过程”放在“绪论”里，并且比较详细地加以论述，这就显得逻辑上不那么顺。如果认为“系统”、“过程”很重要，那就索性都拿出来，单辟章节。这样，“绪论”就只讲唯物辩证法是怎样产生的，唯物辩证法的研究对象、主要内容、实质和核心、学习掌握唯物辩证法的重大意义。还有，书中有许多黑体字。这是小标题，还是因为内容重要而特别地加以标出？如果单看黑体字，就显得内容不十分连贯，行文体例也不完全一致。

《新大众哲学》是一本供大众（当然需要有一定的文化层次）阅读的哲学读物。抽象而深奥的哲理，需要用深入浅出、生动活泼、通俗易懂的语言来表达。你们选了许多古今中外的人物和故事，非常之好。一个人物或故事，不一定讲得很长，把无关的东西去掉，画龙点睛。这样，就可以腾出篇幅多加一些东西进去，包括富有哲理的诗词名句。辩证法是放之四海而皆准的，能够选择的东西很多。可以采取夹叙夹议的办法。不一定说个故事，引出话题，就去长篇讲原理了，这样容易给人一种板块式的感觉。即使原理，也有一个语言表达的问题。精准、凝练、明快的语言，同样有吸引力、感染力。

《新大众哲学》如何区别艾本、韩本[①]？这是一个很值得考虑的问题。我想，关键是在“新”字上下工夫。读者粗读此书，不看出版时期，就能强烈地感受到一种已经进入 21 世纪的时代的气息。这样，你们就成功了一大半。我觉得，辩证法篇“系统论”写得比较好。细想一下，就是因为具有给人以新鲜感觉的优势。当然，联系重大的、现实的实际，是

① 艾本、韩本指的是艾思奇的《大众哲学》、韩树英的《通俗哲学》。——编者注

颇有难度的。我相信你们一定曾经为此冥思苦想。书中出现在标题里的“关于中国特色社会主义所处时代和历史方位的科学判断”、“纵观一个半世纪依赖世界历史进程”等，题目很大，可以写长文或著书，绝非辩证法的部分原理（如“部分质变”、“螺旋式上升”）所能完全说明的了的。如何处理？我也没有想出好的办法，容我再想一想。

在阅读书稿的过程中，我顺手在上面写了一些字，也改动了个别的地方，包括上述意见，都不一定合适，仅供你们修改时参考。

张绪文

2013 年 11 月 5 日

（五）关于《根本的目的在于改造世界——认识论篇》的审读意见

本稿继承了艾思奇《大众哲学》的风格而又有所发展，是当前广大群众迫切需要的马克思主义哲学通俗读物。本稿的突出优点是：能以明白畅达的语言表达深刻的理论，能以生动形象的实例和故事帮助人们理解抽象的哲学范畴和命题，在联系中国革命实际和改革开放实际方面，联系毛泽东思想和中国特色社会主义理论方面下了很大的功夫，有助于广大群众树立正确的世界观、历史观和价值观，把握科学的思想方法和工作方法。我相信本稿对马克思主义哲学的中国化、时代化、大众化将做出贡献，受到广大群众的欢迎。

我个人认为本稿还有不少有待改进之处。现就我眼界所及缕陈如下，供作者参考。

（1）本稿中“唯心主义认识论就是唯心主义反映论”的说法不妥。唯心主义恰恰是反对反映论的。反映论是唯物主义认识论的共同特点（庸俗唯物主义除外）。

（2）建议《根本的目的在于改造世界——认识论篇》的第一段就以简洁的文字先划清唯物主义与唯心主义的界限；然后划清辩证唯物主义与旧唯物主义的界限；然后划清可知论与不可知论的界限。

（3）建议把马克思主义的实践观与各种唯心主义和唯物主义的实践观对比起来做一简要的说明，划清界限，突出说明马克思主义的实践观的提出在认识史上的革命意义。

（4）在论述真理标准问题[1]时应注意划清与实用主义的界限。这两者容易混淆。毛泽东在给李达的信中特别提到过这一点。

（5）本稿提到的“看人民群众是不是认同、拥护、赞成、高兴”当然很重要，但不是认识论的概念，且易于“以多数人的同意为标准”的观点相混淆。此处是否不提为好？其次，有许多真理（特别是自然科学的真理，例如相对论），是无所谓人民群众是否认同、拥护、赞成和高兴的。

（6）“总体”与“具体”不是一对相对应的范畴。总体性的真理也是具体的，而不是抽象的。抽象的真理是没有的[2]。

（7）真理的绝对性与相对性的含义和关系似乎讲得不够清楚。

（8）孔子说的“举一反三”（“举一隅不以三隅反则不复也”）主要讲的是类推，并无从感性认识飞跃到理性认识的意

① “真理标准问题”指的是实践是检验真理的唯一标准——编者注。

② 本条建议是根据原稿中“实践作为检验真理的标准，也是总体性与具体性、绝对性与相对性的统一”而提出的。——编者注

思，放在此处似不大贴切。梁启超的话[①]同此。

(9) “作为真理内容的客观事物的存在是必需的、绝对的、没有疑义的，而不是可有可无的。作为真理，必须是与客观事物相符合的认识，这也是必需的、绝对的。符合到什么程度是变动的、相对的，但是必须符合则是必需的、绝对的。”这段话的表述有些费解。

(10) 以“培根的归纳法”作为“由认识个别到认识一般”的副标题不妥。因为：①易使读者误认为两者是一回事。培根是旧唯物主义者、经验论的代表人物，他讲的归纳法当然有合理成分，可以引用，但应指出其局限性，避免给读者造成误解，以为培根讲的真理已达到了马克思主义认识论的水平。②“由认识个别到认识一般”的方法也不限于归纳法。至少还有演绎，还有分析与综合。恩格斯在《自然辩证法》中多次说明“凭观察所得的经验是决不能充分证明必然性的”，“归纳法没有权利要求充当科学发现的唯一的或占统治地位的形式”（他曾举蒸汽机的发明为例）。多年后爱因斯坦也有类似的论述，他的相对论也不是归纳出来的。

(11) 康德的“人为自然界立法”的名言是他的先验唯心主义的表现，把这句话当作完全正确的东西引用，断言概

① 原稿中引用梁启超在《自由书·慧观》之说：“学莫要于善观。善观者，观滴水而知大海，观一指而知全身，不以其所已知蔽其所未知，而常以其所已知而推其所未知，是之谓慧观。”——编者注

念、范畴、规律等等“是由人赋予的”，我认为不妥。这与是否“高扬人的主体性”无关。科学定律当然是人表述的，很像是人为自然界“立”的“法”。但人不能违背客观规律而随心所欲地“立法”，而只能反映客观规律。例如 $F = ma$ 是牛顿立的法，但他只能说 $F = ma$，如果他说 $F \neq ma$，他就错了。

（12）从卢梭描写的人类原始时代的认识状况突然一步跳到“今天的信息时代”的认识状况，过于简单，很容易给读者造成一种印象：到了今天的信息时代人类的认识状况才“发生了根本的改变”，在此以前人类一直处在原始状态。这就把几千年的文明史都忽略了。马克思和爱因斯坦也不懂电子计算机和网络技术，怎么解释他们的成就?

（13）唐太宗的话①可以引，但应做些分析。他的这段话体现了中国古代的民本思想（其他人类似的话极多，早在《尚书》里就有了，更不用说管仲和孔孟等思想家了），确是中华文化传统文化中宝贵的成分，应该批判地继承。但所有这些话都是剥削阶级“牧民”、“驭民”的方略，并没有要人民当家作主的意思。与我们党讲的“从群众中来到群众中去”的群众路线是两回事。在论述时宜做出分析，以免造成读者的误解。

---

① 原稿中引用唐太宗的话为：“为君之道，必须先存百姓，若损百姓以奉其身，犹割股啖腹，腹饱而自毙。”——编者注

(14)对“天才”不要笼统否认①，做出科学解释即可。毛泽东也并不否认天才的存在。他说“马克思、恩格斯、列宁、斯大林之所以能够作出他们的理论，除了他们的天才条件之外，主要地是他们亲自参加了当时的阶级斗争和科学实验的实践，没有这样一个条件，任何天才也是不能成功的”。(见《实践论》)

(15)“既不当群众的命令主义，又不当群众的尾巴主义”的语法有语病。“当……主义”的构词不当；“群众的××主义”也不当。建议改为“既反对命令主义，又反对尾巴主义”。

对“命令主义”的解释还不够全面。还应加上一种情况：有时领导者的意见本身就是错误的，也强迫群众去干，这种命令主义更有害。

(16)对“尾巴主义”的解释②，我认为完全错了，说反了。这个词的本来含义是指对群众的不正确的意见也不给予教育和引导，而跟在群众后面照办，典型的口号就是“群众要怎样办就怎样办”。毛泽东对此有非常明确的解释，见1948年《在晋绥干部会议上的讲话》(《毛泽东选集》第4卷，人民出版社1991年版，第1310页)。

---

① 原稿中指出“毛泽东明确地、公开地反对称自己为‘天才’，反对‘天才论’”。——编者注

② 原稿中对尾巴主义的解释为“是群众想干的事，领导不愿意干，甚至压迫群众的积极性和创造性，落后于群众的意愿和需要”。——编者注

（17）对克劳塞维茨的话[①]似乎不宜在此处引用。中国革命的战略，中国改革开放的战略，是不知经历了多少艰苦的探索，走了多少曲折的道路，付出了多少代价才形成的，今后我们还要继续经历艰苦漫长的探索之路，怎么会“非常简单”？

（18）文中所举实例[②]确实非常感人，很有教育意义，但与本节所讲的问题[③]似乎关联不紧。

（19）“凡是马恩列斯的话必须遵守，凡是共产国际的指示都必须执行”是不是以王明为代表的教条主义者的原话？如果不是，就不要打引号。

（20）“丧失了良机”[④] 是指的什么？读者可能看不明白，是否可以稍加说明。

以上意见已另用纸条夹在原稿纸质版的相关页内。

陶德麟

2013 年 11 月 21 日

---

① 原稿所引用的克劳塞维茨的话为“在战略上一切都非常简单，但并不因此就非常容易”。——编者注

② 原稿中举了李前锋医生从山外私人诊所到山高路远的大浪村工作的感人例子。——编者注

③ 这节所要阐明的问题是要为了说明坚强的毅力、坚持不懈的努力、人的主观能动性对实现重大战略的重要意义。——编者注

④ 原稿中在谈到以王明为代表的教条主义者，照搬书本上的内容和苏联经验，“把中间势力视为最危险的敌人，结果丧失了良机”。——编者注

（六）关于《人类思想史上的新历史观——历史观篇》的审读意见之一①

（1）原稿中“历史唯物主义即唯物主义历史观，简称唯物史观，是人类思想史上全新的历史观。它揭示了人类社会历史发展的客观规律，既是世界观，又是方法论”。这样表述引发出一个历史观与世界观的关系问题，需要做出说明。

（2）原稿中提到“人类社会的一切经济关系、政治关系、社会关系、思想文化关系，都是在物质生产基础上建构起来的，并随着物质生产的发展而发展变化”。不能把经济关系同其他几种社会关系并列，这样体现不出经济关系是其他社会关系的基础。

（3）原稿中提到“马克思主义哲学是由辩证唯物主义和历史唯物主义两个互相联系的部分组成”，把辩证唯物主义和历史唯物主义分为两个部分是否恰当，请认真考虑。现在的马哲教材大都不这样划分。而在文稿中“辩证唯物主义是自然、社会、人类思维一般规律的概括，既涵盖自然观，又涵盖历史观和认识论”，这一表述就没有把马克思主义哲学分为辩证唯物主义和历史唯物主义两部分。

（4）原稿中出现了“一类是唯心主义历史观”、“另一类是旧唯物主义的回答”，这两处表述体例应该是一样的。

---

① 修稿意见是编者根据赵家祥教授在原稿中的修改意见整理而成的。

（5）原稿中指出“随着人类认识的发展，这个问题（灵魂与外部世界的关系问题）逐渐由灵魂崇拜的原始迷信演化为社会意识与社会存在的关系问题，既是历史观的基本问题，同时也是哲学的基本问题”。这样表述引发出一个问题，即历史观的基本问题是否与哲学基本问题是同一个问题，或者说“思维与存在的关系问题”和“社会存在与社会意识的关系问题”是不是同一个问题。

（6）原稿中提到“社会存在和社会意识是唯物史观最基本的范畴，是对人们的物质生产和生活过程、精神生产和生活过程两个方面的最一般的概括”。值得注意的是，“社会存在与社会意识的关系”和“物质生产与精神生产的关系”是有差别的。

（7）原稿中指出“为了进行物质生产，就必须进行分工协作，形成人与人之间的经济的和技术的关系即生产关系”。但人与人之间的经济关系属于生产关系，人与人之间的技术关系属于生产力。

（8）原稿中指出历史唯物主义重视社会意识的相对独立，重视社会意识对社会存在的反作用。觉得应讲清楚社会意识相对独立性的含义、各种表现，社会意识相对独立性与社会意识对社会存在的反作用。

（9）原稿中指出：“人要满足自身生存的生命需要，必须从事物质的生产劳动活动，从大自然中获取生活资料。”人与动物的区别恰恰不是直接从自然界中获取生活资料，而是通过生产活动改造自然从而获取生活资料。

（10）原稿中指出“阶级不是永恒的，人类社会经历无阶级社会——原始共产主义社会，阶级对立社会——奴隶社会、封建社会、资本主义社会，经过阶级逐步消亡的过渡社会——社会主义社会，最后将达到更高阶段的无阶级社会——共产主义社会”。实际上，马克思把过渡时期与共产主义社会第一阶段是分开的。马克思和列宁都认为社会主义社会是无阶级社会。参看《哥达纲领批判》和《国家与革命》第五章。

（11）建议在阐述马克思主义阶级与阶级斗争的关键点，也就是马克思主义阶级与阶级斗争不同于资产阶级思想体系的根本区别时，应该把列宁在《国家与革命》中说的“只有承认阶级斗争、同时也承认无产阶级专政的人，才是马克思主义者”这句话补充进来。

（12）原稿中指出我们在运用生产力标准分析社会历史问题时，“要把根本标准、最高标准、主要标准、基本标准同考察具体工作的具体标准统一起来，不能用生产力标准来代替其他一切具体标准”。“根本标准、最高标准、主要标准、基本标准”这四个标准有何区别，建议最好不用这么多含义相近的概念。

原稿中指出历史唯物主义“奠定了科学历史观的实践基

石”。这意味着历史唯物主义和科学历史观是两个不同的概念。

原稿中提到“社会历史发展的多样性、统一性与普遍性的有机一致，体现为社会发展的跨越性”。这段表述需要推敲。跨越是特定条件下实现的，没有普遍性，也不能说是多样性与普遍性的一致。统一性与普遍性的意思是相近的。可以说“多样性与统一性、普遍性的一致”，但不能说“多样性、统一性与普遍性的一致”。

原稿中指出马克思、恩格斯“认为，在一定条件下，经济文化比较落后的国家可以不经过资本主义的充分发展阶段”。这种观点是我国理论界某些人附加在马克思名下的观点。在马克思恩格斯原著中找不到这种观点。这不是马克思、恩格斯的原意。他们的原意是俄国农村公社有可能跨越资本主义制度的“卡夫丁峡谷”，而且前提条件是西欧无产阶级革命的胜利。

原稿中认为袁世凯复辟之后，“中国仍然处于帝国主义、封建主义、官僚资本主义的黑暗统治之下”。这里承认旧中国是官僚资本主义统治下，这就说明中国没有跨越资本主义制度的卡夫丁峡谷。

原稿中认为“物质利益是引起一切社会矛盾和冲突的基始原因和最终根源”，那么，基始原因和最终根源有何区别？如无区别，建议用一个就行了。

原稿中有时提群众史观，有时提民众史观，最好都用群众史观。

原稿中指出“唯物主义历史观在阐明历史发展的客观规律时，不仅论证了人民群众创造历史的作用，反对历史唯心主义，同时也论证了个人的历史作用，反对了形而上学的机械决定论”。承认人民群众的作用和承认个人的作用都是既反对历史唯心主义，又反对形而上学的机械决定论。不能说前者只反对历史唯心主义，后者只反对形而上学的机械决定论。

原稿指出“以人为本是历史必然性所固有的”。以人为本应有主体，如中国共产党以人为本。这样理解就不是历史必然性所固有的，而是历史主体的价值选择。

赵家祥

2013 年 11 月 22 日

（七）关于《人类思想史上的新历史观——历史观篇》的审读意见之二

“《新大众哲学》历史观”学习之后感觉很好。这样的著作已有两本：一是《大众哲学》，一是《通俗哲学》，这都是发挥了历史性作用的哲学名著。“《新大众哲学》历史观”可以说是新的历史条件下写就的第三本哲学著作，有许多不同于前者的诸多新特点：一是对马克思主义哲学的历史观作了历史性考察；二是对马克思主义历史观的逻辑体系作了描绘；三是对马克思主义哲学历史观作了认识论的探索；四是在大众化上下了大工夫，形成了现时代的中国特色。这是一部具有新时代特色的中国现代新历史观。我读后感到很有启示，我想其他同志也会有这种感觉。我在学习过程中，在文章的两旁写了一些感受性的文字，也有些看法，供老师们参考。感谢同志们对我的信任，祝同志们为中国特色马克思主义历史哲学作出新贡献！

侯树栋

2013 年 11 月 16 日

附：侯树栋教授在原稿中批注的主要意见[①]

原稿指出“人的生产劳动实践是人类第一个历史活动，

---

① 修改意见是编者根据侯树栋教授在原稿中的批注整理的。

是人类的最基本的实践活动”，建议注意生活劳动实践。

原稿在论述社会客观规律，即生产力决定生产关系、经济基础决定上层建筑的规律时，这一点归纳很好，但前面已说过了。在一本著作上，最好不要重复。当然，最重要的地方，重复也是可以的。

原稿从社会经济结构、社会政治结构、社会意识（文化结构）的静态角度阐述社会形态时，这部分的思想正确，但是缺乏“大众化”味道。

原稿阐述“寻求‘最终动力背后的动力’这个问题”时，讲得很精彩。这样阐述历史发展的动力，对我说来还是第一次。有着浓厚的“大众哲学”的味道。

原稿中的“波匈事件”在国际共产主义运动中有很大影响，但是否能够简明些？

原稿中指出斯大林关于社会主义的“生产关系同生产力状况完全适合”的观点，而“‘完全适合’论随着收载该文的《联共（布）党史简明教程》的普及而广为传播”。这样写是否有点完全否定《联共（布）党史简明教程》关于哲学一节的意思？

原稿中阐述了物质利益的重要性，建议阐明“什么是物质利益”的问题。

原稿中在论述“相对落后的国家可以跨越资本主义制度的‘卡夫丁峡谷’”时，写得很好。特别是用跨越“卡夫丁峡谷”理论分析中国革命的历程，这是非常好的。同时，把中国的伟大革命和“跨越卡夫丁”理论联系起来，是个伟大的创造。

“问苍茫大地，谁主沉浮？——群众观”这个标题闪耀着智慧的光芒。

标题“民生是高于一切的人民的根本利益——从民谣《老天爷》到‘必须给人民以看得见的物质福利’”凸显出“大众化”色彩。

（八）关于《人的精神家园——价值论篇》的审读意见之一

《价值论篇》观点准确稳妥，理论方法正确，论述深入浅出，以事说理，以理服人，生动活泼，可读性强，非常符合《新大众哲学》的特点。目前书稿已有良好的基础，可再在现有的基础上作一些加工：

（1）减少某些内容的重复。

（2）文字要尽量简洁、明快。

（3）举例不要太长，能把道理说清即可。例如，关于湖南农民运动的例子太多，应适当减少。

（4）有些观点的表述要尽量规范、准确。

（5）主题句、小标题（包括黑体字）的提炼和概括可作进一步加强。

以上意见不一定完全合理，仅供参考。

郭　湛

2013 年 11 月 22 日

附：郭湛教授在原稿中批注的主要意见①

（1）原稿中论述“价值离不开人”时，指出“阳光、空气、水对于植物的作用，是对于人的生存、生活、发展发生

① 修改意见为编者根据郭湛教授在原稿中的批注整理而成。——编者注。

了作用，既然发生了作用，那么就会产生人对发生的作用产生某种有好效用还是坏效用，即正价值或负价值的评价问题”。

这段话建议调整为：“阳光、空气、水通过对植物的作用而对人的生存和发展发生了作用。既然发生了作用，那么就会有人对这种作用产生好效用还是坏效用，即正价值或负价值的评价问题”。

（2）原稿中在论述“追求真理，为真理而献身，是人类崇高而伟大的信念，也是有志之士核心的价值取向和追求”时，指出“只有真正的勇士……才有勇气匍匐在现实粗糙的地面上，立足残酷的现实，创造美好的未来”。建议把“残酷的现实”修改为“严酷的现实”。

（3）原稿中指出，“最高境界的美是真与善的最高统一，是‘合规律性’和‘合目的性’的统一。特别是，当人们战胜了各种困难，超越了自身原有的局限，体现了自己的才能和力量……就会体验到一种由衷的愉悦感，体会到一种克服局限、‘战胜自我’的自由”。

这段话建议修改为：“最高境界的美是真与善的高度统一，是‘合规律性’与‘合目的性’的统一。特别是当人们战胜了各种困难，超越了自身原有的局限，体现了自己的才能和力量……就会体验到一种由衷的愉悦感，体会到一种克服局限、‘超越自我’的自由”。

（4）原稿中“对于不同的人、不同的社会共同体、或者整个人类来说，在一定程度上，价值也具有共同性和统一性”。

这段话建议修改为：“对于不同的人、不同的社会共同体、甚至整个人类来说，在一定程度上，价值也具有共同性和统一性”。

（5）原稿在论述价值评价标准是“人们在长期的社会生活实践中的经验教训的总结”时，批评了许多唯心主义者的评价标准，其中提到“如基督教所谓全能全善的上帝的意志”。建议修改为“如宗教所谓全能全善的上帝、神的意志”。

（6）原稿中列举了谭少秋老师的事迹。实际上，网上披露的谭少秋事迹有虚假成分，建议核实或换成其他典型人物。期刊《东南传播》2011 年第 10 期，湘潭大学冉放论文《虚假新闻典型的价值伤害——从“烈士老师”谭千秋事件谈起》专论此事，在网上可查到。

（7）年份数字用法全书应统一，建议一律用阿拉伯数字。

（8）原稿在论述民主是具体的、历史的时指出：“没有抽象的、超历史、超时空、超国情、永恒、静止、普世的民主”。这一表述与后边表述的“现实生活中并没有离开具体民主而单独存在的抽象的、超历史、超时空、‘普世’的民主”发生重复，建议删除其中一处。

（9）原稿在论述一般与具体的关系时，列举了桃子的例子。“谁吃过桃？人们吃过的是具体的、活生生的、形态万别的个别实体的桃子，而没有吃过桃子概念，即桃子一般”。准确地说，应该把“谁吃过桃?”修改为“谁吃过抽象的桃?”。

（10）建议注意原稿中遣词用句的准确性，如“校正”应为“矫正”，“美仑美奂”应改为“美轮美奂”。

（九）关于《人的精神家园——价值论篇》的审读意见之二①

原稿谈到，“人们的需要并不是纯粹主观的，不能将‘想要’与需要混为一谈”，建议把“想要”与“需要”的关系尽量说清楚。

原稿中“真正要搞明白评价标准的问题，必须弄清它和人们熟悉的认知标准的差异”，最好明确提出评价标准是什么？

原稿中“物质生产是最基本、最常见的价值创造活动”，最好修改为“首先是物质生产活动，这是最基本、最常见的价值创造活动”。

原稿中指出，以科学活动为核心的精神文化活动是“处理和变革生产关系的活动”，最好修改为“调整和变革生产关系的活动”。

原稿中指出，“在价值选择、创造活动中，我们究竟应该重点考察人们的‘好心’（动机）呢？还是应该看是否办成了‘好事’（效果）？这个问题常常很复杂”，最好修改为：“在价值选择、创造活动中，我们究竟如何看待动机和效果呢？”

原稿中指出“当前，世界各国大多强调经济优先，由此

① 该修改意见是编者根据丰子义教授在原稿中的修改意见整理而成的。

造成经济创价与社会公平代价的矛盾日益突出”，最好修改为“不少国家过去强调经济优先，由此造成经济创价与社会公平代价的矛盾日益突出”。

原稿指出“如果确实判断失误，行动失败，在创新过程中‘交了学费’，那么，我们也必须勇敢地承担责任”，建议最好讲清楚代价付出的必然性和合理性。

建议在讲“共产主义价值体系是指导无产阶级革命和建设的明灯和纲领”时，再讲几句工人阶级和全人类利益的一致性。

原稿讲到了民主的共同属性与具体民主之间的关系，最好讲清民主的共性与“普世民主”的关系（异同）！

原稿为了说清楚民主的共性与个性、一般与具体、普遍与特殊的关系，展开论述了共性与个性、一般与具体、普遍与特殊的关系，建议不必展开，简易说明即可。

丰子义

2013 年 11 月 18 日

（十）关于《荡起幸福人生的双桨——人生观篇》的审读意见之一

新大众哲学《荡起幸福人生的双桨——人生观篇》一稿，遵嘱认真地拜读了。读后感到写得很好，书稿写得很通俗，很生动，也很深刻，可读性比较强，读后很给人启示。但是我感觉在哲理的分析阐释上如果再加强一点，可能效果会更好。

我没有什么意见，只是几个地方有点不成熟的想法，提出来仅供修改时参考。

书稿中说，萨特“二战后应征入伍”，似应该为“二战开始后应征入伍”。

书稿中说“五月风暴把人是什么的问题凸显出来了”，五月风暴怎么把人是什么的问题凸显出来了，看得不太清楚，似应加几句点评的话。另外，为了更直接地讲“人的本质是什么”，五月风暴的介绍似可再简单一些。

书稿中引用马克思的话，说“人在本质上是一切社会关系的总和”。这个思想的方法论意义尚可简单阐发一下。“人在本质上是一切社会关系的总和”这个论断告诉我们，关注人要关注人所处的社会关系，认识人要认识人所处的社会关系，改造人要改造人所处的社会关系。

书稿中讲，“不受某种自然条件和社会条件的束缚，这才是人的最终解放，即全人类的解放”。这个话似应再斟酌一下。自由是对必然的认识，不受自然条件和社会条件束缚的自由是不存在的，即便是达到了全人类的解放，人也不能不受自然条件和社会条件的束缚，只不过是自然条件和社会条件不同罢了。有束缚才有实践，有实践才有认识，认识了必然才有自由。

书稿中的一个小标题是“人生观是指导人生的总开关”，指导人生的总开关是人生观还是世界观呢？这里涉及人生观和世界观的关系问题。

书稿中说，“马克思主义人生观之外的人生观在中国的现实基础上不能产生现实效应”。这个话似应再斟酌一下，说马克思主义之外的人生观不能产生现实效应，那么现实生活中种种非马克思主义甚至使反马克思主义的现象又怎么解释呢？难道它们和人生观无关吗？

书稿中用了较大篇幅讲了世界观和人生观的关系问题，这是对的，应该的，但好像还应该讲讲人生观与价值观的关系问题。人生观决定价值观，价值观也作用于人生观。只有解决好价值观，才能实现好人生观，所以弄清价值观与人生观的关系也是十分重要的。

书稿中“种种人生问题的马克思主义视野的解读”，这部分讲了金钱观、权力观、事业观等等，这是对的，应该的。但是我想在讲这些“观”之前，应该讲一讲理想与现实的关系问题，特别是应该侧重讲一讲从社会主义理想出发，怎么认识现实的方法论问题。我感到一些人在人生观上陷入误区，除了没有很好地在世界观的改造上下工夫之外，一个重要的问题就是缺乏正确理解和看待当前社会“还很不理想的社会现实”的科学方法论。

以上看法，不一定对，仅供参考。

许志功

2013 年 11 月 23 日

（十一）关于《荡起幸福人生的双桨——人生观篇》的审读意见之二

《新大众哲学》中《荡起幸福人生的双桨——人生观篇》这一篇的内容，整个看来，对马克思主义人生观的一些基本问题，说得比较全面，对每个问题的阐述都有理论深度，用来说明观点的例子，也比较充分，具有通俗哲学读物的特点，有一定的可读性。

为了使这个读物写得更好，提出以下几点意见，提供进一步修改参考。

1. 关于这一篇的题目

把《荡起幸福人生的双桨——人生观篇》作为这一篇的题目，显得窄了一点，因为人生观不仅仅是“幸福”问题；而且用“荡起幸福人生的双桨”来说明人生观，会令人感到有一些费解。

可否把“人生观”作为标题，再用一个内涵比较宽的副标题？

2. 关于“什么是人”一节

这一部分从“什么是人”开始，阐述“人的本质论”，由此而进一步阐述人的价值、人的自由、人的解放和人的全面发展等问题，作为这一节的第一部分，这是可以的。

作者认为谈这些问题，应该要“从而诸如法国的‘五月风暴’和萨特的存在主义谈起”，这当然没有什么不可以的。但是，第一，用那么多的篇幅谈法国“五月风暴”的经过，一开始有点让人摸不着头脑，因为法国“五月风暴”是一个比较复杂的历史事件，如何评价它的性质和意义，对当代中国的年轻一代人来说，比较生疏；第二，从根本上说，法国“五月风暴”反映的主要是一种政治思潮，即西方马克思主义的政治思潮，所以，如果直接想用它来作为本节要阐述的主要问题——“人的本质论”以及人的价值、人的自由、人的解放和人的全面发展等问题，感到有些间接和牵强。

我看倒是不如从萨特的存在主义，特别是以他的名作中的那些名句谈起，作为一种资料，来研究究竟什么是人、什么是人的本质等问题，可能会更直接一些。

当然，最好还是从我国改革开放过程中寻找思想资料。

这一节中不少的地方谈到人性，但是，没有对人性问题做一些比较系统的论述。因为我们长期以来对“人性”基本上是持一种形而上学的否定态度，影响很深，所以，应该对人性做专门的论述。

3. 关于“什么是人生观”一节

其副标题“‘生的伟大，死的光荣’与女英烈刘胡兰”与内容不太协调，如果把材料再重新安排一下，其副标题修改为“从保尔·柯察金到刘胡兰”，如何？

本节开始指出“马克思主义的生死观即人生观”，这个概括值得进一步研究。因为人生观不仅仅是生死观的问题。这里的一个例子是，认为海明威的《老人与海》“表现出一种积极的死亡观”，我看不太确切，值得进一步研究。

我觉得人生观的核心是价值观问题，所以，关于人的价值的阐述，即价值观应该是这一节更重要的内容。

4. 关于哲学理论读物与政治理论读物的区别问题

《新大众哲学》的这部分，即《荡起幸福人生的双桨——人生观篇》，从所论述的内容看，比如对有关人生观问题的一些基本概念，进行了比较明确的界定和充分的理论阐述，可以比较明显地看出是哲学理论读物。

哲学理论读物与政治理论读物的一个重要区别，是前者要求有比较强的思辨性，用简明扼要的方式，论述人生哲理；为了使哲学读物的特点更突出，我建议，一些明显的政治概念，如“事业观”、“权力观”，可以不单独专门写。

5. 关于典型例子的选择和应用问题

书中在相应的部分所运用的例子，比如奥斯特洛夫斯基及其《钢铁是怎样炼成的》、刘胡兰的英雄事迹、雷锋的英雄事迹，等等，大部分都是社会认知度比较大的，是为大多数人所肯定的，有正面的积极价值；对于加深问题的认识，也是有价值的例子。

不过应该看到，书中在运用一些典型例子的时候，需要做一定的历史分析，否则，也可能引起歧义。举几个例子说说。

比如，据我所说，从俄罗斯近年公布的一些历史资料看，奥斯特洛夫斯基在对待苏联斯大林时期政权的看法，与原来我们看到的材料并不一致，而《钢铁是怎样炼成的》一书的原貌，与根据政治当局要求做修改后我们看到的那样，也是不一致的。这就是说，书中作为典型例子的奥斯特洛夫斯基及其《钢铁是怎样炼成的》，读者可能对其历史的真实性提出某种质疑。有可能，这些质疑被事实证明是不对的了，但是，当前的这个情况，对本书要宣传的正确人生理念，则是不利的。

有鉴于此，我个人建议，对奥斯特洛夫斯基本人的事迹，可以不具体介绍，着重宣扬小说《钢铁是怎样炼成的》一书中描述的保尔·柯察金精神及其经典名句，来做我们立论的思想材料，可能会更好一些。

关于“雷锋精神”，究竟应该怎么看。近几年也有一些不同的说法，甚至有的人要否定“雷锋精神”。自然地，这其中有不实之词，有某种思想偏见。但是，由于历史的原因，特别是我们的一些宣传机构工作上的毛病，产生了这个问题。所以，对“雷锋精神”毕竟有一些不同的说法，有歧义，这个事实是要正视，而不能置之不理的。我认为，本书对此应该有一个实事求是的态度，起码要表明自己的观点。

另外的一些，如法国的“五月风暴”、萨特的观点及其几部著作，也是有价值的，特别是萨特的一些著作中表达的哲学思想，无论从哪个角度看，对理解人的本质都是很深刻的。但是，法国的“五月风暴”这个例子，政治性质太强，评价也复杂，可以考虑不用。

在论述“爱情观”的时候，用了裴多菲的例子，对历史上的布达佩斯起义，写得比较多，一些史料与“爱情观”没有直接关系，可否再挖掘一些与“爱情观”有直接关系的史料？

在论述“爱情观”的时候，文中用大量西方文学作品的材料，来批判“吝啬鬼”，这自然是必要的；但是，对理论论述有些冲淡了的感觉。其实，可以用这样的篇幅来论述艰苦朴素与慈善事业的关系，是不是更好？

6. 一些用语和理论观点的意见

文中有的时候有这样的用语：“历史唯物主义认为”、“马克思主义的人生观认为”，给人以比较武断的感觉，我觉得最好不这样表述。

如文中的一处认为，改革开放之初，“关于异化、人道主义问题的大讨论是马克思主义与非马克思主义、反马克思主义思潮交锋的反映”，这样的论断是否应该再斟酌一下？

关于对雷锋和雷锋精神的评价性论述问题。我认为，对雷锋和雷锋精神是应该持肯定评价的，充分发扬其积极的影响作用，同时，也要看到，它毕竟是时代的产物，具有历史的特点；文化大革命时期，曾经认为雷锋精神具有超时代的价值，于是，在绝对理解下的雷锋精神，曾经被政治实用主义地利用过。我觉得，本文的评价太绝对，“太满”，这样的评价，缺乏科学性，因而会使文章的论断缺乏说服力。

7. 关于这一篇结构安排的一些问题

（1）“什么是人”、（2）“什么是人生观”、（3）“为什么要树立马克思主义人生观”、（4）“种种人生问题的马克思主义视野的解读”，这四节的内容认真看起来，是有内在联系的，但是，逻辑顺序上有一些不理想之处。

比如说，第三节前边写的是马克思主义人生观是怎样形成的、它的理论基础，其实，这个内容可以单独做一节，否则，与“为什么要树立马克思主义人生观”这个题目就不一致了。

“种种人生问题的马克思主义视野的解读”，副标题“雷锋的故事说明了什么”与正标题不协调，实际上写的是马克思主义人生观的几个基本问题，而用“雷锋精神”来做概括，显得不太相称，因为客观地说，“雷锋精神”还不能包含马克思主义人生观的基本问题。这里顺便说一句，这一节的开始，对“雷锋精神”的实质做的那些概括，有一点太高了，我个人认为，说雷锋是个道德模范比较好，但是把“雷锋精神”与马克思主义人生观等同起来，会不会造成适得其反的结果呢？

所以，第四节的标题“种种人生问题的马克思主义视野的解读”，可否修改为“马克思主义人生观的基本问题”？副标题把“雷锋的故事说明了什么”修改为“雷锋精神对我们的启发”？

我建议，这四节的内容安排，逻辑顺序上可以做一些调整，可否这样：

（1）“什么是人”、（2）“什么是人生观”、（3）“马克思主义人生观的实质和理论基础”、（4）“马克思主义人生观的基本问题”，自然地，都应该设相应的副标题，或者把这四个题目做副标题也可以。

以上意见，属于一孔之见，有些想法，还在思考之中，作为讨论，提出来，仅供参考。

宋惠昌

2013 年 10 月

四

编辑审读意见及答复

（一）《新大众哲学》编辑情况说明

书稿以马克思主义哲学为立脚点，以较为通俗的方式阐释了马克思主义唯物论、辩证论、人生观、价值观、历史观、认识论的基本观点，并通过实际的事例和历史小故事，深入浅出地说明我国历史地选择了马克思主义的必然之路。是一部适合广大基层干部群众阅读学习的哲学读物。

通过审读，人民出版社编辑与中国社会科学出版社编辑共同探讨，对书稿体例等提出如下修改建议：

第一，关于标题体例。从综合情况看，各卷大致有三级标题（第三级题不上目录，不加标号）。但人生观一卷字数较少（不足 6 万字），标题层级也比较简单（上目录的仅有一级标题），建议作者在可能的情况下，对内容再做进一步丰富，对体例再做一些调整，以保证全书体例的一致。

第二，关于目录。目前各卷均设有全书总目和本卷目录，所占篇幅巨大，显得过于烦琐。建议仅“总论篇”保留总目录，其他各卷只上本卷目录。可以在封底或勒口处显示全套的书名等简单信息。

第三，关于主副标题的设置。各卷书名的主标题基本能够简单通俗的讲出该卷主旨，因此我们建议把“总论篇”“唯物论篇”“辩证法篇”“历史观篇”“人生观篇”“认识论篇”“价值观篇”副标题取消，调整成与《新大众哲学》一起作为丛书 LOGO，如《新大众哲学 · 总论篇》《新大众哲学 · 人生观篇》《新大众哲学 · 价值论篇》等，各卷仍用“学好哲学　终生受用”“人的精神家园”“荡起幸福人生的双桨”等作为正标题。

第四，关于注释。书中多是马恩经典引文出注释，但普通引文大都不出注释，鉴于这种情况，考虑到本书通俗理论读物的定位，我们建议是否可以不出现脚注，必要的引文以文中夹注形式出现，如古典文献。但所有马恩经典编辑必须逐一核对最新版本。

去掉脚注后，建议作者增加参考文献，最好是增加相关内容的推荐书目，便于广大干部群众做延展式阅读。

第五，关于章的编号以及结语。目前各卷的一级章题没有序号，建议增加“第一章”等序号以便于读者阅读。每一章末尾都设有“结语”，显得没有必要，破坏整篇的完整性，建议“结语”部分以空行形式与前文作区分即可，不在目录上显示。

第六，重点概念的编排。目前各卷中对于重点概念采用了黑体字来突出，但还有一些三级标题或者表示不同层次的地方也采用了黑体，这样极容易造成混乱。建议在排版时采用链接或对话框等特殊格式，但必须考虑到个别概念字数多的问题。

第七，人物名称和生卒年代。书中对于第一次出现的人物的外文名称和生卒年代以括号的形式做了一些说明，但其中部分又没有出现，且有一些还是有误的。考虑到读者阅读的习惯和补全的困难，建议是否可以统一删除。

第八，对全书前言和后记的润色。全书的前言和后记个别地方语气显得比较强硬，建议改为面对读者的语气。如《序言》多处出现“必须”的说法，是否改为“旨在”。《序言》末段“作者们的水平能力有限，难以达到预期”，有点过谦。《后记》倒数第二段个别地方叙述有点混乱。建议《前言》《后记》再加以润色。

第九，尽量避免使用一些过于绝对或过时的说法。本书以唯物、唯心作为价值判断的标准，对中国传统文化的评价，如《总论篇》中对于中国传统哲学的描述，孔孟老庄、荀子韩非，一直到宋明理学等，全部用这种二元对立的观点解析，未免显得陈旧过时。《价值论篇》中，将孟子“良知”、朱熹“天理”以及宗教的“神的意志”都视为统治者愚弄百姓的工具，这种观点未免简单。另如《辩证论篇》中提到康生，称其为“阴谋家、野心家、理论恶棍”，标签化的提法显得没有必要。责编建议避免使用这样一些较为绝对的和过时的说法。

第十，具体问题，见各卷花脸稿。

（二）关于《新大众哲学》修改意见的答复

尊敬的人民出版社、中国社会科学出版社编辑同志：

你们关于《新大众哲学》的修改意见收悉。

感谢你们对书稿的肯定，以及认真审读后提出的修改意见。关于这些修改意见，经我们研究，现逐一答复如下：

第一，请一位资深编辑从头至尾审读一遍，以避免几个编辑分头把关带来不一致的问题。如，（1）有的编辑对前言、总目录、后记审改了，有的没有，各改各的，不统一。（2）文内重要人物中国人标明（生卒年月），外国人标明（英文译名，生卒年月），对文内最先出现的人名标明，后出现则不再标明。但因编辑只审读本部分，故人名的英文译名、生卒年月标明不一致，有的编辑做了补充，有的没有，有的只补生卒年月而不补英文译名。对中国人名也如此，有的标明，有的不标明，甚至前面已标明的，又重复标明。（3）一些标题做了修改，但正文中改了，而目录中没有改，或相反。标题已做修改的是：认识论篇（p. 172）：从“修学好古，实事求是”到延安中央党校校训；辩证法篇（p. 54）：世界金融危机与全面的观点，（p. 61）：赫拉克利特“一切皆流”说与发展的观点，（p. 66）：都江堰、阿波罗登月与系统的观点，（p. 75）：曹操《龟虽寿》与过程的观点，（p. 93）：杨献珍与“一分为二”“合二为一”的争论；历史观篇（p. 67）：自原始公社解体以来的人类历史都是阶级斗争的历史，（p. 137）：历史不过是追求着自己目的的人的活动而已，（p. 200）：一位历史学家的“质疑”；价值论篇（p. 83）：实践是检验评价合理性的最高标准，（p. 106）：“塞翁失马，焉知非福”，等等。这里列举的有正标题，也有副标题。请在总目录、本篇目录、正文内统一起来。（4）有些书名太长，再出现时改为简称，如《费尔巴哈和德国古典哲学的终结》（以下简称《终结》）、《正确处理人民内部矛盾问题》（以下简称《正处》），编辑全部改成全称。（5）文内前苏联、前东德、前波兰、前匈牙利、前南斯拉夫……是否加前缀“前”，编辑不一致，有的改，有的不改。我们认为，有前缀“前”为好。（6）不清楚对 W 符号的意思，有的有，有的没有。我们理解是对“——”要改成“—”，但有的标明，有的却没有标明，不统一。

第二，关于前言、后记与目录。我们认为，每篇都将前言与后记编排进来。可将本卷目录置于前面，而将全书总目录置于书后，从而令读者对全书有一个基本的了解和把握。另外，可以在封底或勒口处显示全套的书名等简单信息。

第三，关于封面标题。同意修改意见。即把封面标题“总论篇”“唯物论篇”“辩证法篇”“历史观篇”“人生观篇”“认识论篇”“价值观篇”副标题取消，调整成与《新大众哲学》一起作为丛书封面 LOGO，如《新大众哲学・总论篇》《新大众哲学・人生观篇》《新大众哲学・价值论篇》

等，各卷仍用“学好哲学　终生受用”“人的精神家园”等作为正标题。按总论篇、唯物论篇、辩证法篇、认识论篇、历史观篇、价值论篇、人生观篇顺序编排出版，可在封面适当位置标出各篇序号。

第四，关于体例、章的编号以及结语。（1）本书体例，采取篇（如，总论篇、历史观篇）、一级标题用“一”、二级标题用“黑体字”、三级标题用“——”及黑体字。有的文篇中没有三级标题。（2）我们认为，一级标题不必用“第一章”等。（3）每一章末尾的“结语”，具有总结和提升意义，可以保留。但同意你们的意见，即“结语”部分以空行形式与前文作区分，不在目录上显示。

第五，关于注释等。（1）同意修改意见，即考虑到本书通俗理论读物的定位，不出现脚注，必要的引文以文中夹注形式出现，如马恩经典、名人语录、古典文献等。（2）所有马恩经典、名人语录、古典文献我们已核对过。建议编辑再逐一核对最新版本。（3）因为是通俗理论读物，且内容已经比较丰富，我们认为不必再增加参考文献。

第六，重点概念的编排。文中重点概念也采用黑体字标出，造成黑体字较多的问题，我们已适当删减。

第七，人物名称和生卒年代。第一次出现的人物的外文名称和生卒年代以括号的形式做说明，是必要的。我们会在校对期间，本着第一次出现的人名标出的原则，尽量补齐、补全。

第八，对全书前言和后记的润色。我们将对《前言》《后记》再修改、加以润色。《前言》、《后记》以放在总论篇中的王伟光审改的文稿为准。

第九，尽量避免使用一些过于绝对或过时的说法。责编提出的一些“绝对的和过时的说法”，我们会逐一审核、修改。但如果仅仅属于观点不一致，也请尊重作者意见。

第十，关于人生观篇的修改。同意修改意见。我们将对人生观一卷的内容做进一步丰富、修改，初步决定增加 2 万字左右的内容。最后的“幸福论”单独成一部分。同时，对体例做一些调整，以保证全书体例的一致。建议先编辑、校对其他各卷，本卷工作放在稍后，以免影响整体的出版进度。

第十一，根据编辑的意见，对“历史观篇 · 利益论 · 五、要树立马克思主义利益观”开头增加了杨善洲事迹的案例（p. 194）；对“辩证法篇 · 一、揭示事物最普遍的规律”增加了江泽民、胡锦涛同志论辩证法的内容（p. 50）。

第十二，至于各篇中的一些具体问题，我们会逐一审核、修改、审定。为了不影响出版进度，有些工作可以在校对期间完成。

以上意见，请考虑。我们随时保持联系。

《新大众哲学》编写组

2014 年 7 月 7 日

后　　记

本资料集是为了配合《新大众哲学》（7 卷本）出版而编纂的。具体的编纂者除主编外，还有杨信礼、周业兵、王磊、陈界亭、曾祥富。

本资料集凝聚着许多学者的劳动。前言由孙伟平执笔。会议纪要是在每次《新大众哲学》编写工作会议之后，由杨信礼、周业兵、王磊、陈界亭、曾祥富等人整理的，专家访谈、征求专家意见则是课题组成员李景源、庞元正、李晓兵、孙伟平、毛卫平、冯鹏志、郝永平、杨信礼、辛鸣等人分头进行的，收入本资料集时，由孙伟平、周业兵、陈界亭、曾祥富进行了编辑处理。王伟光教授在百忙之中，不仅主持了《新大众哲学》（7 卷本）的编写和相关工作，而且对于本资料集的编纂进行了悉心指导，并抽空对会议纪要等内容进行了细致的审改和定稿。

因为《新大众哲学》（7 卷本）的编纂周期长，每个部分几乎都有十多个、甚至几十个版本，这对资料集的编纂工作提出了极大的挑战。例如，我们必须将会议纪要、专家审稿意见中简略提及的××部分、××页的意见，或者涉及的某一个具体的概念、观点或实例，逐一回到相关版本，进行必要的“还原”或解释，以便读者诸君能够看得懂。这确实是一个浩大的工程。相关内容的“还原”、注释和校对工作，是由孙伟平、陈界亭、曾祥富承担的。我们已经尽量“还原”，或者作了注释，但是，仍然难免存在一些错漏，或者存在一些实在难以处理的问题，恳请读者诸君见谅。

中国社会科学出版社赵剑英社长、哲学编辑室王茵编审等非常关心和重视本资料集的编纂工作，并以高效率、高质量的工作，保证本资料集与《新大众哲学》同时出版。在此致以诚挚的谢意！

孙伟平

2014 年 7 月 25 日